女性の仕事環境と
キャリア形成

櫻木晃裕 編著

浜松学院大学「女性の仕事とキャリア研究グループ」著

税務経理協会

はじめに

　総務省統計局の「労働力調査」によると，女性の労働力人口は減少傾向にあるものの，2004年は2,737万人と，前年比較でおよそ5万人の増加を示している。また，女性の就業者数は2,616万人と，前年比較でおよそ19万人の増加である。これは，2002年を底にして最近2年間連続の増加である。そして，女性の雇用者数は2,203万人と，前年比較でおよそ26万人増加である。最近2年間連続の増加で，2004年がこれまでの最高水準である。

　ところで，同年の男性の雇用者数は3,158万人と，これは前年比較でおよそ6万人の減少である。その結果，雇用者総数に占める女性割合は41.1％と，前年比較で0.3％ポイントの上昇を示している。これは，1990年以降一貫して増加傾向にあり，2004年が最高水準である。いずれにしても，組織に雇用される者の5人に2人が女性であることを考慮すると，女性の採用，配置，活用，登用，さらには能力開発を通じてのキャリア形成など人的資源管理の成否は，組織全体の成果に直接的な影響を及ぼす重要な要因であり，有能な女性人材を確保することは，組織の存続・維持・発展のための必要条件である。

　1999年施行の「改正男女雇用機会均等法（雇用の分野における男女の均等な機会及び待遇の確保等に関する法律）」では，募集採用，配置昇進，教育訓練，解雇，定年退職等における男女の差別の禁止，女性労働者に係る措置に関する特例の新設，職場におけるセクシュアル・ハラスメントの防止，妊娠中および出産後の健康管理に関する措置などを規定している。この法律は，女性が仕事を通じてキャリアを形成するのを阻害する，その原因を除去するものであることが理解される。ところが，現実の仕事環境における女性は，男性との比較において決して公平なものとはいえない状況下にある。女性の場合，正規ではなく非正規従業員としての雇用，総合職ではなく一般職としての採用，男性との賃金格差，管理職に占める割合の低さ，男性のみを対象として教育訓練，育児・介護休業制度の整備不十分など，多くの現実的な問題に直面しているのである。

本書では，このような女性の仕事環境を多面的に分析，考察して，女性のキャリア形成への有効な提言を行うために，異なる専門領域から優れた執筆者を参集した。そして，それぞれの専門的視点に立脚して，豊富なマクロ・データの分析，個人あるいは組織を対象とした調査の分析，自治体が実施した市民調査の分析などを通じて，潜在的で複雑な諸現象から本質的な問題点を抽出して，詳細な考察をしている。本書は，大きく3つの部分から構成されている。第1部は，「女性の仕事環境と課題」で，組織内外の女性の仕事環境，キャリア形成，ストレスなどについて言及している。第2部は，「女性のキャリア形成と教育」で，3つの教育分野について言及している。第3部は，浜松市が実施した「男女共同参画に関する実態調査」について言及している。

　本書は，「男女共同参画社会の創造に向けての現状分析と有効な施策の提言等に関する調査研究」の成果として，出版に際して，その一部を浜松学院大学共同研究費から助成されている。ここに記して，同大学に深謝の意を表したい。また，調査データの使用を快諾いただいた浜松市にも，心より感謝を申し上げたい。

　末筆ながら，本書の編集および出版に多大なご尽力をいただいた株式会社税務経理協会の皆様，特に堀井裕一氏，武田力氏，小高真美さんには，深甚の謝意を表したい。

2006年2月

執筆者を代表して
櫻木　晃裕

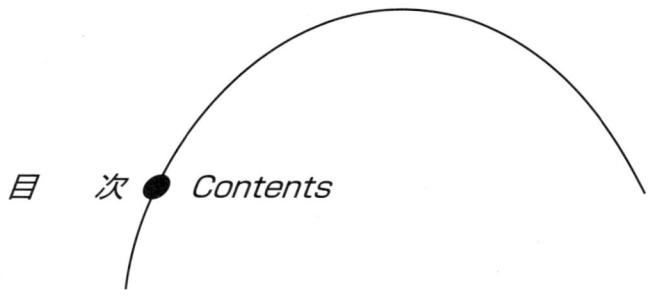

目 次 ● Contents

はじめに

第1部

女性の仕事環境と課題

第1章　女性をめぐる仕事環境　4
　1　はじめに　4
　2　女性をめぐる法環境の整備　4
　3　女性をめぐる就業状況　10
　4　女性の雇用機会をめぐる諸問題　13

第2章　組織における女性の心理的側面　24
　1　心理的契約とキャリア　24
　2　女性のモティベーション　29
　3　女性の職務満足　38
　4　まとめ　44

第3章　女性のキャリア形成支援　48
1　企業における女性のキャリア　49
2　キャリア形成支援策　55
3　キャリア形成支援策の課題と展望　63
4　ま と め　68

第4章　働く女性と職業性ストレス　72
1　職業性ストレスに関する研究動向　72
2　働く女性のストレスの現状　76
3　働く女性のストレスと人的資源管理の関連性　77

第5章　女性労働と次世代育成支援の課題　95
1　問 題 提 起　95
2　女性労働の現状　96
3　継続就労と女性の就労意識　100
4　女性が働き続けるために―育児支援課題―　108
5　今後の展望　114

第6章　「仕事と家庭の両立」と介護休業制度　118
1　重要度を増す介護休業制度とその背景　119
2　働きながら家族の介護を行う労働者に対する援助措置の実情　124
3　働きながら家族の介護を行う労働者に対する援助措置の問題点　130
4　介護休業制度の利用状況の把握に関する問題, 課題　133
5　ま と め　137

第2部

女性のキャリア形成と教育

第7章 キャリア形成とプレゼンテーション教育
　　　　―プレゼンテーション教育の授業方法―　144

1　はじめに　144

2　高等教育における実務教育の必要性　146

3　プレゼンテーションワークショップの概要　148

4　プレゼンテーションワークショップの展開　148

5　プレゼンテーションスキルに対する意識調査　149

6　ま と め　152

第8章 教師のキャリア形成と教育学
　　　　―教師の専門的技能形成を支援できる教育学（者）
　　　　　の基礎条件―　162

1　はじめに―小論の課題と方法―　162

2　第3の教育想念の具体的姿形
　　―Bruner, J. S. に依拠して―　165

3　第3の教育想念のもうひとつの具体的姿形
　　―Dewey, J. に依拠して―　169

4　専門的技能形成を支援できる教育学　172

5　専門的技能形成を妨げるもの　176

6　おわりに―小論の総括―　182

第9章　キャリア形成における商業教育　187

1　はじめに　187
2　教育改革と商業高校　187
3　女子の商業教育と事務職　190
4　浜松市における商業の状況と商業学校　191
5　浜松商業学校　192
6　興誠商業学校　195
7　浜松女子商業学校　197
8　おわりに　202

第3部

男女共同参画に関する実態調査―浜松市における調査の分析と考察―

第10章　男女共同参画における市民の意識　210

1　はじめに　210
2　調査対象概要　211
3　性別と職業からみた回答者の実態　212
4　年間収入　213
5　社会における男女平等について　215
6　就業における機会均等の達成に向けて　216
7　企業における女性の就業支援　217
8　格付評価にみる女性の社会進出への企業における支援　218
9　格付評価にみる育児・介護への支援　219
10　男女共同参画の実現に向けた行政の役割　222
11　おわりに　223

第11章　男女共同参画についての従業員の意識　225

1　回答者について　225
2　職場内での男女平等意識　228
3　育児・介護休暇等制度の利用について　231
4　仕事と家庭生活の両立について　234
5　仕事に対する考え方　236

第12章　事業所における女性の就労環境　242

1　対象事業所・店舗の概要　242
2　女性の雇用状況　243
3　女性の就業環境　249
4　セクシュアル・ハラスメントについて　252

索　引　255

第 1 部

女性の仕事環境と課題

第1部では，女性の仕事環境が実際にどのような状況にあるのか，その現状を把握すること，そして，より良い仕事環境の構築の要件を抽出すること，これらの目的に対して，個人レベル，組織レベル，社会レベルの3つの分析次元に基づいて，6つの領域からの多面的な考察を試みている。

　第1章は，「女性をめぐる仕事環境（平野）」である。ここでは，女性の雇用をめぐるマクロ環境とその課題に関して，法環境としての男女雇用機会均等法と改正男女雇用機会均等法，労働力調査から見る就業状況，女性の就業継続に向けた課題などを取り上げている。

　第2章は，「組織における女性の心理的側面（櫻木）」である。ここでは，組織に所属する女性の意識と行動の現状とキャリア開発に関して，心理的契約とキャリア，モティベーションの規定要因分析，職務満足の構造分析と性別による差異などを取り上げている。

　第3章は，「女性のキャリア形成支援（関口）」である。ここでは，企業と個人とをつなぐ重要なキャリアの形成に関して，女性のキャリア形成の特徴，キャリア形成支援に対する行政・企業・個人のそれぞれの取組み，キャリア形成支援策の課題と展望などを取り上げている。

　第4章は，「働く女性と職業性ストレス（高橋）」である。ここでは，女性の労働環境の現状とその課題に関して，職業性ストレスの研究動向，働く女性のストレスの現状，働く女性のストレス分析と人的資源管理との関連性などを取り上げている。

　第5章は，「女性労働と次世代育成支援の課題（中村）」である。ここでは，女性の継続就労と次世代育成支援に関して，女性の就労現状と企業の雇用システム，女性の就労意識と継続就労の中断，育児次世代育成支援の現状と課題などを取り上げている。

　第6章は，「『仕事と家庭の両立』と介護休業制度（堀田）」である。ここでは，仕事と家庭の両立を支援する介護休業制度に関して，高齢化の進行状況と在宅介護の問題，介護休業制度の機能，介護休業制度の現状と問題，介護休業制度の利用状況把握の問題などを取り上げている。

第1部 女性の仕事環境と課題

第1章

女性をめぐる仕事環境

1 はじめに

　1985年に「男女雇用機会均等法」が成立，翌年施行され，20年が経過しようとしている。この間，同法は数回の改正を経て，女性が性別により差別されることなく，その能力を十分に発揮できる雇用環境の整備を進めてきた。その一方で，女性の就業実態をみると，パートタイム労働者など非正規従業員として働く者が増加するなど，就業機会の拡大が女性のキャリア形成に必ずしも結びついているとはいえない状況が多くみられる。本章では，女性の雇用をめぐるマクロ的な状況を確認し，最後にいくつかの課題をみていきたい。

2 女性をめぐる法環境の整備

　男女雇用機会均等法は，1972年施行の勤労婦人福祉法をルーツにもつ。勤労婦人福祉法は，女性が職業生活と育児，家事等の家庭生活を営むことが国家的な課題との観点に立ち，制定されたものであった。既婚女性であることを理由とした解雇や結婚・出産退職の慣例化，男性と異なる定年年齢の設定など，女性の社会進出を阻んでいた日本企業の性差別的取扱いを違法とする多くの裁判例の蓄積が，同法を制定する背景にあったことは見逃すことはできない[1]。同

第1章 女性をめぐる仕事環境

法においては，既婚婦人の職業生活と家庭生活の調和および母性保護に力点がおかれるなど一定の意義があったが，規定の多くが努力目標，精神規定にとどまっていたこともあり，必ずしも実効性を確保できなかった点にその限界が指摘される。その後，1979年の第34回国連総会における女子差別撤廃条約の採択（1981年発効，日本は1985年に批准）を受け，勤労婦人福祉法を全面的に改正したかたちで，1985年に男女雇用機会均等法（以下，「均等法」）が制定された[2]。

しかし，施行当初の均等法は前述のように，女子差別撤廃条約の批准に向けて制定されたものであり，採用・昇進等での男女の機会均等は事業主の努力義務にとどまっていたが，1997年の改正（1999年4月施行）により雇用の場における男女の差別的取扱いの禁止が定められた。なお，この改正を機に法の正式名称は「雇用の分野における男女の均等な機会及び待遇の確保等に関する法律」に改められ，「女子労働者の福祉の増進」という文言は削除された[3]。

改正均等法においては，目的と基本理念が大きく見直された。第1条において目的は，①雇用の分野における男女の均等な機会および待遇の確保をはかること，②女性労働者の就業に関し，妊娠中および出産後の健康の確保をはかる等の措置を推進することの2点があげられる。また，第2条において，女性労働者が性別により差別されることなく，かつ母性を尊重されつつ充実した職業生活を営むことができることが基本理念として掲げられている。

改正前の均等法では，女性だけに「次代を担う者の生育について重要な役割を有する者である」，「職業生活と家庭生活の調和を図る」ことが規定されていた。そのため，男女共に職業生活と家庭生活の調和を基本理念とする女子差別撤廃条約やILOの家族的責任条約（第156号）と勧告（第165号）に合致しないことが問題視されてきたが，この改正により整合が図られることになる。

この結果，改正均等法では，「女子労働者の福祉増進」から「男女の均等の確保」へとその内容の中心は移り，同時に労働基準法，育児・介護休業法なども改正され，そのポイントは以下のように整理される。

（1）雇用管理の各ステージにおける差別の禁止

① 「募集・採用」（均等法第5条）

女性が性別により差別されることなく，充実した職業生活を営むには，職業生活の入口である募集・採用における男女の均等な機会の確保が不可欠である。具体的には，募集採用の際に，(1)その対象から女性の排除，(2)性別による採用人数の設定，(3)年齢・婚姻の有無・通勤の状況など異なる条件の設定，(4)求人情報提供の際に異なる取扱い，(5)女性のみを採用することなどが禁じられる。

② 「配置・昇進・教育訓練」（均等法第6条）

配置・昇進・教育訓練は，業務遂行能力の獲得や職業生活の継続の上で重要なものである。具体的には，特定の職務への配置，一定の役職への昇進，教育訓練の実施にあたって，(1)女性の排除，(2)婚姻や子を有すること，年齢や一定の資格を求めることなど男女間で異なる条件・基準の設定，(3)女性労働者だけに異なる取扱いをすることや，(4)対象を女性労働者のみとすることなどが禁じられる。

③ 福利厚生（均等法第7条）

男女の差別的取扱いが禁止される福利厚生の措置の具体的な範囲として，住宅資金の貸付けのほか，供与の条件が明確で相当程度の経済的価値を有するものが含まれる。具体的には，厚生労働省令で(1)生活資金，教育資金その他労働者の福祉の増進のために行われる資金の貸付け，(2)労働者の福祉の増進のために定期的に行われる金銭の給付（生命保険料の一部補助，子供の教育のための奨学金の支給等），(3)労働者の資産形成のために行われる金銭の給付（財形貯蓄に対する奨励金の支給等），(4)住宅の貸与の4点が定められている。

④ 定年・退職・解雇（均等法第8条）

男女別定年制，女性であることを理由とする解雇，女性労働者の結婚・妊娠・出産退職制，女性労働者の結婚，妊娠，出産及び産前産後休業の取得を理

由とする解雇は禁止される。したがって，これらの定年制や退職制を定める就業規則や労働協約はその部分については無効となる。

（2）ポジティブ・アクション（均等法第20条）

女性の能力発揮の促進について企業が積極的に行う取組み（ポジティブ・アクション）を講ずる事業主に対して，国が支援することを規定している。これは，固定的な男女の役割分担意識や過去の経緯などが原因で男女労働者間に生じている事実上の格差を是正する措置であり，「女性のみ」の概念とは異なるものとして理解される。

（3）セクシュアル・ハラスメントの防止（均等法第21条）

セクシュアル・ハラスメント（性的嫌がらせ・性的おびやかし）は，一般に，本人が意図するか否かにかかわらず，その相手に性的な言動であると受け止められ，それによって相手に不快感，差別感，脅威・屈辱感や不利益をもたらし，平素な日常生活を送る権利を侵害する行為（言動）であったかどうかで判断される。両性についていわれるが，特に職場においては，女性従業員の個人としての尊厳を不当に傷つけるとともに，その就業環境を悪化させ，能力の発揮を阻害するものとなることから，企業にとっても，職場秩序や円滑な業務の遂行を阻害し，社会的評価に影響を与える問題として意識されている。セクシュアル・ハラスメントは，指針により，対価型（条件と引き替えに行われる言動）と，環境型（働きづらい環境が作られる言動）に分類され，事業主に対して，防止のための雇用管理上必要な配慮を求めている[4]。

（4）女性労働者の妊娠中，出産後の健康管理（均等法第22，23条）

女性の職場進出が進み，妊娠・出産後も働き続ける女性労働者が増加している中で，母性を保護し，女性が働きながら安心して出産できる条件を整備するため，妊娠中および出産後の女性労働者の健康管理に関する規定が義務化されている。事業主が講ずべき母性健康管理に係る措置として，妊娠中の通勤緩和，

妊娠中の休憩に関する措置，妊娠中または出産後の症状等に対応する措置などが指針により例示されている[5]。

（5）深夜業の規制撤廃と配慮

均等法の改正と同時に，労働基準法の改正も行われ，女性の時間外・休日労働，深夜業の規制が撤廃された。それに伴い，女性労働者を深夜業に従事させる場合の就業環境の整備に関する指針が示され，①深夜業を終えて帰宅する女性労働者の通勤安全への配慮，②育児・介護，本人の健康などへの配慮，③労働安全衛生法が定める仮眠室，休養室の設置，④健康診断の実施義務の遵守が事業主に対して求められている[6]。

（6）育児・介護に関する制度

育児・介護休業法（育児休業，介護休業等育児又は介護を行う労働者の労働者の福祉に関する法律，以下「育介法」）は，1991年から施行されている。育児休業制度とは，労働者（日々雇用される者を除く）が，事業主に申し出ることにより，子が1歳に達するまでの間，子を養育するために休業できる制度である（育介法第5条～第9条）。

従来，期間を定めて雇用される者はその対象から除かれていたが，2005年4月の改正により，休業の取得によって雇用の継続が見込まれる一定の範囲の期間雇用者も育児休業が取得できるようになった。一定範囲の労働者とは，以下の(1)(2)いずれにも該当する者とされる。(1)同一の事業主に引き続き雇用された期間が1年以上であること，(2)子が1歳に達する日（誕生日の前日）を超えて引き続き雇用されることが見込まれること（子が1歳に達する日から1年を経過する日までに労働契約期間が満了し，更新されないことが明らかである者を除く）。現実には，雇用契約上は1年未満の雇用期間を定め，更新が繰り返されるケースも増加しているが，上記の一定の範囲に該当するにかかわらず，その就業実態により育児休業の対象か否かを判断されることに注意が必要である。

また，2005年の改正により，子が1歳を超えても休業が必要と認められる一

定の場合には，子が1歳6か月に達するまで育児休業を延長することが可能となった。その事情とは，(1)保育所（無認可保育所は対象外）に入所を希望しているが，入所できない場合，(2)子の養育を行っている配偶者であって，1歳以降，子を養育する予定であったものが死亡，負傷，疾病等の事情により子を養育することが困難になった場合，のいずれかである。いわゆる待機児童の問題については，厚生労働省よると2万3,338人（2005年4月1日現在）おり，首都圏（埼玉・東京・神奈川），近畿圏（大阪・兵庫）の5都府県（政令指定都市・中核市含む）およびその他の政令指定都市・中核市に集中して発生（全待機児童の73.9%）している。特に大阪市，堺市，神戸市，横浜市，川崎市の5市は500人以上の待機児童を抱えている実態があり，1年では職場に復帰しにくい現状があることに対応したものといえる[7]。

　介護休業制度とは，労働者が，事業主に申し出ることにより，その要介護状態（負傷，疾病または身体上若しくは精神上の障害により，2週間以上の期間にわたり常時介護を必要とする状態）にある対象家族を介護するために休業できる制度をいう（育介法第11条～第15条）。2005年の改正により，「対象家族1人につき1回限り・期間は連続3か月まで」から「要介護状態にある対象家族1人につき，常時介護を必要とする状態ごとに1回，その期間は通算して（のべ）93日まで」と改められ，休業の取得により雇用の継続が見込まれる一定の範囲の期間雇用者も取得可能となった。

　また，子の看護休暇制度（育介法第16条の2，第16条の3）が義務化され，小学校就学前の子を養育する労働者は，申し出ることにより1年間に5日まで，病気・けがをした子のために休暇を取得できるようになった。

　近年，女性をめぐる法的な環境は徐々に整備されつつあり，そのめざすべき方向として男女共同参画社会基本法（1999年6月施行）がある。同法では，基本理念（第3～7条）として，①男女の人権の尊重，②社会における制度または慣行についての配慮，③政策等の立案および決定への共同参画，④家庭生活における活動と他の活動の両立，⑤国際的協調，を掲げている。雇用の分野においても，男女が社会の対等な構成員として，自らの意思によって活動に参画する

機会が確保される社会の形成をめざしていかなければならない。

3 女性をめぐる就業状況

前節で確認してきたように，女性をめぐる法環境は，男女の均等待遇の実現に向けて徐々に整えられつつある。その中で，女性の就業状況はどのように変化してきたのであろうか。本節では，その就業実態の把握を行う。

総務省統計局「労働力調査」によると，2004年の女性就業者数は2,616万人，女性雇用者数は2,203万人であり，図表1―1にも示されるように，「雇用者数の増大」と「雇用者比率の高まり」を確認することができる。その一方で，男性雇用者は1997年のピーク時から100万人以上減少し3,152万人であることから，1990年代以降の長期的な不況の中で，男性労働者がより大きな影響を受けてきたようにみえる。しかしながら，女性就業者・雇用者の増加をもって女性の就業機会の拡大と捉えることは適切とはいえない。

図表1―1 女性雇用者数・就業者数の推移

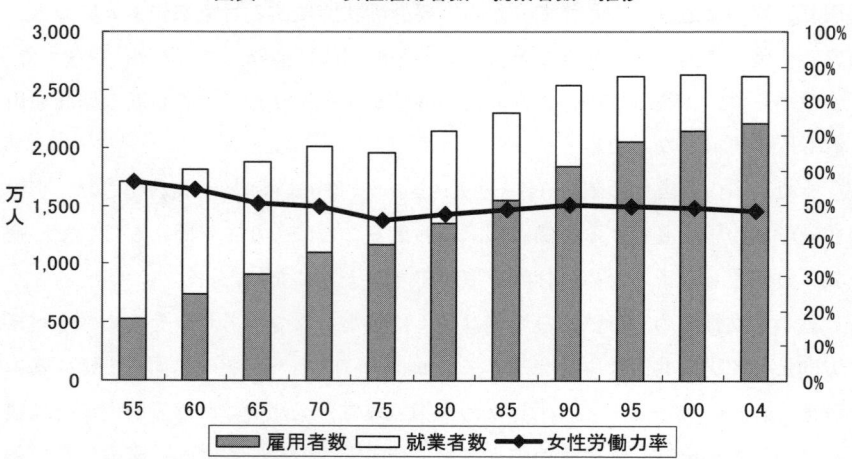

出所：総務省統計局「労働力調査」。

第1章　女性をめぐる仕事環境

　第1の視点として，女性労働力率があげられる。労働力率は，15歳以上人口に占める労働力人口の割合によって計算されるが，その割合は均等法が制定された1985年と比べても，ほとんど変化がみられないだけでなく，50年前に比べ7ポイント以上低下している。

　年齢階級別の女性労働力率を図表1—2により確認すると，25～29歳の労働力率が大幅に高まり，いわゆるM字型曲線のボトムが30～34歳へとシフトしていることがわかる。この背景として指摘されるのが，女性の未婚化・晩婚化，そして晩産化傾向である。

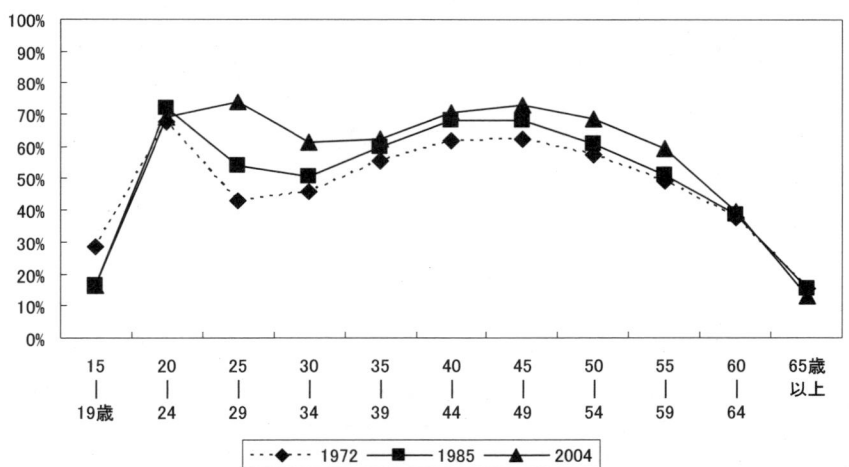

図表1—2　年齢階級別の女性労働力率

出所：総務省統計局「労働力調査」。

　厚生労働省「人口動態統計」により，1970年と2003年を比較すると，女性の平均初婚年齢は24.2歳から27.6歳へ，第1子の平均出産年齢が25.6歳から28.2歳へと後期化している。しかし，晩婚化・晩産化を女性労働力率の変動要因として過大視することは，結婚・出産退職を前提とした議論と誤解される側面もあるため，女性の就業継続に向けた課題については，第4節で改めて取り上げる。ただし，20～64歳の年齢層においては，有配偶者に比べ，未婚者の労働力率が

第1部 女性の仕事環境と課題

高い[8]。特に，25〜29歳，30〜34歳の年齢層では約40ポイントの開きがあることにも注意が必要といえる。

女性の就業状況を確認する第2の視点として，就業形態の側面があげられる。図表1—3により，年齢階級別の就業形態をみると，正社員比率は最も高い25〜29歳でも6割強にすぎず，35歳以降は過半数以下である。25〜59歳の正社員比率が約85%以上で推移する男性雇用者との格差は大きい。また，この傾向は近年，加速化していることも看過することはできない。短時間雇用者数（週間労働時間が35時間未満の雇用者）とその比率は，男女ともに上昇を続けているが，女性により顕著な傾向であることが図表1—4により確認できる。

このような視点から女性の就業を捉えると，短時間雇用者の拡大，特にパートタイム労働の拡大が女性の就業機会の拡大に大きく寄与しているものと理解できる。しかし，非正規従業員として勤務する者が，現在の就業状況を必ずしも否定的に捉えているわけでもない。厚生労働省〔2004〕「平成15年就業形態の多様化に関する総合実態調査」によると，非正規従業員がもつ今後の就業形態の希望は，「現在の就業形態の継続希望」(65.3%)が「他の就業形態への変更希

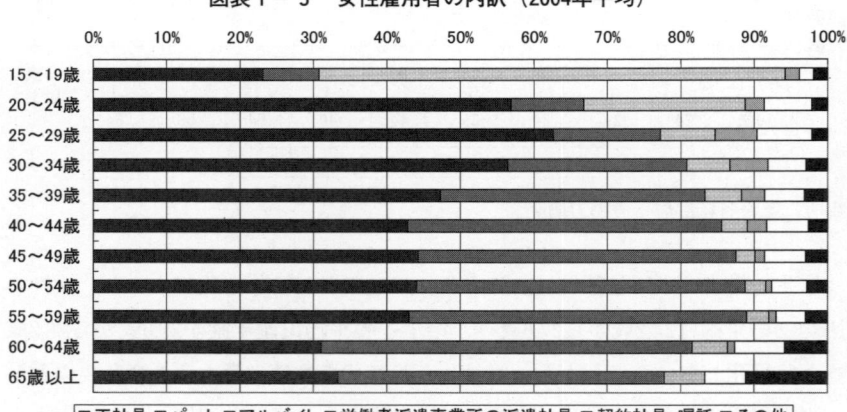

図表1—3　女性雇用者の内訳（2004年平均）

■正社員　■パート　□アルバイト　■労働者派遣事業所の派遣社員　□契約社員・嘱託　■その他

出所：総務省統計局「労働力調査（詳細結果）」。
注：役員を除く雇用者の割合として算出している。

図表1－4　短時間雇用者数及び短時間雇用者比率

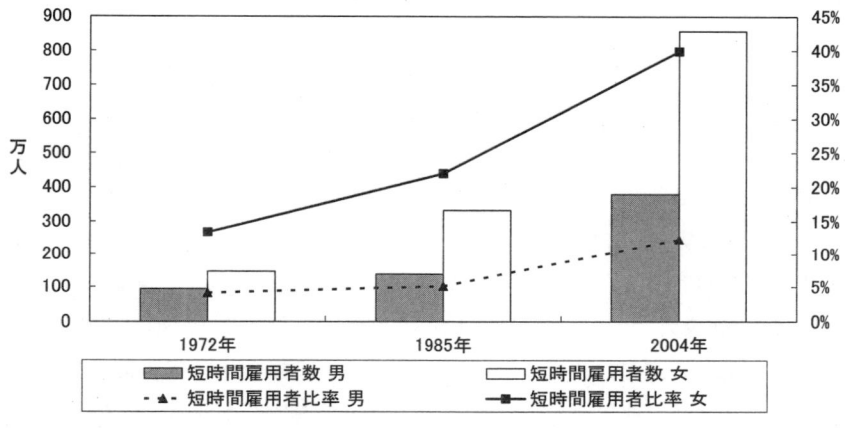

出所：総務省統計局「労働力調査」。

望」（22.9%）を大きく上回る。年齢階級別にみても，変更希望の割合が最も高い「20～29歳」でも41.5%，非正規雇用者比率の最も高い「15～19歳」でも33.1%にすぎない。ただし，他の就業形態を希望する場合，圧倒的多数が正社員を希望している点に注意が必要である。

4　女性の雇用機会をめぐる諸問題

(1) 雇用機会の均等に関する問題

　募集・採用の場において，男女別に募集人数を設定することが禁止されるなど直接的な雇用機会の格差は縮小する一方で，均等法施行前後に登場したコース別雇用管理制度がある。コース別雇用管理とは，業務内容の違いや転居を伴う転勤の有無などによって，いくつかのコースを設定して，コースごとに異なる配置・昇進，教育訓練等の雇用管理を行うシステムをいう。典型的には，基幹的業務または企画立案，対外折衝等総合的な判断を要する業務に従事し，転居を伴う転勤があるコース（いわゆる「総合職」），主に定型的業務に従事し，転

居を伴う転勤はないコース（いわゆる「一般職」），「総合職」に準ずる業務に従事するが転居を伴う転勤はないコース（いわゆる「中間職」）等のコースが設定される。この制度においては，性別の要素は除去されているはずであるが，実際の運用には多くの問題点が残されている。

近年における運用実態は，21世紀職業財団〔2005〕「女性労働者の処遇等に関する調査結果報告書」によると，コース別雇用管理制度を「実施している」企業は18.0％，「実施していない企業」が79.4％となっている。また，「実施していたが，現在は廃止した企業」は1.1％ある。産業別にみると，金融・保険業（39.7％），建設業（24.8％），卸売・小売業（22.5％），製造業（20.8％）で導入企業の割合が高く，逆に，教育・学習支援業（3.3％），複合サービス業（5.2％）医療・福祉（6.2％），飲食店・宿泊業（6.7％）では実施割合が低い。企業規模別では，1,000人以上の規模では30％前後が実施しているのに対し，企業規模300人未満では10％強と企業規模間の格差が現れる点に特徴がみられる。

厚生労働省〔2004〕「コース別雇用管理制度の実施状況と指導状況」によると，コース別雇用管理制度を導入している企業において，総合職に占める女性割合は3.0％であり，女性割合の分布でみても「10％未満」の企業が89.4％を占め，「０％」の企業が21.6％ある。また，総合職採用者に占める女性の割合（2004年4月）をみても12.0％であり，2年前の同調査に比べ若干の増加がみられるが，依然として低い水準にある。一方，一般職採用に占める女性の割合（2004年4月）は95.6％であり，その割合が100％であった企業は83.1％を占める。

わが国においては，均等法の改正以来，直接に女性であることを理由とした差別は違法であるとの認識は広まってきた。しかし，コース別雇用管理のように，実質的に男女別の雇用管理として機能している事例も多い。この問題の背景として指摘されるのが，間接差別に関する問題である。厚生労働省「男女雇用機会均等政策研究会」報告書（2004年6月）において，「一般的に，間接差別とは，外見上は性中立的な規定，基準，慣行等（以下，「基準等」）が，他の性の構成員と比較して，一方の性の構成員に相当程度の不利益を与え，しかもその基準等が職務と関連性がない等合理性・正当性が認められないものを指す」と

整理されている。

また，2005年12月27日に厚生労働省・労働政策審議会雇用均等部会が厚生労働大臣に建議として提出した均等法改正の原案となる報告書には，間接差別の禁止が明記された。報告書では，間接差別にあたる例を①身長・体重・体力を募集・採用の条件とする，②総合職の募集・採用で全国転勤を要件とする，③昇進の際に転勤経験を要件とする，の3点が例示されている。

（2）雇用の非正規化とキャリア形成に関する問題

女性の雇用機会の拡大と雇用の非正規化は密接な関係にある。それに加えて，近年は，非正規雇用のキーワードの1つとして「非正規従業員の戦力化」が唱えられている。ここでは，その実態と課題を検討しておきたい。

一般に「非正規従業員の戦力化」とは，契約社員，パート・アルバイトなどの非正規従業員を積極的に活用し，また，その活用方法を従来の補助的業務だけではなく，専門業務や管理業務を任せる動きを意味する。

非正規従業員の活用状況は，連合総研〔2001〕「多様な就業形態の組み合わせと労使関係に関する調査研究」によると，パートタイム労働者，契約社員，派遣労働者の約4割が「非正規従業員を正社員との業務区分をはっきりさせず状況に応じて担当」しており，「能力や経験に応じて正社員の仕事を移管」されているものも1割強存在する。また，同調査により，非正規従業員の業務に正社員も従事している割合が，契約社員（67.0%），派遣労働者（66.3%），パート（66.3%）と高い割合を占めている。また，厚生労働省〔2001〕「パートタイム労働者総合実態調査」においても，「役職付パート等労働者」は11.4%を占め，1990，95年の同調査から増加傾向にあることが確認されている。これらから，非正規従業員の活用は，正社員が現在担当している業務領域にまで拡大しており，今後さらに広まる可能性が示唆されているといえる。

その一方で，非正規従業員に対する能力開発が十分に行われているとはいえない。人と仕事研究所〔2005〕『平成17年版パートタイマー白書』によると，パート・アルバイトを雇用している事業所において，現場外での導入教育

(Off-JT) を行っている割合は35.7%にすぎない。ただし，3年前の同調査と比較すると，従業員数が「300～999人」の事業所で52.1%から63.9%へ，「1,000人以上」の事業所で53.2%から76.9%へ高まり，事業所規模間の格差が拡大する傾向にある。また，図表1－5からその実施内容をみると，「経営理念，会社の組織，会社の業務内容など会社全体に関する説明」（63.5%）が最も多く，「就業規則や労働協約などの労働条件の説明」（59.8%），「仕事内容の研修」（46.5%）と続く。一般的な新入社員研修では，社会人としての意識変革を目的として，ビジネスマナーの修得や会社についての理解がめざされるが，パート・アルバイトの入社時研修ではそれらが必ずしも重視されているとは限らない傾向がみられる。

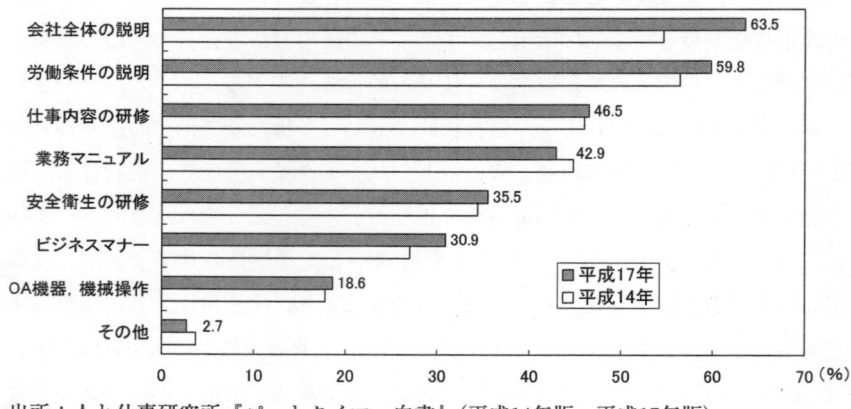

図表1－5　パート・アルバイト入社時の現場外教育の内容

出所：人と仕事研究所『パートタイマー白書』（平成14年版，平成17年版）。

入社後の企業内教育においては，非正規従業員と正社員の教育訓練機会の格差はさらに拡大する。企業内教育の形態や体系の分類方法は，さまざまな方法があるが，一般的には，OJT，Off-JT，自己啓発の3つの体系により構築されている。OJTは，日常業務を通じて，上司や先輩が職務遂行上必要な知識や技能等を，仕事を通じて計画的・継続的に修得させる職場内訓練である。非正規従業員の場合も職務遂行に必要な知識や技能を上司や先輩から習うが，

その教育が計画的・継続的に実施されているケースは少なく，正社員のOJTと同義に理解することは適切ではない。Off-JTは，従業員を年齢，職位などの階層に分けて，それぞれの教育ニーズにそって教育を展開する「階層別研修」と各職能に求められる専門知識や実務知識の習得を目的に実施される「職能別研修」に大別される。非正規従業員の場合，職務とOff-JTの区分がリンクしないこともあり，実施割合が低いことが図表1—6から確認できる。また，非正規従業員（特にパートタイム労働者や派遣社員）に自己啓発制度が適用されるケースは稀である[9]。ただし，以前から外食チェーンなどでパートタイム労働者を店長に登用する動きや，流通業でも特定の売り場の管理を一任する制度を導入している企業もあり，非正規従業員の職務と教育訓練機会に関する問題は，業種間の格差が大きいことも留意しておかなければならない[10]。

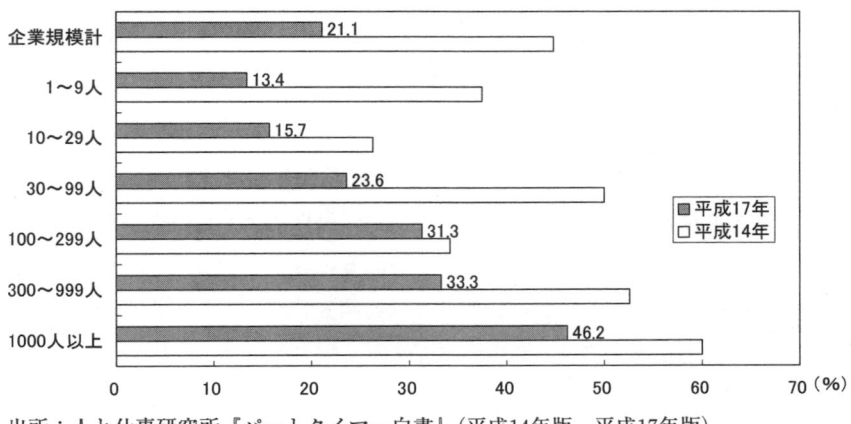

図表1—6　パート・アルバイトへの入社時以外の現場外教育の実施割合

出所：人と仕事研究所『パートタイマー白書』（平成14年版，平成17年版）

このように就業形態の違いが教育訓練機会の格差を生み出し，個人のキャリア形成の過程にも大きな影響を及ぼしている。キャリア形成には，組織間の移動を繰り返しながら展開されるものもあるが，ここでは組織内におけるキャリアに限定して考えてみる。組織内キャリアを捉える場合，キャリアとは「組織

内において，ある一定期間のうちに個人が経験する職務内容，役割，地位，身分などの変化の一系列」と定義される[11]。特に大企業の正社員については，内部労働市場の中で，さまざまな職務を経験し，ＯＪＴにより能力を高め，昇格・昇進を通じてキャリア形成が行われている[12]。一方，パートタイム労働者の勤続期間は長期化し，職務が高度化する傾向にあるにもかかわらず，キャリア形成の機会に乏しく，結果的として正社員との労働条件面の格差を生み出す一因ともなっている。

パートタイム労働者をはじめとする非正規従業員の増加に併せて，その就業意識も多様化している。「個別の事情により労働時間に制約がある者」や「正社員としての雇用機会に恵まれない者」，「職務へのこだわりがある者」などのさまざまな理由から就業形態を選択している。この違いは，教育訓練やキャリア形成の機会の希求の格差とも結びつくことから，個々の非正規従業員のタイプを見極めた雇用管理が必要になってきている[13]。

（３）女性の就業継続に向けた課題

図表１―２でみたように，女性労働力率のボトムは20歳台後半から30歳台前半へとシフトし，その落ち込みが小さくなってきたものの，依然として，結婚・出産の時期が女性の就業にとって１つの転換点となっている。その一方で，女性の就業継続に対する意識は変化しつつある。

総務省〔2004〕「男女共同参画に関する世論調査」によると，子供の出生と職業について，男女ともに「一時中断・再就職」（男性：37.0％，女性：32.4％）よりも「就業継続」（男性：41.9％，女性：38.6％）を望ましいと考える人の割合が高くなった。平成４年の同調査では，「一時中断・再就職」を支持する割合が男女ともに約20ポイント高いことを考えると大きな変化といえる。ただし，「一時中断・再就職」を支持する割合が最も高いのが世代該当者の30歳台女性（43.4％）である点に注目する必要がある。その理由として，出産を経験した女性自身に意識変化が生まれることも考えられるが，30歳台前を通じて潜在労働力率は80％を超え，20歳台から50歳台までほぼフラットな曲線を描く状況から，

女性に就業継続を断念させている要素を検討する必要がある[14]。また，統計上の制約から離職理由を含めて把握することはできないが，30歳台の再就職率が低く，特に正社員としての機会に乏しい状況にあることから，継続就業を可能とする環境整備が重要な課題となる[15]。

21世紀職業財団〔2004〕「女性労働者の処遇等に関する調査」からは，就業継続を困難にする理由として「育児」（75.4%），「介護」（47.2%），「家事」（36.3%）が上位を占め，性別役割分業意識が残存している結果と理解できる。また，今の会社で働き続けるために，子育てや介護に対する制度だけでなく，職場としてそれを支える配慮を求める意見が多くあげられている（図表1―7）。これまでわが国においては，仕事と育児・介護とが両立できるようなさまざまな制度をもち，多様でかつ柔軟な働き方を労働者が選択できるような取組みを推進する，いわゆる「ファミリー・フレンドリー」な考え方と取組みが進められ，一定の成果をあげてきた。また今後は，家族の有無を問わず，すべての個人が対象となる「ワーク・ライフ・バランス（WLB）」の概念が重視されるようになるであろう。WLBとは「やりがいのある仕事」と「充実した個人生活」を調和させ，バランスよく発展させるサポート体制が整って実現されるものであり，図表1―7はWLBを求める女性の意識と捉えることもできる。

図表1―7　今の会社で働き続けるために必要なこと

子育てしながらでも働き続けられる制度や職場環境	51.7%
やりがいが感じられる仕事の内容	50.5%
育児や介護のための労働時間面での配慮	41.3%
相談できる同僚や先輩がいること	40.2%
結婚や出産，育児で女性社員が差別されない職場風土，環境	32.3%
男女均等な待遇と公正な人事評価	32.2%
残業があまり多くないこと	29.2%
勤務時間が柔軟であること	25.4%
女性を一人前に扱う企業風土	20.0%
その他	3.3%

出所：21世紀職業財団「女性労働者の処遇等に関する調査」，2004年。

また,就業継続と地域間格差の問題にも触れておきたい。都道府県別の25～54歳層の女性有業率の上位は福井,石川,山形,島根,富山など北陸,山陰,東北地方の県に集中し,各県ともに「M字の谷の深さ」が浅い特徴がある。逆に,女性有業率の下位は奈良,神奈川,大阪,兵庫,千葉など政令指定都市や特別区を抱え人口が集中している都市部圏が多く占め,「M字の谷の深さ」も深い[16]。また,都道府県別に有配偶者の通勤時間と有業率の関係をみると,おおむね有業率の高い県では通勤時間が短く,有業率の低い県では通勤時間が長い傾向があることも確認されている[17]。

女性の継続就業にとって大きなネックの1つは育児であることを指摘してきたが,通勤時間と結びつき,いっそうの困難を生み出している。すなわち,多くの家庭では自らの居住地域に近接した保育所などの託児施設を利用する。例えば,全国で最も待機児童の多い横浜市の場合,公立の保育所が123か所あるが,開設時間が長い保育所でも7時から19時(平日)である(公設民営の2か所を除く)[18]。それに対して,横浜市民の平均片道通勤時間は49.3分であり,フルタイムで勤務し1時間以上の残業を行うと,保育所の閉園時間に間に合わないことになる[19]。

しかし,フルタイム就業者(週35時間以上の就業時間)の中で1週間の就業時間が49時間を超える者の割合が,25～29歳層の女性の23.5%,男性の47.7%,30～34歳層の女性の22.6%,男性は51.6%を占めるように所定内労働時間を超えた勤務の常態化は,保育所の利用をも困難にさせる[20]。これらの問題の解決策の1つとして,企業内託児所を設置する動きもある[21]。しかし,都市部においては電車など公共交通機関を利用した通勤が中心であり,「子連れ通勤」の大変さを勘案した施策と合わせて実施されなければ,その実効性を確保することは難しく,地域の通勤事情に即した支援策が必要となる。

最後に,これらの施策を推進する上で重要なことは,女性の継続就業支援策との位置づけに偏重しないことであろう。2003年に施行された「次世代育成支援対策推進法」においては,男性の育児参加・働き方の見直しも打ち出し,男性の育休取得率10%(女性は80%)などを目標として掲げ,常時301人以上の労

働者を雇用する企業に対しては「行動計画」の提出を義務づけている。長時間労働が常態化している男性の働き方や価値観の見直しを含めた積極的な取組を通じて，男女ともに「仕事と家庭」の調和を可能とする多様かつ柔軟な働き方が促進されねばならないであろう。

〔注〕
1) 例えば，退職・定年制（結婚退職）については，住友セメント事件（昭41.12.20，東京地裁，昭和39年（ワ）10401）など，既婚女性であることを理由とした解雇については，小野田セメント地位保全等仮処分申請事件（昭43.4.10，盛岡地裁一ノ関支部，昭和41年（ヨ）第6号）などが知られている。
2)「女子差別撤廃条約」において，「女子に対する差別」とは，「性に基づく区別，排除又は制限であって，政治的，経済的，社会的，文化的，市民的その他のいかなる分野においても，女子（婚姻をしているかいないかを問わない。）が男女の平等を基礎として人権及び基本的自由を認識し，享有し又は行使することを害し又は無効にする効果又は目的を有するものをいう（第1条）」と定義される。平等原則を確保するために，個人や団体による差別を禁じ，女子に対する差別となる既存の法律，規則，慣習および慣行を修正・廃止するため措置を講じることを規定している（第2条）。
3) 改正均等法以前の正式名称は「雇用の分野における男女の均等な機会及び待遇の確保等女子労働者の福祉の増進に関する法律」であった。
4) セクシュアル・ハラスメントに関する指針の正式名称は，「事業主が職場における性的な言動に起因する問題に関して雇用管理上配慮すべき事項についての指針」。
5) 妊娠中および出産後の健康管理に関する指針の正式名称は，「妊娠中及び出産後の女性労働者が保健指導又は健康診査に基づく指導事項を守ることができるようにするために事業主が講ずべき措置に関する指針」。
6) 女性の深夜業に関する指針の正式名称は，「深夜業に従事する女性労働者の就業環境等の整備に関する指針」。
7) 厚生労働省「保育所入所待機児童数調査」を参照。
8) より詳細な分析は，厚生労働省雇用均等・児童家庭局編〔2005〕，pp.2-6を参照。
9) 厚生労働省〔2004〕では，「自己啓発援助制度」が適用される事業所の割合は，正社員が24.7%，契約社員が22.5%，派遣労働者が5.7%，パートタイム労働者が6.3%となっている。非正規従業員でも，「特定職種に従事し専門的能力の発揮を目的として雇用期

間を定めて契約する者」と定義される契約社員の場合，正社員と同程度の割合で「自己啓発援助制度」が適用される点は，他の就業形態と異なる特徴といえる。
10) 大手流通業における動向をみると，例えば，イオンでは2004年2月からパートが勤務する地区で店長に昇格できる制度を新設（日本経済新聞，2003年11月16日），西友でも2005年9月からパート従業員を正社員と同じ条件で店長・マネジャー候補として育成する幹部研修を始め，優秀なパートを幹部候補生として養成し，店舗運営の中核に育成する方針を打ち出している（日本経済新聞，2005年9月1日）。
11) 若林満〔1991〕，p.230より引用。
12) 谷内篤博〔2004〕，pp.76-77によると，わが国の企業内教育制度における教育は，主に職務遂行に必要な知識やスキルを中心に行われ，個人の職業生活を通してのキャリア形成に欠けるものになりやすいとの欠点も指摘される。
13) 労働省〔1997〕「パートタイム労働に係る調査研究会報告」を参照。
14) 潜在労働力率（＝（労働力人口＋非労働力人口のうち就業希望者）／15歳以上人口，により算出）の資料出所は，総務省統計局「労働力調査特別調査」（平成12年8月報告書非掲載分）であり，厚生労働省雇用均等・児童家庭局編〔2002〕，p.48を参照。
15) 厚生労働省雇用均等・児童家庭局編〔2005〕，pp.84-96を参照。
16) 「M字の谷の深さ」とは，有業率の左肩のピークの値とボトムの値の差である。
17) 厚生労働省雇用均等・児童家庭局編〔2005〕，pp.50-51を参照。
18) 横浜市ホームページ　http://www.city.yokohama.jp/me/kosodate/（平成17年10月現在）を参照。
19) 平均通勤時間は，横浜市〔1995〕「横浜におけるパーソントリップ調査」による。
20) 総務省統計局「労働力調査」（平成16年度平均）による。
21) 都市部に企業内託児所を設置している企業として㈱日本郵船（本社：東京・丸の内），㈱資生堂（汐留オフィス：東京・汐留），㈱新生銀行（本店：東京・内幸町）など，一方，地方都市に設置している企業として，㈱マツダ（本社：広島・府中町），㈱万有製薬（つくば研究所：茨城・つくば市），㈱ヤマハ発動機（本社：静岡・磐田市）などがある。

〔**参考文献**〕
・青島祐子〔2001〕『女性のキャリアデザイン』，学文社。
・大沢真知子〔1998〕『新しい家族のための経済学』，中公新書。
・河口真理子〔2005〕「ＣＳＲと労働におけるダイバーシティ（多様性）」，大和総研「経営戦略研究レポート」

- 厚生労働省〔2004〕「平成15年就業形態の多様化に関する総合実態調査」。
- 厚生労働省雇用均等・児童家庭局編〔2002〕『平成13年版女性労働白書』21世紀職業財団。
- 厚生労働省雇用均等・児童家庭局編〔2005〕『平成16年版女性労働白書』21世紀職業財団。
- 佐野陽子・嶋根政充・志野澄人編著〔2001〕『ジェンダー・マネジメント』,東洋経済新報社。
- 竹中恵美子・久場嬉子編著〔1994〕『女性の労働力化』,有斐閣。
- 谷内篤弘〔2004〕「企業内教育の新たな展開」,石井脩二編著『知識創造型の人材育成』,中央経済社。
- 労働政策研究・研修機構〔2004〕「Business Labor Trend」No.346。
- 労働政策研究・研修機構〔2005〕「Business Labor Trend」No.358。
- 労働政策研究・研修機構〔2005〕『パートタイマーと正社員の均衡処遇──総合スーパー労使の事例から──』。
- 若林満〔1991〕「組織内キャリア発達とその環境」,若林満・松原敏浩編著『組織心理学』,福村出版。
- 脇坂明〔1998〕『職場類型と女性のキャリア形成（増補版）』,お茶の水書房。

(平野　賢哉)

第2章

組織における女性の心理的側面

1 心理的契約とキャリア

(1) 組織成員の心理的契約

　新しく組織に加入する際，組織成員である個人は，男性であろうと女性であろうと，組織に対して知力，体力，努力，時間などを提供することで何らかの仕事の成果をあげて，組織の目的を達成するその一部を担う。そして，貢献の対価として，それに見合う評価と報酬の供与，昇進・昇格の実現，教育・研修の機会，雇用の安定などの保障を期待する。このような個人と組織との関係を，Schein〔1965〕は「心理的契約（psychological contract）」と呼び，組織成員は組織に対して，人間らしく扱い，仕事と成長の機会を与えてくれるなどを期待し，それらが保障され人間としての尊厳を保持できる限りは組織にとどまり貢献に努めるし，組織もまた彼らに対して，組織のイメージを高め組織に忠誠であり，組織のために最善を尽くしてくれることを期待していると説明している。

　心理的契約は，明文化されない個人と組織の約束事で，個人と組織という2つの主体の，双方に対する期待に基づくものである。そのために，個人の場合は，組織の自分に対する期待を認知しながら，組織のなかで自分自身の欲求（昇進，昇給，能力開発など）を充足させるために，組織に対して影響を及ぼそうとする。一方，組織の場合は，組織自身の欲求（存続，維持，発展など）を充足

させるために，個人に対して影響を及ぼそうとする。ところが，女性の場合は，正規従業員ではなく非正規従業員としての雇用が多く，正規従業員として雇用される場合も総合職ではなく一般職としての場合が多いため，高い専門性の必要な業務への配置が少ない，教育・研修など能力開発の機会が少ない，管理職への登用が少ないなど，男性と比較して組織からの期待が低いことを認知しながら自分自身の欲求充足を図ることになる。

図表2－1は，業務の習熟度別配置状況である。この調査から，業務を習熟するのに長い期間が必要なものほど，「男女とも配置」，「女性のみ配置」が減少し，「男性のみ配置」の増加する傾向が確認された。特に，「新入社員が6年以上で習熟」では，「男性のみ配置」と回答した企業が20.4％である一方，「女性のみ配置」と回答した企業は1.8％に留まっている。

図表2－1　業務の習熟度別配置状況

(％)

	男女とも	男性のみ	女性のみ	不明など
新入社員が1～2年で習熟	72.1	14.3	3.2	10.3
新入社員が3～5年で習熟	62.0	18.8	2.0	17.2
新入社員が6年以上で習熟	55.7	20.4	1.8	22.1

出所：厚生労働省「平成13年度女性雇用管理基本調査」。

女性が就業する際，たとえ正規従業員として雇用されても，それが一般職としての採用が前提ならば，その多くは補助的，補完的な職務内容であり，仕事の有意義性を認識できるもの，仕事の成果に対する責任感を保持できるものとは考えられず，心理的契約を十分に機能させるものではない。このような場合，女性は男性との比較に公平感を感じられず，不公平解消の行動として，①自己のインプット（コミットメント，モティベーション）を低下させる，②比較対象者を異性から同性へ認知変更する，③所属組織から離脱する，などの行動を選ぶことになる。いずれの場合も，個人にも組織にも，生産的なものとはなり得ないのである。

（2）組織におけるキャリア形成

　組織における個人は，心理的契約を前提として，特定の組織に所属しながら継続的に仕事経験を積むことで，自らの「キャリア（career）」を形成していく。Hall〔1976〕は，「キャリアとは個人の人生全般にわたる，仕事に関連した諸経験および活動についての一連の態度・行動の知覚である。」と述べている。キャリアは，単に職歴をさすのでなく，個人の生涯を通じて職務の遂行から経験を積み，知を構築していくことで形成されるものである。組織におけるキャリアの形成は，組織に所属する期間と職務に従事する時間が長いほど，幅広くより高度なものが可能となる。したがって，厚生労働省〔2005〕調査の，女性の平均勤続年数9.0年（平均年齢38.3歳）という数値は，男性の平均勤続年数13.4年（平均年齢41.3歳）と比較すると，キャリア形成上不利な状況にあるといえる。

　Schein〔1978〕は，図表2－2の「組織の3次元モデル」のように，新しく組織に加入した個人は，①階層（序列）次元，②職能（分業）次元，③内円（中心度）への次元，これらの3つの次元に沿いながら自らのキャリアを形成していくことを述べている。

　第1の次元は，「階層次元」である。階層次元とは，一般従業員から始まり，組織内で昇進，昇格などを達成しながら，主任，課長，部長など上位の職位に昇ることで垂直的なキャリアを形成していく方向のことである。しかしながら，前述の厚生労働省〔2005〕調査では，従業員数が100人以上の企業において役職者に占める女性の割合が，係長で11.0％，課長で5.0％，部長で2.7％という結果が示されており，女性が階層次元においてキャリアを形成することはかなり困難であるといえる。

　第2の次元は，「職能次元」である。職能次元とは，例えば販売部門に所属していたものが，製造部門あるいは経理部門に異動するように，これまでの職務とは異なる部門に異動して，水平的に新しいキャリアを形成していく方向のことである。日本企業では，定期的な「ジョブ・ローテーション」を実施することで，職能次元における複数キャリアの形成をさせる場合も多い。ただし，このようなジョブ・ローテーションの対象者は，主に総合職として雇用されて

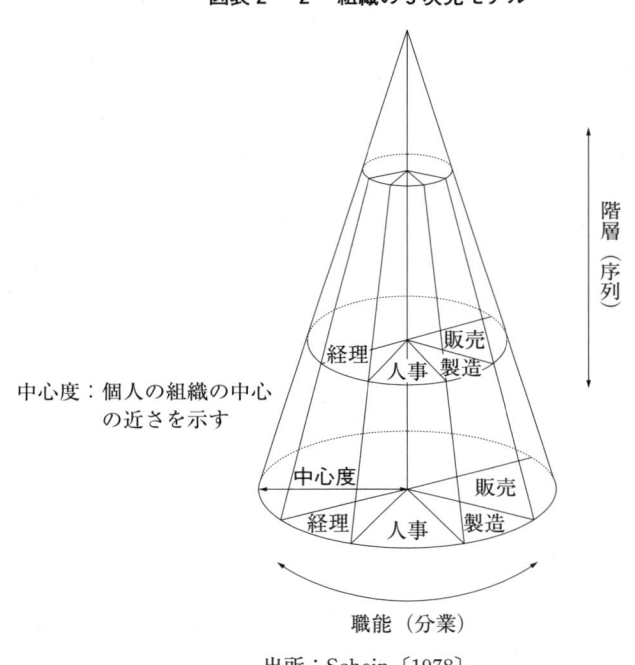

図表2－2　組織の3次元モデル

階層（序列）

経理　販売
　人事　製造

中心度：個人の組織の中心
　　　　の近さを示す

中心度
経理　人事　販売　製造

職能（分業）

出所：Schein〔1978〕。

いる成員であり，一般職としての雇用が多い女性は，職能次元においてキャリアを形成することが不利であることは否めない。

　第3の次元とは，「内円への次元」である。内円への次元とは，販売なら販売という1つの部門に長期間在籍することで，その部門内における暗黙の約束事に精通する，重要な顧客情報を獲得する，非公式な権限を獲得するなど，前述の2つのキャリアとは異なる中心へのキャリアを形成していく方向のことである。このような例として，日本企業で導入されている「専門職制度」がある。ただし，専門職制度の対象者は総合職として雇用されているのが前提で，総合職の中で管理職として登用されていないものを処遇するための場合が少なくない。内円への次元においても，女性がキャリアを形成することが不利な状況が考えられる。

男性の場合,年齢,経験,能力,業績など本人の適性と意向,組織の戦略や事情などの要因に基づいて,ある時は職能次元に,またある時は階層次元に,さらには内円への次元にと多様なキャリア形成のパターンがある。一方,女性の場合は,男性と比較すると本人の適性や意向ではなく,あくまでも職務補完的,補助的,短期的な視点による配置および異動などが一般的で,組織の側から個人のキャリアをどのように形成させるかという「個の尊重」と,個人の側から自己の責任で主体的にキャリア形成する意識と行動を重視する「個の自律」という,人的資源管理における2つの主要概念が欠落している。

(3) 組織への適応過程

個人が,組織において自らのキャリアを形成していくためには,職務をうまく遂行するだけではなく,他のメンバーから仲間の一員として認められることが必要となる。Katz〔1980〕は,新しく組織に加入したものが,時間の経過とともに組織内環境に適応していく過程を,①社会化(socialization)段階,②刷新(innovation)段階,③順応(adaptation)段階の3つに分類している。

「社会化の段階」は,個人が組織に加入した後の3〜4か月までの期間である。この段階では,組織に新しく加入したものは,仕事内容や方法だけではなく,職場内の行動基準,人間関係,暗黙の約束事,役割期待などについても,あわせて学習することになる。入社時に実施される新入社員研修や,「ＯＪＴ(on the job training)」を基本とした「ブラザー・シスター制度」などは,社会化の段階を円滑にするための施策として有効である。また,社会化の段階は,職能次元での異動のように他の部門へ配置転換がなされた場合や,階層次元での異動のように昇進・昇格した場合にも発生する。いずれにしても,この段階で重要なのは,文書化された規則のように公式的なものではなく,組織における暗黙の約束事は何かをいかに的確に認知するかに依存しており,このような情報源が少ない女性の場合,不利な状況にあることは想像に難くない。

社会化の段階を順調に過ごし,組織における社会的な安定性や心理的な拠り所を確立した後,個人は仕事を遂行する上で影響力を拡大し,仕事を通じて達

成感を求めるようになる。この時期が「刷新の段階」で、組織に加入後の6か月～3年の時期が該当する。この段階は、個人は仕事について自発的に考え主体的に目標を設定したり、積極的に行動し具体的な成果を求めたりする。組織内環境への適応過程のなかでは、最も行動的で成果の出やすい時期である。

そして、同一の仕事に3年以上従事していると、仕事内容や方法に対する慣れや飽きなどの感情が喚起され、新しい取組みや工夫などがなされなくなる。この時期が「順応の段階」である。この段階は、たとえどのように魅力的な仕事でも、時間の経過とともに自分の中に過度の安心感や安定感が起き、仕事に対する挑戦的な取組みや積極的な創意工夫が抑制され成果があがらなくなる。日本企業で実施されている定期的なジョブ・ローテーションは、専門的能力を深める観点から問題視されることがあるものの、組織内環境への過度の順応にともなう慣れや飽きなどを抑制し仕事への取組み意識を高めるという観点から、一定の評価がなされる施策である。女性の場合は、正規従業員の場合でも一般職として雇用されることが多いため、ジョブ・ローテーションによる水平次元でのキャリア形成の機会が少なく、特定の職務に勤続する年数が長く順応の段階の期間を延長させている場合も多い。

個人の組織内環境への適応過程と仕事に対する取組みとの関係を考えると、一般職として雇用されている多くの女性は、補完的、補助的な仕事内容から有意義性を獲得できないばかりか、組織における心理過程の特性からも、モティベーションを喚起し仕事の成果を高めることが困難である。

2 女性のモティベーション

(1) 心理的側面における諸概念

仕事に従事するものは、「組織人(仕事人)」としてだけでなく、「家庭人」および「社会人」の側面を包括して、総体としての個人を形成している。しかしながら、組織として最も重視するものは組織人としての側面である。組織からの個人への評価は、人柄などのパーソナリティや潜在的な能力ではなく、本人

が達成した「成果（performance）」に依存している。そして，この成果を規定する要因について，Vroom〔1964〕は次のように表している。

P (performance) $= f$ (ability×motivation)

すなわち，組織における個人の成果については，「能力（ability）」とともに「モティベーション（motivation）」が重要な概念である。そして，能力は長期的・不変的で統制困難であるのに対し，モティベーションは本人の主観的認知に基づく概念で短期的・可変的で統制可能であるといえる。したがって，男性，女性にかかわらず，モティベーションを高める要因を探索することは，有効な人的資源管理施策の源泉になると考えられる。

櫻木〔2000〕は，「仕事の環境と意識に関する調査」において，組織成員の心理的側面に関する90の設問を用意し，「該当する―ほぼ該当する―どちらともいえない―あまり該当しない―該当しない」の5段階で回答を求めた。そして，モティベーション概念とそれを規定する（モティベーションに影響を及ぼす）諸概念に対し主成分分析および因子分析に基づいて検討を加えて，モティベーション概念を構成する下位概念と，モティベーションを規定する概念である「職務満足」，「成果志向」，「モデリング」，「自己効力」，「組織風土」，「国際志向」，「目標設定」，「キャリア開発」を構成する下位概念をそれぞれ抽出した。

図表2―3は，抽出されたモティベーションおよび諸概念について，それぞれの概念の内容と構成する下位概念数（設問数）とを示したものである。用意した設問数は概念ごとに10問で合計90問で，スクリーニングの結果，90問の中から32問が除去されて最終的には58問の設問が採用された。

モティベーション概念は，①いつも挑戦的に仕事に取り組んでいる，②仕事に対して意欲的に取り組んでいる，③仕事を通してさらに成長したい，④自分の仕事分野で第一人者になりたい，⑤立派な仕事や優れた業績を残したい，⑥すすんで新しい仕事に取り組んでいる，⑦技能や努力が必要だと考えられる仕事をやりたい，⑧仕事の達成の後，心地よい疲労感を感じている，⑨仕事は人並みにできればよい（逆転質問），これらの9つの設問から構成される。

職務満足概念は，①自分の職場は魅力的な職場である，②今の仕事に喜びを

図表2-3　心理的側面における諸概念

概　　念	設問数	概念の内容
モティベーション	9問	仕事に対する意識と行動の高さ
職務満足	10問	仕事内容・仕事環境に対する満足度
成果志向	4問	成果に基づく評価への志向度
モデリング	2問	他者の観察からの学習
自己効力	4問	自己の仕事能力の高さに対する確信度
組織風土	10問	組織や仲間からの支持度
国際志向	9問	海外勤務や国際的な仕事などへの志向度
目標設定	8問	具体的で高い目標設定の実施度
キャリア開発	2問	長期的なキャリア形成行動

出所：櫻木〔2000〕に基づいて作成。

感じている，③今の仕事を続けたい，④現在の職場や組織には満足している，⑤仕事から得られる満足感は大きい，⑥今の仕事は挑戦のしがいのある仕事である，⑦今の職場で自分が十分に活かされている，⑧職場や組織の良さを人に話すことがある，⑨今の仕事で自分の能力・適性が生かされている，⑩今の組織に定年まで在籍したい，これらの10の設問から構成される。

　成果志向概念は，①実力主義を好んでいる，②成果主義賃金制度に関心が高い，③業績結果が明確に出る仕事の方が良い，④業績をあげて認められたい，これらの4つの設問から構成される。

　モデリング概念は，①人の失敗から学ぶことがある，②人から教わることに抵抗はない，これらの2つの設問から構成される。

　自己効力概念は，①かなりの役割を期待されている，②自信のある仕事の領域を持っている，③業績目標にはよく応えている，④自分がいないと始まらないと感じることがある，これらの4つの設問から構成される。

　組織風土概念は，①個人の意見が生かされるような管理が行われる，②問題を共有する職場である，③組織との一体感は心地よい，④私の価値観と組織の価値観は非常に近い，⑤仕事上のコミュニケーションが活発である，⑥私の意

見を職場の仲間は熱心に聞いてくれる，⑦組織として挑戦的な仕事に取り組んでいる，⑧職場は気楽に話せる雰囲気がある，⑨私の意見が職場や組織の運営に反映されている，⑩目標達成状況に関して上司と話し合う，これらの10の設問から構成される。

国際志向概念は，①海外と関わりのある仕事をしたい，②国際的な分野の仕事をしたい，③積極的に外国の文化を学びたい，④できれば海外で勤務したい，⑤外国人と話す機会があればよいと思う，⑥海外研修の機会があればぜひ行きたい，⑦外国の文化には興味がある，⑧外国人との交流には抵抗はない，⑨現在も外国語の学習を続けている，これらの9つの設問から構成される。

目標設定概念は，①仕事を進める上で自分なりの目標を決めている，②自分で主体的に目標を設定できる，③現在の目標は納得できるものである，④いつも挑戦的な目標をたてている，⑤目標達成状況についていつでも知ることができる，⑥高い目標を好んでいる，⑦目標を設定する際自分も参加できる，⑧高い目標の方が仕事に取り組みやすい，これらの8つの設問から構成される。

キャリア開発概念は，①自分のあるべき将来の姿を考えて仕事をしている，②10年後20年後の自分をいつも考える，これらの2つの設問から構成される。

（2）性差による意識・行動の比較

ここでは，性別によりモティベーション，職務満足，成果志向の高さなどの心理的概念に差異があるのかを比較，検討している。図表2－4は，性別ごとに9つの心理的概念の平均得点を抽出し，その得点を比較したものである。t値の数値が大きいほど，実際に性差による意識・行動に差異がある概念である。

最初に，女性の概念の得点について検討したところ，「自己効力 (2.790)」，「職務満足 (2.793)」，「組織風土 (2.796)」の3つの得点が3.0未満で低いという結果が確認された。女性の場合は，「自己の仕事能力の高さに対する確信度」が低く自分の仕事能力に自信がない，「仕事内容・仕事環境に対する満足度」および「組織や仲間からの支持度」が低く組織人としての拠り所がない，これらの特徴が顕れたと考えられる。

図表2－4　男性と女性の心理的側面における変数の平均得点比較

$n=340$

	男性	女性	平均の差	t 値
モティベーション	3.797	3.325	0.472	6.42**
職務満足	3.168	2.793	0.375	4.04**
成果志向	3.630	3.180	0.450	5.18**
モデリング	4.075	4.051	0.024	0.30
自己効力	3.259	2.790	0.469	4.98**
組織風土	3.213	2.796	0.417	4.80**
国際志向	3.176	3.007	0.169	1.44
目標設定	3.433	3.008	0.425	5.06**
キャリア開発	3.470	3.000	0.470	4.89**

[**] $p<0.01$

注1：t値は等分散を仮定しない絶対値を記載している。
注2：男性，女性の各概念の平均得点は，5点を満点としている。
注3：女性の列の網掛けは平均得点が3.0未満のものを，平均の差の列は得点差が0.45以上のものを，t値の列は統計的に有意なものを表している。
出所：櫻木〔2000〕。

次に，9つの概念の性差による比較をしてみたところ，9つの概念のすべてにおいて，「男性」群の平均得点が「女性」群の平均得点よりも高いという結果が確認された。このなかで，平均得点の差が最も大きいものは「モティベーション（0.472）」が，次いで「キャリア開発（0.470）」，「自己効力（0.469）」，「成果志向（0.450）」などが確認された。一方，平均得点の差が小さいものは，「モデリング（0.024）」および「国際志向（0.169）」が確認された。そして，両群の平均得点の差を検定（t検定）したところ，「モティベーション（t＝6.42　p＜0.01）」，「成果志向（t＝5.18　p＜0.01）」，「目標設定（t＝5.06　p＜0.01）」，「自己効力（t＝4.98　p＜0.01），「キャリア開発」（t＝4.89　p＜0.01），「組織風土」（t＝4.80　p＜0.01）」，「職務満足（t＝4.04　p＜0.01）」の7つの変数において，1％水準の統計的に有意な差が抽出された。現実の仕事場面における心理的概念では，男性のほうが女性よりもその意識と行動が高いといえる。

このなかでも，性差により「モティベーション」の得点に大きな差が確認さ

れたことは，補完的，補助的な仕事が多いという女性の職務特性が原因であると推測される。「モティベーション」は個人の成果を直接的に規定する概念であり，この「モティベーション」が低いということは，女性が仕事を通じて高い成果を達成することが困難であるといえる。そして，高い成果があがらないため教育・研修による能力開発の機会を与えられない，昇進・昇格の際に不利な扱いを受けることが考えられ，これがさらに女性を補完的，補助的な職務に固定化する原因となり，仕事に対する有意義性の獲得を一段と困難にすることが推定される。一方，「モデリング」については，「男性」群が4.075，「女性」群が4.051と両群ともに平均得点が高く，これには有意な差は確認されなかった。また，「国際志向」については，「男性」群が3.176，「女性」群が3.007であり，「女性」群の平均得点はそれほど高くないものの「男性」群における平均得点の低さから，両群に有意な差は確認されなかった。

（3）女性のモティベーションの規定要因

ここでは，女性の場合，仕事に対するモティベーションが何から規定されるのかを調べるために，モティベーション概念を従属変数とし，職務満足，モデリングなどの8つの概念を独立変数とする重回帰分析を実施した。この重回帰分析は，次の5つのステップから構成されている。

① 重回帰式を求める。
② 決定係数を抽出して重回帰式の説明力を評価する。
③ 重回帰分析の分散比から重回帰式そのものの有効性を検定する。
④ 独立変数の偏回帰係数を検定する。
⑤ 標準偏回帰係数から独立変数ごとの説明力を評価する。

なお，ここでは重回帰分析の説明力を高めるため，F値の基準値2.0とする「ステップワイズ法」を用いた。この分析（図表2－5）から，自由度調整済み決定係数「$R2'=0.6029$」という数値が抽出され，およそ60％の説明力をもつことが確認された。また，分散比は「$F=27.82$ （$p<0.01$）」と1％水準で統計的に有意な数値が抽出され，この重回帰式そのものの有効性も確認された。

図表2-5 女性のモティベーションに対する重回帰分析

$n=107$

	偏回帰係数	標準偏回帰	標準誤差	F値	t値
職務満足	0.243	0.299	0.053	20.883**	4.585
成果志向	0.138	0.150	0.070	3.918	1.971
モデリング	0.200	0.212	0.063	10.059**	3.175
自己効力	0.185	0.234	0.060	8.472**	3.083
組織風土	—	—	—		
国際志向	0.144	0.208	0.049	8.643**	2.939
目標設定	—	—	—		
キャリア開発	0.140	0.173	0.058	5.775*	2.414
切片	0.026		0.285		

[**] $p<0.01$ [*] $p<0.05$

注1:ステップワイズ基準値　F in =2.0≧F out =2.0
注2:決定係数　　　　　　　R^2 =0.6254
注3:自由度調整済み決定係数　$R^{2'}$ =0.6029
注4:分散比　F =27.82**
出所:櫻木〔2000〕。

　独立変数を個別にみていくと,「職務満足(F =20.883　t =4.585　$p<0.01$)」,「モデリング(F =10.059　t =3.175　$p<0.01$)」,「自己効力(F =8.472　t =3.083　$p<0.01$)」,「国際志向(F =8.643　t =2.939　$p<0.01$)」の4つの概念が1%水準で統計的に有意で,「キャリア開発(F =5.775　t =2.414　$p<0.05$)」の概念が5%水準で統計的に有意であることから,これらの5つの概念が,女性のモティベーションの規定要因として有効であることが確認された。つまり,これらの概念を高める人的資源管理施策が,女性のモティベーションを高め,仕事成果を向上させるものと考えられる。そして,「自己効力」と「モデリング」の2つの概念がともに,モティベーションの有効な規定要因として抽出されたことは,Bandura〔1977〕の「自己効力はモティベーションに対する有効な規定要因であること,モデリングは自己効力の重要な情報源であること」を追認する結果である。

ところで,「成果志向」の概念は,モティベーションに対してその影響力は弱く統計的に有意な水準ではないことが確認された。また「組織風土」と「目標設定」の2つの概念は,ステップワイズ基準値に基づいて除去された。つまり,「組織や仲間からの支持度」であるとか「具体的で高い目標設定の実施度」というものは,女性のモティベーションを高めることにほとんど影響を及ぼさないのである。これは女性の場合,主体的に仕事の目標設定をするような職務に従事している可能性が低いことが原因と考えられる。

また,それぞれの概念がモティベーションの規定要因として影響を及ぼす強度については,標準偏回帰係数を比較することで明らかにされる。つまり,この標準偏回帰係数が大きいほど,モティベーションに対する影響力が強いということである。その結果,モティベーションに対する影響力の強い順序に,「職務満足（0.299）」,「自己効力（0.234）」,「モデリング（0.212）」,「国際志向（0.208）」,「キャリア開発（0.173）」という結果が得られた。

図表2—6は,男性の場合のモティベーションを従属変数とする重回帰分析結果である。この分析から,自由度調整済み決定係数「$R2'=0.5964$」という数値が抽出され,およそ60％の説明力をもつことが確認された。また,分散比は「$F=49.98$（$p<0.01$）」と1％水準で統計的に有意な数値が抽出され,この重回帰式そのものの有効性も確認された。男性の場合,「国際志向」以外の7つの概念がモティベーションの規定要因として有効という結果が抽出された。また,「組織風土」の概念は,規定要因として有効であるものの「負（マイナス）」の影響を及ぼすものであることが確認された。これらのなかで,最も影響力の強いものは「目標設定（0.299）」概念で,「職務満足（0.257）」,「自己効力（0.236）」,「モデリング（0.200）」なども影響力の強いことが確認された。

また,男性と女性に対するそれぞれの重回帰分析から,「職務満足」,「モデリング」,「自己効力」,「キャリア開発」の4つの概念は,性別にかかわらずモティベーションを規定する概念であることが確認された。ところで,男性においては「成果志向」と「目標設定」の概念が,女性においては「国際志向」の概念が,それぞれに固有の規定要因として抽出されている。男性の場合は,成

図表2-6　男性のモティベーションに対する重回帰分析

$n=233$

	偏回帰係数	標準偏回帰	標準誤差	F値	t値
職務満足	0.200	0.257	0.047	18.068**	4.255
成果志向	0.127	0.156	0.039	10.522**	3.256
モデリング	0.182	0.200	0.039	22.267**	4.667
自己効力	0.182	0.236	0.042	18.822**	4.333
組織風土	−0.136	−0.155	0.057	5.771**	2.386
国際志向	—	—	—	—	—
目標設定	0.268	0.299	0.054	24.686**	4.963
キャリア開発	0.129	0.173	0.037	12.032**	3.486
切片	0.435		0.215		

[**] $p<0.01$　[*] $p<0.05$

注1：ステップワイズ基準値　　F in $=2.0\geq$ F out $=2.0$
注2：決定係数　　　　　　　　R2　$=0.6086$
注3：自由度調整済み決定係数　R2´$=0.5964$
注4：分散比　F $=49.98$**
出所：櫻木〔2000〕。

果に基づいた評価に対する意識が高いこと，成果が明確に出る職務に従事していること，具体的で高い目標設定が実施されており主体的に目標を設定できることなどが考えられる。

これに対して，女性の場合は，具体的で高い目標設定が実施されておらず主体的に目標を設定する機会がないこと，成果が明確に出る職務に従事していないことなどから，「成果志向」概念では両群に0.450の得点差が，「目標設定」では0.425の得点差が抽出され，これらの2つの概念が女性のモティベーションの規定要因として抽出されなかったと考えられる。そして，「職務満足（2.793）」と「自己効力（2.790）」の低さから「国際志向」の意識が高まり，結果として女性に固有の規定要因として抽出されたと考えられる。つまり，女性が現状の仕事内容，仕事環境，所属組織などに対してネガティブな認知を形成したことが原因と考えられる。そのために，女性のモティベーションは，男性との比較に

おいて低いという結果になったのである。

3　女性の職務満足

(1) 職務満足の構造分析

　これまで，組織における女性の心理的側面の諸概念について分析，考察してきた。そして，現状の仕事内容や環境においては，女性がモティベーションを高めるのが困難であること，職務満足，自己効力，キャリア開発などの意識を高めることが，女性に対する人的資源管理の鍵となることが確認された。

　ここでは，職務満足に関して，①職務満足概念の構造，②男性従業員と女性従業員との職務満足得点の差異，③管理者からみた女性従業員の職務満足と対象者本人の職務満足に対する認知の差異，これらの3点について検討を加える。浜松市企画部男女共同参画課編（2004）の「浜松市の男女共同参画に関する市民意識調査」では，調査対象事業所の従業員に，職務満足を構成する14の構成概念について，「満足―やや満足―どちらともいえない―やや不満足―不満足」の5段階で回答を求めた。

　まず，従業員の職務満足概念の構造を探るために，職務満足を構成する14の設問に対する因子分析を実施した。その結果（図表2-7），職務満足の概念は2つの下位概念から構成されるという結果が得られた。すなわち，「仕事の内容」，「仕事上の責任」，「仕事を通じての自己成長」，「上司からの信任」，「これまでの仕事キャリア」の5つの設問から構成される第1因子と，「経営方針や会社の政策」，「仕事環境や作業条件」，「給与」，「福利厚生」，「労働時間」，「人事評価やその方法」の6つの設問から構成される第2因子の2つである。

　第1因子は，固有値が6.810，寄与率が45.402%であり，5つの設問は仕事内容そのもの，職務遂行を通じて形成される能力に関するものである。これを，「仕事内容因子」とする。第2因子は，固有値が1.413，寄与率が9.421%であり，6つの設問は仕事そのものではなく，仕事を取り巻く環境，諸条件に関するものである。これを，「仕事環境因子」とする。このように，従業員は職務

図表 2 − 7　従業員の職務満足の因子分析

$n = 1,430$

番号	設問の内容	f1	f2
③	仕事を通じての自己成長	0.733	0.142
②	仕事上の責任	0.666	0.306
④	上司からの信任	0.664	0.291
①	仕事の内容	0.659	0.338
⑭	これまでの仕事キャリア	0.595	0.264
⑪	人事評価やその方法	0.347	0.697
⑨	福利厚生	0.162	0.681
⑧	給　　　与	0.203	0.674
⑦	仕事環境や作業条件	0.379	0.621
⑤	経営方針や会社の政策	0.382	0.601
⑩	労働時間	0.199	0.575
	固　有　値	6.810	1.413
	寄 与 率（％）	45.402	9.421
	累積寄与率（％）	45.402	54.823

注1：因子分析は主因子法である。
注2：網掛けの因子負荷量は，バリマクス回転後の絶対値0.5以上を表している。
注3：⑥職場の人間関係，⑫社内での職位や権限，⑬会社の社会的評価やイメージ，これらの3つの設問は，因子負荷量が0.5未満で記載されていない。
出所：浜松市企画部男女共同参画課編〔2004〕から作成。

満足というものに対して，主に仕事内容の部分と仕事環境の部分の2つに，概念的に区別して認識していることが確認された。

（2）男性と女性の満足度比較

次に，男性従業員（$n=634$），女性従業員（$n=780$）のそれぞれ設問の平均得点について比較，検討（図表2−8）した。

最初に男性，女性ともに，⑤経営方針や会社の政策，⑧給与，⑨福利厚生，⑪人事評価やその方法，これらの4つの設問の平均得点が3.0未満で，満足度があまり高くないことが確認された。また，男性のみ，⑩労働時間が2.836と，

第1部　女性の仕事環境と課題

図表2－8　職務満足に対する男性従業員と女性従業員との認知の差異

設問項目	属性	平均得点	標準偏差	平均の差	t値
① 仕事の内容	男性従業員	3.518	0.975	－0.060	1.152
	女性従業員	3.578	0.962		
② 仕事上の責任	男性従業員	3.457	0.927	－0.023	0.475
	女性従業員	3.480	0.880		
③ 仕事を通じての自己成長	男性従業員	3.424	0.903	－0.008	0.164
	女性従業員	3.431	0.878		
④ 上司からの信任	男性従業員	3.445	0.837	0.028	0.622
	女性従業員	3.416	0.840		
⑤ 経営方針や会社の政策	男性従業員	2.941	0.988	0.097	1.824
	女性従業員	2.845	0.962		
⑥ 職場の人間関係	男性従業員	3.493	0.980	－0.039	0.695
	女性従業員	3.531	1.085		
⑦ 仕事環境や作業条件	男性従業員	3.104	1.040	－0.102	1.788
	女性従業員	3.206	1.072		
⑧ 給与	男性従業員	2.851	1.109	－0.044	0.728
	女性従業員	2.895	1.148		
⑨ 福利厚生	男性従業員	2.849	1.026	－0.063	1.144
	女性従業員	2.912	1.005		
⑩ 労働時間	男性従業員	2.836	1.140	－0.470	7.629＊＊
	女性従業員	3.306	1.136		
⑪ 人事評価やその方法	男性従業員	2.869	0.899	－0.079	1.595
	女性従業員	2.948	0.924		
⑫ 社内での職位や権限	男性従業員	3.249	0.810	0.030	0.661
	女性従業員	3.219	0.835		
⑬ 会社の社会的評価やイメージ	男性従業員	3.271	0.829	0.002	0.051
	女性従業員	3.269	0.809		
⑭ これまでの仕事キャリア	男性従業員	3.285	0.833	0.030	0.688
	女性従業員	3.255	0.746		

注1：t値は等分散を仮定しない絶対値を記載　　［＊＊］ $p<0.01$　［＊］ $p<0.05$
注2：男性従業員，女性従業員の平均得点は，5点を満点としている。
注3：平均得点の列の網掛けは3.0未満の平均得点の低いものを，t値の列は統計的に有意な差のあるものを表している。
出所：浜松市企画部男女共同参画課編〔2004〕から作成。

3.0未満という結果が得られた。これは，男性と女性の雇用形態，職制の差異によると考えられる。これらの設問は，前述の職務満足概念の構造を分析した際に，第2因子である「仕事環境因子」として抽出されたもので，男性，女性のいずれも仕事環境，作業条件などに対する満足度はあまり高いとはいえない。

　一方，第1因子である「仕事内容因子」を構成する設問については，⑭これまでの仕事キャリア以外，①仕事の内容，②仕事上の責任，③仕事を通じての自己成長，④上司からの信任，これらの4つにおいて，男性，女性ともに3.4以上の高い得点であった。このように，性別にかかわりなく，職務満足を構成するなかで仕事内容に関するものの得点は高く，仕事環境に関するものの得点は低いことが確認された。

　また，14の設問について性別による比較をしたところ，①仕事の内容，②仕事上の責任，③仕事を通じての自己成長，⑥職場の人間関係，⑦仕事環境や作業条件，⑧給与，⑨福利厚生，⑩労働時間，⑪人事評価やその方法，これらの9つでは，女性の満足度のほうが男性よりも高いという結果が確認された。しかしながら，⑩労働時間（$t=7.629$　$p<0.01$）が1％水準で統計的に有意な差が抽出されたものの，それ以外の設問では有意な差は確認されず，職務満足を構成するほとんどの構成概念では，性別による差はないものと考えられる。労働時間についての有意差は，調査対象の男性の正規従業員としての雇用が91.8％，女性の正規従業員としての雇用が65.6％で，このような雇用形態の違いが，労働時間に対する満足度に影響を及ぼした原因と考えられる。

（3）管理者と女性従業員の認知の差異

　さらに，管理者が女性従業員の職務満足の程度をどのように認知しているのか，女性本人の職務満足に対する得点との比較で分析をしている。浜松市企画部男女共同参画課編〔2004〕の調査では，事業所の管理者に対して，所属組織の女性が，職務満足に対してどの程度満足していると思われるか，「満足―やや満足―どちらともいえない―やや不満足―不満足」の5段階で回答を求めた。そして，この管理者に対する調査結果（$n=404$）と，女性の職務満足について

の調査（$n=780$）とを，比較，分析している。

　この分析では，管理者からみた女性の職務満足得点と女性本人の職務満足得点に大きな隔たりがあるほど管理者が正確な状況認識をしていない項目で，人的資源管理において問題が発生しやすいといえる。14の構成概念に対する管理者と女性本人の職務満足の平均得点の差（t値）が統計的に有意なものであれば認知ギャップが存在すると考えられ，特に注意が必要なのである。

　その結果（図表2－9），④上司からの信任（$t=1.319$），⑤経営方針や会社の政策（$t=7.808$　$p<0.01$），⑦仕事環境や作業条件（$t=4.557$　$p<0.01$），⑧給与（$t=4.444$　$p<0.01$），⑨福利厚生（$t=5.806$　$p<0.01$），⑩労働時間（$t=4.090$　$p<0.01$），⑪人事評価やその方法（$t=6.626$　$p<0.01$），⑬会社の社会的評価やイメージ（$t=2.889$　$p<0.05$），⑭これまでの仕事キャリア（$t=0.986$），これらの9つの設問は，女性本人の満足よりも管理者が高く認知している傾向が確認された。また，④上司からの信任，⑭これまでの仕事キャリア，これらの2つを除く7つの設問から，総計的に有意な差が抽出された。つまり，管理者は女性の職務満足に対して，管理する側に都合の良い解釈をしているといえる。

　一方，実際の女性本人の満足が高い設問については，①仕事の内容，②仕事上の責任，③仕事を通じての自己成長，⑥職場の人間関係，⑫社内での職位や権限，これらの5つが確認されたものの，すべてのものが統計的に有意な水準ではなく，ここからも管理者は女性の職務満足に対して楽観的な認識の強いことが推測される。

　この分析結果と，職務満足を構成する因子との関係性を検討すると，⑤経営方針や会社の政策，⑦仕事環境や作業条件，⑧給与，⑨福利厚生，⑩労働時間，⑪人事評価やその方法，これらの1％水準で統計的に有意な差が抽出された6つの設問は，すべてが第2因子である仕事環境因子を構成するものと同じであった。これらを考察すると，管理者は，女性のおかれている労働条件，労働環境，処遇，評価，情報などについてかなり誤った認識をもち，女性がモティベーションを向上させるどころか，場合によってはこれを抑制するような人的資源管理を実施している可能性が高いことが推定される。

第 2 章　組織における女性の心理的側面

図表 2 − 9　職務満足に対する管理者と女性従業員との認知の差異

設問項目	属　性	平均得点	標準偏差	平均の差	t 値
① 仕事の内容	管理者	3.570	0.815	− 0.083	0.150
	女性従業員	3.578	0.962		
② 仕事上の責任	管理者	3.479	0.815	− 0.001	0.019
	女性従業員	3.480	0.880		
③ 仕事を通じての自己成長	管理者	3.341	0.809	− 0.091	1.710
	女性従業員	3.431	0.878		
④ 上司からの信任	管理者	3.485	0.802	0.069	1.319
	女性従業員	3.416	0.840		
⑤ 経営方針や会社の政策	管理者	3.252	0.733	0.408	7.808**
	女性従業員	2.845	0.962		
⑥ 職場の人間関係	管理者	3.515	0.809	− 0.016	0.281
	女性従業員	3.531	1.085		
⑦ 仕事環境や作業条件	管理者	3.464	0.784	0.258	4.557**
	女性従業員	3.206	1.072		
⑧ 給　与	管理者	3.169	0.864	0.274	4.444**
	女性従業員	2.895	1.148		
⑨ 福利厚生	管理者	3.253	0.864	0.341	5.806**
	女性従業員	2.912	1.005		
⑩ 労働時間	管理者	3.560	0.880	0.253	4.090**
	女性従業員	3.306	1.136		
⑪ 人事評価やその方法	管理者	3.281	0.705	0.332	6.626**
	女性従業員	2.948	0.924		
⑫ 社内での職位や権限	管理者	3.175	0.696	− 0.044	0.930
	女性従業員	3.219	0.835		
⑬ 会社の社会的評価やイメージ	管理者	3.409	0.731	0.140	2.889*
	女性従業員	3.269	0.809		
⑭ これまでの仕事キャリア	管理者	3.301	0.708	0.046	0.986
	女性従業員	3.255	0.746		

[**]　$p < 0.01$　　[*]　$p < 0.05$

注 1 ：t 値は等分散を仮定しない絶対値を記載
注 2 ：管理者，女性従業員の平均得点は，5 点を満点としている。
注 3 ：t 値の列の網掛けは統計的に有意なものを表している。
出所：浜松市企画部男女共同参画課編〔2004〕から作成。

管理者と現場の従業員とは，職務内容，職務権限，責任，中心的価値などに大きな乖離があることは否めない。しかし，組織の成果は個人の成果の総体であり，組織成員に占める女性の割合が上昇している現状において，管理者は公式的場面でも非公式的場面でも，有効なコミュニケーションを機能させ，女性従業員との認知の差異を縮小させる努力が必要であることを強調する。

4 まとめ

最後にこの章のまとめとして，女性のモティベーションを高めたり，職務満足を高めたりするのに必要な基本的視座について，「認知過程に基づく学習メカニズム・モデル（図表2—10）」を用いて考察する。

このモデルでは，最初に情報，制度，風土などが「刺激」として発生する。すると，組織成員は情報，制度，風土などに対してある「認知」を形成する。次に，その認知に基づいて何らかの意思決定を行い，何らかの「行動」を発動させる。そして，その行動は何らかの「結果」をもたらす。その際，組織成員の行動結果が所属組織に望ましいものならば，組織からは「プラスの評価（賞賛，昇給，昇格など）」がもたらされ「プラスの報酬」を得る。ところが，行動結

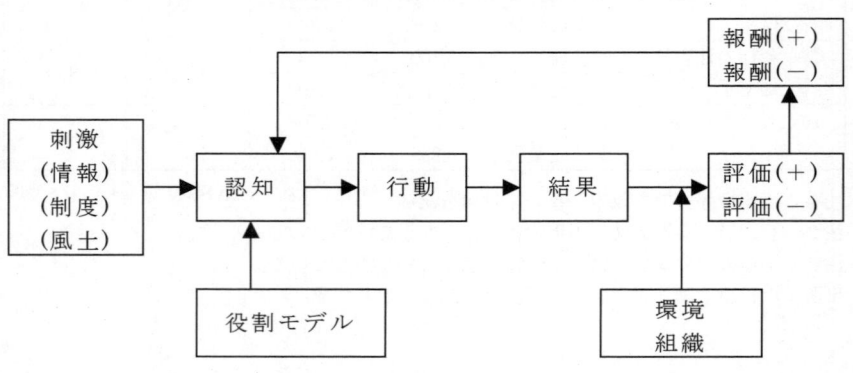

図表2—10　認知過程に基づく学習メカニズム・モデル

出所：Bandura〔1977〕，古川〔1988〕を参考にして作成。

果が所属組織に望ましくないものならば、組織からは「マイナスの評価（注意，批判，叱責，不快な顔をされるなどの心理的制裁，降格など）」がもたらされ「マイナスの報酬」を受ける。組織成員はプラスの報酬を与えられた場合，その報酬を自己評価し，フィードバック・ループを通じて認知に影響を及ぼす。そして，意思決定や行動が正しいことを学習し，次の機会には意思決定や行動をさらに強化するような選択をする。一方，マイナスの報酬を与えられた場合にも，フィードバック・ループを通じて認知に影響を及ぼす。この場合には，意思決定や行動が正しくないことを学習し，次の機会には意思決定を変更したり，行動を抑制または修正したりする。

これが女性の場合，①最初に得られる組織からの情報や制度が自分たちには不利であること，成果を志向する仕事に就くことに支持が低いことを認知する，②そのためにモティベーションが低いレベルのまま仕事をする，③モティベーションが低いために高い成果を得ることがない，④高い成果がないために組織からプラスの評価と報酬が与えられない，これがフィードバック・ループを通じて認知に影響を及ぼす，⑤このような経験を学習することでマイナス方向への認知を強化する，以上のように説明できる。

これらのことから，女性の認知に対してプラスの影響を及ぼし，モティベーションを高めるメカニズムを有効に機能させるため，組織が「役割モデル」となる女性を意図的に選抜，育成，登用することで，認知過程に「モデリングによる学習」の概念をビルト・インすることが必要である。モデリングによる学習とは，他者の「行動→結果」の成功や失敗から学習し自分の意思や行動を決定するもので，現実の仕事場面を考慮すると有効性の高い学習である。

モデリングの重要性については，図表2—3から女性のモデリング得点が高い（4.051）こと，図表2—4からモティベーションの規定要因として有効性が高い（標準偏回帰係数＝0.234）ことからも確認される。すなわち，Bandura〔1977〕の概念を援用して，女性の学習メカニズムのなかに「モデリング向上→自己効力向上→モティベーション向上」というプラスの連鎖を構築することが重要なのである。そのためには，女性の管理職（リーダー）選抜に対して，応

募資格，選抜方法などを考慮した「ポジティブ・アクション（積極的改善措置）」の導入が不可欠である。そして，登用された女性リーダーは，若手，中堅の女性組織成員の情報源となり，目標として機能していくことが必要である。

また，組織において女性が自分のキャリアを形成していくための環境整備も必要である。そのために，櫻木〔2003〕が提示した，①組織内に有効な「CDP（Career Development Program）」が構築されている，②組織内にCDP情報が常時提供されておりアクセスの制限がない，③組織成員がCDPを利用する際に基本的な制約条件（性別，階層，職務など）がない，これらの3つが要件となる。そして，櫻木〔2004〕は，組織においてCDPを有効に機能させていくために，「これからのキャリア」として，開発の概念は「経験的，包括的→科学的，分析的」，開発の主体は「組織→組織と個人との共同」，開発の方向は「組織から個人への一方向→組織と個人との双方向」，開発の焦点は「所属している人間中心→人間と仕事との整合性」，職務との関係は「不明瞭，暗黙→明瞭，公式化（文書化）」などのようなパラダイム・シフトの必要性について述べている。

いずれにしても，これから求められるのは，経験的で包括的な人的資源管理ではなく，「個を尊重」して個人の心理的側面にまで言及した科学的で個別的な人的資源管理である。そして，個人と組織とを繋ぐ心理的契約が機能する仕事環境や，「個の責任」においてキャリアを開発する自律的な組織成員には，性別による意識および能力の格差は存在しないといえる。

〔参考文献〕
- Bandura, A.〔1997〕"Self-efficacy Toward a Unifying Theory of Behavior Change", *Psychological Review (84)*, pp. 191–215.
- Hall, D. T.〔1976〕*Career in Organizations*, Goodyear Publishing Co. Inc.
- 浜松市企画部男女共同参画課編〔2004〕『浜松市の男女共同参画に関する市民意識調査』。
- 古川久敬〔1988〕『組織デザイン論』，誠信書房。
- Katz, R.〔1980〕"Time and work:Toward an integrative perspective", in Staw, B.M.

and Cummings, L.L. (eds.), *Research in organizational behavior（2）*, pp. 81‒127, JAI Press.
・厚生労働省〔2002〕「女性雇用管理基本調査（平成13年度）」。
・厚生労働省〔2003〕「女性雇用管理基本調査（平成14年度）」。
・厚生労働省〔2005〕「賃金構造基本統計調査（平成16年度）」。
・厚生労働省編〔2005〕『女性労働白書（平成16年版）』，（財）21世紀職業財団。
・櫻木晃裕〔2000〕「国際化時代の人的資源管理におけるキャリアと自己効力の有効性」横浜国立大学大学院博士論文。
・櫻木晃裕〔2001〕「組織成員の心理的側面に影響をおよぼす海外勤務・派遣に対する認知」『2001年 国際ビジネス研究学会年報』，国際ビジネス研究学会，pp. 159‒175。
・櫻木晃裕〔2003〕「組織における心理的契約とキャリア開発」『研究論集』第60号，浜松短期大学，pp. 63‒90。
・櫻木晃裕〔2004〕「組織におけるキャリア開発情報の現状」『豊橋創造大学紀要』第8号，豊橋創造大学，pp. 49‒60。
・Schein, E. H.〔1965〕*Organizational Psychology（1st ed.）*, Prentice-Hall Inc.（松井賚夫訳〔1966〕『組織心理学』，岩波書店）。
・Schein, E. H.〔1978〕*Career Dynamics*, Addison-Wesley.（二村敏子・三善勝代訳〔1991〕『キャリア・ダイナミクス』，白桃書房）。
・総務省統計局〔2005〕「労働力調査」。
・Vroom, V. H.〔1964〕*Work and Motivation*, John Wiley & Sons, Inc.（坂下明宣・榊原清則・小松陽一・城戸康彰訳〔1982〕『仕事とモティベーション』，千倉書房）。

(櫻木　晃裕)

第1部 女性の仕事環境と課題

第3章

女性のキャリア形成支援

　日本経済の動向に伴い経営環境および労働環境は変化し，人びとは自己責任でキャリア形成をすることが求められている。一生懸命に仕事をする従業員に対して長期的に報いることを前提とした長期継続的な雇用および企業主導のキャリア形成から，企業に対する貢献度を重視し，従業員の自己責任によるキャリア形成へと進みつつある。これまでのような「キャリア≒会社内での経験や地位」から，企業と個人との対等な関係を前提としたキャリアへの変化である。

　男女雇用機会均等法や男女共同参画社会基本法をはじめとした法令の整備・成立を受けて，女性を取り巻く労働環境は変わりつつあるものの，その変化のスピードや質は不十分であるといわざるを得ない。

　これまでの日本社会のありようが大きく影響し，本意ではなくとも，単一的，直線的なキャリア形成をしてきた男性に比べて女性のキャリアは多様であり，それゆえに女性のキャリア形成を一括りにして論じることは容易ではないが，本章では，関口[1]をもとに，人生の中で大きなウェイトを占める職業上のキャリアを中心に，女性がキャリア形成していく上での課題と対応策について検討する。

1 企業における女性のキャリア

本節では，まずキャリア形成とその前提となる理論について概観した後，女性のキャリア形成の特徴と課題についてまとめる。

(1) キャリア形成とは

　キャリアは，ある人がその生涯において関与するさまざまな役割の一連のつながりとして捉えられる。本章では，キャリア形成を，企業内や職業に限定して捉えるのではなく，キャリアを通してアイデンティティを形成していく過程および職務を遂行するにあたっての能力，技能，職業的態度や行動の形成の過程としてその人の生涯にわたるさまざまな活動や取組みなどを含めたかたちで取り扱う。

　キャリアに関する理論のうち，ここでは女性のキャリア形成を検討する上で参考となる考え方を簡単にみておく。

　Edger H. Schein[2]は，職業生活において，組織と人とのダイナミックな相互作用によって，従業員は次第に自己認識を獲得し，より明白な職業上の自己イメージを開発するとした。その自己イメージを8つに分類し，それらを各自のキャリアの拠り所となる母港（錨をおろす場所），キャリア・アンカー（career anchor）と呼んだ。

　Nancy K. Schlossberg[3]は，人生の中で遭遇する転機を，自分で選んだ転機（予測していた転機），突然の転機（予測していなかった転機），ノンイベント（予期していたことが起こらなかった転機）の3つに分類した。それら転機に臨む際は，転機の種類の把握とその変化を乗り越えるための力（資源：resource）を確認することが重要であることを指摘し，その力を，状況（situation），自分自身（self），支援（support），戦略（strategy）の4Sと呼んだ。さらに，人生のお預け（転機を待つ），潜行型の転機（いつの間にか忍び寄る転機），ダブル厄災（次々と連鎖的に発生する転機）の3つの転機についても言及した。

　John D. Krumboltz[4]は，実際のキャリアの80％は予期しない偶然の出来事

によって形成されており，人間は学習し続け，態度や行動を変容していく存在であるので，その偶然の機会を積極的に活用し，望ましいキャリアを形成していく努力が必要であると述べた。Banduraの社会的学習理論をベースに，彼はキャリア選択に影響を与える要因として，遺伝的特性と特別な能力，環境的状況と環境的出来事，学習経験，課題接近スキルの4つをあげ，これらが複雑に影響しあい，信念，スキル，行動が生まれるとした。そして，キャリア形成においては，過去のキャリアを振り返り，どのような出来事であったか，いかなるチャンスがあったかなどを分析し，自分にとって好ましい偶然や出来事が起こるように積極的かつ能動的に行動し，仕掛けていくことが重要であると述べた。

（2）キャリア形成の特徴

労働者全体における女性の割合は約40％を占めるものの，正規雇用者が約80％である男性に対し女性は約48％と，その雇用形態は大きく異なる[5]。

また，25〜64歳層の女性の労働力率を学歴別でみても，アメリカ・イギリス・ドイツ・フランス・スウェーデンではいずれも学歴が高いほど労働力率の水準が80〜90％と高いのに対して，日本は70％と低い。加えて，係長職にある女性は11％，課長相当職5％，部長相当職2.7％，取締役0.7％を占めるにすぎず，大手企業の女性管理職が全体の13.6％を占めるアメリカに対し，日本は0.2％，女性登用を進める官庁でさえも1.5％と低いのが現状である[6]。

また，正規雇用社員として働く女性が減少する中で，子どもを持つ女性社員数やその割合も減少している。育児と両立しやすい仕事に就きたいとして転職を希望する正規雇用社員の女性は全体の1割程度いるが，実際に転職することは容易ではなく，正規雇用社員での転職をあきらめる女性も少なくない。現在働いていない女性の多くが就業を希望しながら実現できていない状況，特に，その23％が居住する都市部での多さは課題であろう。また，子育て期の就業は依然として厳しい状況にあることに加え，子どものいない妻の就業率が低い理由についても同時に検討する必要はある。

人生において節目となる出来事（ライフ・イベント）には，進学，就職，結婚，出産，育児，子離れ，介護などがあるが，職業キャリアを形成する上で，男性に比べて女性が大きく影響を受けるものとしては，結婚，出産，育児，介護があげられる。それらのうち，結婚と出産を基準に女性のキャリア・パターンをみると，①結婚・出産にかかわらず仕事を続ける継続型，②結婚・出産を機に退職，その後仕事に就く再就職型，③結婚・出産を機に退職する中断型，④働いた経験がなかったが，結婚・出産を機に仕事に就く結婚・出産型，⑤結婚・出産にかかわらず，一度も仕事をしたことがない未就業型，の5つに分けられる。

　高度経済成長時代以降，家事・育児・看護・介護等の家庭維持機能を担う専業主婦の後方支援を受けた男性従業員を労働施策の主な対象とした状況は今日まで続いている。そのような家庭における役割の多くを女性が負担する現状が，「再就職型」に見るような，結婚・出産までは働き，育児が一段落した後，再び働き始めるというキャリア・パターンを女性に選ばせているとも言える。また，再就職にあたっては，家事や育児などが疎かにならないことを（暗黙の）前提とし，パートタイマー等の非正規雇用社員として働くことを選択する傾向も見られる。正規雇用社員として再就職した場合でも，後方支援を受けた男性のように企業への全面的なコミットメントが要求されるような働き方はできない。加えて，90年代以降の人員削減等によって従業員一人ひとりの仕事量は増加し，また成果・業績で評価が決定される中で，労働時間および労働負荷は増加傾向にある。働くことに集中できる多くの男性に比べて女性は不利な状況にあり，それゆえ女性の評価は相対的に低くなり，キャリア形成や職務満足につながるような仕事を割り当てられる可能性も少なくなる。

　女性が家庭維持のための役割と責任を担うことを前提としたキャリア・パターンは高度経済成長期以降の現象であろう。そのような社会通念や社会規範は，男性に彼らの意思や希望にかかわらず直線的なキャリア・パターンを選択させてきた面もある。新卒で入社したのち定年まで働くといった画一的で直線的なキャリア・パターンの多い男性に比べて，仕事だけでなく趣味・特技を活

かした活動や地域活動およびボランティア活動など，さまざまな生き方を選択できる女性のほうが，有意義かつ満足感を伴うキャリア形成ができる可能性を秘めているということもできよう。しかしながら，前述したような5つのキャリア・パターンの選択が女性の自発的なものではなく，社会通念や規範などのさまざまな影響や制約を受け，結果的にそのキャリアを選択している，あるいは選択せざるを得ないという状況であるならば，それは「人生をいかに生きる」かという点で大きな課題である。

Gutek and Larwoodは，キャリア形成における男女の違いを次のようにまとめた[7]。①男女の職業適性は異なるだろうという固定概念が，男女の職業準備と職業選択に影響する，②夫婦間のキャリア調整で，妻が夫にあわせる場合が多く，結果として夫のキャリア発達はより早く達成される，③親としての役割は男女で異なる場合が多く，母親はより多くの時間と労力が要請される。その結果，女性は職業生活に没頭しにくい，④女性は職務において，キャリア発達を阻害するような差別や偏見を受けやすく，同時にキャリアを発達させるための積極的な教育や支援を得にくい。したがって女性のキャリア発達は順調に進展しにくい，の4点である。これら指摘は，日本女性にもあてはまるものであると言える。

また，犬塚[8]は，女性のキャリア形成における特徴を，次の4つにまとめた。①状況対応志向（人生の節目，例えば，学校を卒業したら職業を持つのか持たないのか，職業を持った場合には継続するのか中断するのか，中断した場合には専業主婦にとどまるのか再就職をめざすのか，職業の継続か結婚か等，その時々の状況に応じて意思決定を行う），②関係性志向（親，配偶者，子どもをはじめとしたさまざまな「重要な他者（significant others）との関係性」を踏まえ，人生やキャリアの選択や意思決定を行う），③役割統合志向（女性としての性役割概念と職業人としての社会的役割概念の統合のプロセスの中で，葛藤を乗り越えることによって，意識・無意識的に役割概念の統合を果たし，外的なキャリアのみならず内的なキャリアの発達を遂げる），④自己実現志向（働く理由の上位として経済的な理由が並ぶ調査結果はあるものの，人々は仕事をとおして，さまざまな「自己」を模索し，発見し，創造しようと試みる）。

大阪府で働く人を対象とした調査結果[9]では，女性の職業およびキャリア意識には以下のような特徴がみられた。①結婚・出産後も働き続けたいと思って働き始めた女性ほど，結婚・出産後も働き続けている人が多い，②学歴が高い女性ほど，そして母親が外で働いていた女性ほど，結婚・出産後も働き続けたいと思って働き始めた人が多い，③仕事にやりがいを感じていない女性ほど仕事意識が低く，仕事にやりがいを感じている女性ほど仕事意識が高い傾向がある。また，仕事にやりがいを全く感じていない女性の中にも，高い仕事意識を持つ人が少なくない，④男性の補助的な仕事をしている人より，男性と同じような仕事をしている女性のほうがやりがいを感じている，⑤自分にとって難しいと考えるような仕事をしている女性，自分で判断して仕事をしている女性の方が，仕事にやりがいを感じている，⑥目標となる女性の先輩がいて，よき上司がおり，男女にかかわりなく仕事のできる人が役職についている職場で働いている女性のほうがやりがいを感じている，の6点である。これらは，職業選択の時点で仕事と家庭の両立をどのように捉えているかがその後のキャリア選択に影響を与えること，やりがいを感じる仕事や職場の雰囲気が職業意識の高低と関連づけられることを示している。

（3）キャリア形成上の課題

前述したような，労働環境の変化および女性のキャリア形成の特徴を踏まえた上で，女性のキャリア形成を促進していく上での課題をまとめると以下のようになる。

第1に，アイデンティティの確立時期である。アイデンティティの確立とは，「自分はどのような人間か」を認識している状態のことである。速やかなキャリア形成をする上では，その仕事や活動が「自分らしさ」を発揮できるものであるかが重要であるので，その前提としてアイデンティティが確立されていなければ，キャリア満足度は低下する。男性は定年までの直線的なキャリア選択することが多いため，アイデンティティを確立するために必要な自問自答（自分を知るための自己分析とその結果を受け入れる自己認知の過程）は職業選択の時期

である20歳前後で行われることが一般的である。これに対して，多様な選択肢の中から，結婚・出産などのライフ・イベントの影響を加味しキャリア選択をする傾向のある女性は，そのような状況に直面するまでその自問自答の時期を先送りする傾向がみられる。その際，男性に比べて女性は，自分自身の希望，能力，適性，価値観等の内的要因よりも，家族の期待や希望，労働条件や労働環境，社会環境等の外的要因に影響され易い。専業主婦としての生き方に対する疑問，思い通りにいかない子育て，子どもが独立して空虚さを覚える「空の巣症候群」，予期していた結婚，出産・育児が生じない等，自問自答の時期が人によって大きく異なるのである。

　第2に，職業意識およびキャリア意識の程度である。特に，学生は仕事や職業に対する感性が鈍く，一番身近な職業モデルである親の仕事さえ把握・理解していないことも珍しくない等，両親や家族と職業やキャリアに関する意見・情報交換をしていない傾向がみられる[10]。職業選択は，アイデンティティを確立する上で重要な機会である。その選択の前提となる職業意識およびキャリア意識の低さは，アイデンティティの確立がキャリア満足に影響を与えるという視点から見れば，その後のキャリア形成にも大きく影響を与える。

　第3に，性別役割分業観である。家庭，学校，企業および社会において，意識的・無意識的に繰り返される性別役割分業観を前提とした人びとの言動は，男女両者の職業意識やキャリア意識に影響を与える。犬塚[11]は，女性自身が持つジェンダー・ステレオタイプを，社会的な「女性らしさ」からの圧力と内在する「女性らしさ」からの圧力の2つに分類した。前者では，両親を含めた周囲の人びとから，女性らしいとされる進路選択やキャリア選択を強要されることをその例としてあげている。後者は，周囲の人びとの考える「女性らしさ」の影響を受けた言動をする場合等であり，職場での主張を控える等の行動パターンをその例としてあげる。このような性別役割分業観は，長期にわたって社会のさまざまな仕組みとともに意識下に組み込まれてきたものであるため，変えることは容易ではないが，性やその他の属性によって，「自分らしく生きること」が制約されることは，女性のみならず男性にとってもキャリア形成を

妨げる大きな要因となる。

　第4に，仕事と家庭との両立の問題である。職場人員の減少や非正規社員への代替などによる業務量の増大，成果・業績による評価の行き過ぎ等によって過酷さを増す労働状況は，精神的・肉体的な負担を労働者に与え，疾病や怪我，ひいては突然死や自殺を誘発しかねない。そのような労働負荷のかかった状況は，仕事と家庭との両立を困難にし，キャリア形成に影響を与える。

　第5に，企業の対応である。坂東[12]は，キャリア形成を阻害する直接的な原因として，長時間勤務や転勤等の家庭生活との両立が困難な職場慣行，育児休業制度や保育所の未整備等をあげるとともに，女性のキャリア形成に無関心な企業風土の中で，女性が将来へのビジョンを持てないことの影響を指摘する。短期間で辞めることが前提とされ，教育訓練の機会が乏しく昇進の機会も少ない中では，キャリア形成のみならず女性の労働意欲が低下することは避けられない。

2　キャリア形成支援策

　前節でみたように，女性のキャリア形成における課題は多いものの，キャリア形成を促進するためのさまざまな支援策も実施されている。それらを行政，企業，そしてそれら以外の取組みに分けてみていく。

(1) 行政の取組み

　女性のキャリア形成を促進するための行政による取組みとしては，①職業キャリアを形成する上で障害となる，税制，雇用機会の均等，出産・育児・介護等に関連する法制度の充実・強化，②出産・育児・介護に対する金銭的・物理的支援の充実，③性別役割分業観を含めた社会的慣習等を是正するための啓発活動のさらなる推進，④再就職や転職を容易にするためのリカレント教育および支援策の充実，などがある。

① 法令の整備

日本国憲法では，個人の尊重と法の下の平等がうたわれているが，GEM（Gender Empowerment Measurement：ジェンダー・エンパワーメント指数）は，2004年で78か国中38位，サミット参加国では最下位であり，HDI（Human Development Indicator）の順位も低く，成果があがっているとは言い難い[13]。

そのような状況を打破するために，さまざまな法令が作られているが，ここでは，「男女共同参画社会基本法」（以下，「基本法」），「育児休業，介護休業等育児又は家族介護を行う労働者の福祉に関する法律」（以下，「育児・介護休業法」），「次世代育成支援対策推進法」（以下，「次世代育成支援法」）を取り上げる。

＜男女共同参画社会基本法＞

男女共同参画社会の実現を目標に，1999年男女共同参画社会基本法が公布・施行された。基本法では，①男女の人権の尊重，②社会における制度又は慣行についての配慮，③政策等の立案及び決定への共同参画，④家庭生活における活動と他の活動の両立，⑤国際的協調という5つの基本理念が定められている。さらに，2003年の男女共同参画会議において決定された「女性のチャレンジ支援策の推進に向けた意見」では，2020年までに社会のあらゆる分野において，指導的地位に女性が占める割合が少なくとも30％になるように自主的な取組みを行うことを奨励している。それを受けて，国や地方自治体では職員の採用や管理職への登用で女性の数や比率を高めるための取組みを始めた。また，省庁や地方自治体が設置する各種審議会や委員会での女性委員数も増えており，数値目標は達成しつつある。次の課題としては，それら取組みが一般企業へ波及するような支援，そして単なる数合わせではない登用がさまざまな分野でなされることが求められている。

また，内閣府では，女性のチャレンジ支援として，①政策・方針決定過程に参画し，活躍することをめざす「上」へのチャレンジ，②起業家，研究者・技術者等，従来女性の少なかった分野に新たな活躍の場を広げる「横」へのチャレンジ，③子育てや介護等でいったん仕事を中断した女性の「再チャレンジ」

の3つに分け，これらを総合的に支援していくことの重要性や，仕事と子育ての両立支援を充実していくことの意義を述べている[14]。「再チャレンジ」については，2004年から厚生労働省がサポート・プログラムを始めた。これは，育児等のために退職した女性の再就職をサポートするもので，キャリア・コンサルティング（適性把握，職業能力開発等の個別相談）と再チャレンジプランの策定支援（キャリア・コンサルティングの結果を踏まえて，具体的な取組み計画を立てる）を主な内容とする。

＜育児・介護休業法＞

1991年に成立した育児・介護休業法[15]は「育児または家族の介護を行う労働者の職業生活と家庭生活との両立が図られるよう支援することによって，その福祉を増進」することを目的とする。次世代育成支援を進めていく上でも大きな課題となっている育児や介護を行う労働者の仕事と家庭との両立をよりいっそう推進するために，育児・介護休業法は改正され，2005年4月から施行された。

2004（平成16）年度女性雇用管理基本調査[16]によれば，育児休暇取得者の96.1％は女性で，出産した女性労働者のうち70.6％（2002年64.0％：以下同じ），配偶者が出産した男性労働者のうち0.56％（0.33％）が休暇を取得した。取得率は向上しているものの，依然として男性の取得は稀である。なお，人口社会保障研究所の調査によれば，第1子を持った女性労働者の67％は退職しており，実際の育児休暇取得者数はより少ないと思われる。

＜次世代育成支援対策推進法＞

2005年から10年間の時限立法である次世代育成支援対策推進法では，301人以上の労働者を雇用する企業に対し，子育て支援に関する行動計画の策定を義務付けている（300人以下は努力義務）。また，企業による次世代育成支援に向けた取組みを促進していくため，同法では，行動計画に掲げた目標の達成等の基準を満たす企業を認定するとともに，当該企業の商品や広告等に認定を受けた

ことを示す表示,「次世代認定マーク」の使用を認めている。

図表3－1　企業が取り組む女性活用の雇用管理例

A社 （情報サービス）	・女性社員の能力を図るための社長の諮問機関を設立，2003年までの社員および管理職の女性比率の目標を掲げて取組みを実施。目標達成後，2008年に向けて再度，新規目標を設定して取組みを継続。 ・女性の管理職登用を促進するため，係長職前女性対象のセミナーや女性管理職セミナーの開催，女性社員対象のフォーラム，メンタリング・プログラム等を実施。 ・育児・介護，家事代行等の相談や情報の収集，依頼代行等を一括してWeb上で行うことができるシステムを導入。 ・2004年から短時間勤務制度を導入。申請理由は原則不問，育児が理由の場合には，子どもの中学校就学まで制度利用可能。
B社 （食品製造）	経営改革の一環として人事処遇制度を刷新し，以下のような取組みを実施。 ・管理職への登用を公募制にした際，勤続8年以上の全女性社員に対し，女性のみを対象とする別枠募集を3年間の期間限定で実施し，2003年4月には管理職の女性比率を5％にする目標を設定（2000年4月現在1.2％）。 ・継続的に新任女性管理職へのアンケート，社員満足度調査を実施し，課題の発見と人事施策に活用。 ・部下を持たなくても高い専門性を持つ社員についても管理職と位置づけ。 ・女性社員の能力開発のための研修，男性の意識改革のための研修を実施。 その結果，2003年4月の管理職の女性比率は4.6％，新卒採用の女性比率は約40％に上昇。
C社 （電機）	・男女共同参画社会が進展する中，公正な処遇の観点等から，配偶者手当を平成16年より3年かけて段階的に廃止。一方，子育て支援のため，子どもが生まれた社員に，子ども一人あたり55万円を一時金で支給。子ども育成保険加入の場合は，さらに5万円が加算支給。さらに，子どもや障害者等の家族を扶養する社員への支援として，月々5,000円を支給。

注：内閣府『男女共同参画白書（平成16年版）』，p.12を参考にした。

② ファミリー・フレンドリー施策

厚生労働省は,毎年10月の「仕事と家庭を考える月間」の開催にあわせて,1999年からファミリー・フレンドリー企業を表彰している。仕事と育児・介護とが両立できるようなさまざまな制度をもち,多様でかつ柔軟な働き方を労働者が選択できるような取組み(ファミリー・フレンドリー施策)を行っている企業を讃えるとともに,そのような取組みを広く社会にアピールし,家族的責任を有する労働者がその能力や経験を活かすことのできる環境の整備に役立てるために表彰をするもので,2005年までの7年間に25企業が厚生労働大臣賞を受賞した。

具体的な評価基準は,次の通りである。①法を上回る育児・介護休業制度を規定しており,かつ実際に利用されていること(分割取得できる育児休業制度,通算93日を超える介護休業制度,年5日を超える子どもの看護休暇制度等),②仕事と家庭のバランスに配慮した柔軟な働き方ができる制度をもっており,かつ実際に利用されていること(育児や介護のための短時間勤務制度,フレックス・タイム制等),③仕事と家庭の両立を可能にするその他の制度を規定しており,かつ実際に利用されていること(事業所内託児施設,育児・介護サービス利用料の援助措置等),④仕事と家庭との両立がしやすい企業文化をもっていること(育児・介護休業制度等の利用がしやすい雰囲気であること,特に男性労働者も利用しやすい雰囲気であること,両立について経営トップや管理職の理解があること等),である。

③ キャリア・カウンセリング

最終的な意思決定はもちろん本人がすべきであるが,選択肢が増え,家族や教職員などの年長者の経験や考えだけではアドバイスすることが困難な今日の状況においては,情報提供や専門的なアドバイスを行うキャリア・カウンセリングがますます重要となろう。

特定の認定団体による公的資格である臨床心理士や産業カウンセラー資格とは異なり,キャリア・カウンセラーの認定団体は複数存在する。国内で約3,000人のキャリア・カウンセラーを認定している特定非営利活動法人日本キャリア

開発協会をはじめとした11団体がその基準に従って能力評価試験を実施し，全体で7,000名弱の合格者が出ている。また，キャリア・カウンセリングに関するさまざまな養成講座が実施され，その修了者を含めると推定で約2万4,000人のキャリア・カウンセラーが認定されている。

総合雇用対策の一環として，厚生労働省が2002年から5年間で5万人のキャリア・コンサルタントを育成する目標を掲げたことにより，キャリア・カウンセラー資格を認定していた団体・企業はキャリア協議会を設立し，それに対応することになった。厚生労働省は，キャリア・カウンセリングの基本部分を「キャリア・コンサルティング」とし，それに必要な能力の目安や養成カリキュラムのモデルを最低基準として示している。

雇用を取り巻く状況の変化に対応し，よりよいキャリアや人生を送るための専門的な援助を行うキャリア・カウンセラーの存在は，ますます必要かつ重要である。しかしながら，認定団体毎に，カウンセラーの名称，試験内容，認定基準等が異なるため，カウンセラーの力量にはバラツキがある。現在のキャリア・カウンセラーの養成状況では，その実効性，質の確保，クライアントへの影響という点で課題が残ると思われる[17]。

（2）企業の取組み

企業による女性のキャリア形成支援策は，その質量ともに企業間格差はあるものの，徐々にその取組みは進んでいる。企業が，それら取組みを行う背景には，少子高齢化への対応や，法令，社会や市場への対応等があると思われる。具体的には，①人材の確保，②優秀な人材を惹きつける，③優秀な人材の引き留め，④労働意欲の喚起による生産性の向上，⑤商品開発やサービス面での新たな視点の導入，⑥法令への対応，⑦社会へのアピールおよびイメージ・アップ，⑧ＣＳＲ（Corporate Social Responsibility：企業の社会的責任）やＳＲＩ（Socially Responsible Investment：社会的責任投資）等の株式市場へのアピール等である。企業によって取り組む理由はさまざまであろうが，今後の経営活動に影響を与える要因であることは間違いないと思われる。

女性の職域の拡大、教育訓練機会の増加等も含め、女性のライフ・ステージや希望にあわせて働くことを容易にする環境や制度（ワーク・シェアリングやジョブ・シェアリングに加え、フレックスタイム、サテライト・オフィスや在宅勤務等）を整備する必要があろう（図表3－2参照）。

本項では、育児休暇制度の例として、ベビー用品大手のコンビ株式会社を取り上げる。同社では、男性社員を対象とした特別育児有給休暇制度を2002年に導入した。配偶者に子どもが生まれてから6か月以内に5日間連続で強制的に休暇を取らせるもので、2003年度に15人、2004年度に社長を含む20人の男性が休暇を取得した（取得率100％）。また、2003年5月から、グループ内の正社員を対象に、第1子、第2子は50万円、第3子は200万円の出産祝い金を支給している[18]。

図表3－2 従業員の子育て支援を強化している主な企業

日本電気	子育てなどを支援する助成制度を創設。配偶者扶養手当を廃止。
キッコーマン	社内に次世代育成支援対策検討委員会を設置。
九州電力	育児休業・短時間勤務の拡充と社員の取得促進。
キリンビール	育児休業中の従業員に会社の情報を提供へ。
三洋電機	出産、子育て、介護などに女性する制度を導入。
資生堂	自社ビル内に保育所開設。電通、ニチレイ、日本IBMにも開放。
TOTO	育児休業・短時間勤務の取得期間の拡大。
トヨタ自動車	本社内に2ヵ所目となる託児施設を開設。
富士ゼロックス	育児休業の夫婦同時取得や短時間勤務の月次精算など。

出所：日経産業新聞「育児支援 相次ぎ行動計画」2005年2月3日。

その他、キャリア形成に結びつくようなさまざまな支援を行うメンタリングの効果が認識されるのにともない、メンターとメンティーを意図的に組み合わせる制度的なメンタリングが行われるようになってきた[19]。

女性を対象としたメンタリング・プログラムの多くは外資系企業で実施されており、その主たる目的のひとつは、ポジティブ・アクションへの対応である。外資系企業の女性管理職数は、日本企業に比べれば多いものの、欧米の基準か

ら見れば少ないため，女性管理職の早期育成を目的としたメンタリング・プログラムが導入されている。管理職を目前にした女性にとってのキャリア形成上の課題には，①キャリアの将来展望が見えにくいことからくる閉塞感，②管理職候補として周囲から注目されることによる精神的負担の増大，③業務経験の幅の狭さや教育訓練経験の少なさによる自信の欠如，などがある。このような課題の多くは，メンターによる支援を含めた人的ネットワークの拡大および充実を図ることによって，解決ないし緩和することが可能と思われる[20]。

企業および職場の状況や，対象者の能力レベルなどによっても異なるが，メンタリング・プログラムなどの制度的なメンタリングにおいて，①企業への適応（組織社会化），②知識，技能・技術の習得・向上，③能力向上による自信の増大，④不安感の減少，⑤速やかなキャリア形成に向けての積極的な取組み姿勢を引き出すこと，などを達成目標とする。

企業による取組みのいっそうの拡大が期待されるが，前述したように企業によって取組み内容とその姿勢は大きく異なる。女性のキャリア形成を促進するための取組みは，特に，中小企業では経済的にも人員的にも負担が大きいのは確かであるが，従来から女性が働きやすい施策を導入し成果をあげている中小企業も少なくない。中小企業に対する経済的援助が必要な部分もあるが，最終的には企業規模にかかわらず経営幹部の意識や姿勢次第ともいえる。

（3）個人的な支援

「自己責任によるキャリア形成」という考え方には，企業の枠を超えたキャリアを考えることが含まれるので，企業による取組みだけではなく，社会的なコンセンサスとしてさまざまな支援が受けられる場をさらに準備する必要があろう。欧米では，大学をはじめとした教育機関，地域社会，ＮＰＯ・ＮＧＯなどが，それぞれの立場でさまざまな支援を個人に提供している[21]。

ここでは，そのような支援のひとつとしてソーシャル・サポート（Social Support）の考え方を取り上げる。ソーシャル・サポートとは，家族，友人，職場の仲間，近隣の人，専門的な支援者などから，さまざまなかたちで受けてい

る援助を指す。J.S.Houseは，ソーシャル・サポートを，主に家族や友人などの親密な人びとから，信頼，共感，愛，配慮といったかたちで提供される「情緒的サポート」，問題解決のための有益な情報や専門知識の提供，助言等の「情報的サポート」，仕事を手伝う，金銭的な援助をする等，直接的な行動を提供する「道具的サポート」，肯定的な評価をする，フィードバックをする等の評価を行う「評価的サポート」の4つに分類した[22]。ソーシャル・サポートが十分に機能するためには，受け手がそのサポートやサポートしている相手を認識していることが重要となる。サポーターの数やその幅の広さよりも，受け手にとって有益なサポートが提供されているかやサポートの質が問題となる[23]。

　また，さまざまな支援を直接的にせよ間接的にせよ与えてくれる人びとは，女性だけではなく男性にも，そして日本社会や企業にも必要だと思われるが，人員削減に加え，さまざまな雇用形態の人びとが混在する職場において，目前の目標達成に追われる現状では，ロールモデルやキャリアモデル，そして有効なアドバイスや支援等を提供してくれるメンターと出会うことが困難となりつつある。

3　キャリア形成支援策の課題と展望

　繰り返しになるが，女性のキャリア形成を促進する取組みは，進みつつあるものの十分とはいえないのが現状である。本節では，支援策を進める上での課題とその展望について簡単にまとめる。

(1) キャリア形成支援を推進する上での課題
　女性のキャリア形成を阻害する要因を女性自身，社会，企業・組織の3点からまとめる。

① 女　　性

前節であげた課題の他に，①業種・職種・職務および専攻分野の偏り，②労働意欲および能力向上意欲の低さ，③能力や適性のミスマッチ，④過度の家事負担や家庭責任への対応，⑤出産・育児・看護・介護への対応等があげられる。

女性が速やかにキャリア形成をしていく上での課題と今後の対応としては，以下のようなものがある。第1に，キャリア形成を主体的に行うためのアイデンティティの確立である。多様なキャリアを前提に，義務教育からのキャリア教育の推進を含め，アイデンティティ確立のためのサポートを，家庭，地域社会，教育機関，企業等の連携により進めていくことが求められる。

第2に，キャリア形成を促進するために必要な他者との支援関係の強化である。家族によるサポートが期待できない，そして男性優位の企業風土である場合等，女性は離・転職によってその問題を終了させようとする傾向もみられる。解決し難い人間関係上の問題など，離・転職による対応が良い結果をもたらす場合もあるが，直面する課題から単に目を逸らしただけであれば，成長が促されることはない。仕事をする中でわれわれはさまざまな困難に直面するが，家族を含めた周囲の支えによってそれらを乗り越えることも可能である。特に，岡本・松下[24]が述べるように，男性のように，同じ職場に年齢の異なるさまざまなロールモデルやキャリアモデルがいることは，将来的にどのようなポジションでどのような仕事が任されるのか，この先どのような職務能力が求められ，先輩たちはそれをどのように身につけていったのかなど，先を見通すことが可能となる。今後は，仕事と家庭とを両立し職務上の問題を乗り越えてきた同性のモデルからの，経験にもとづいた助言を得る機会を増やすための仕組みづくりが重要である。

② 社　　会

キャリア形成は自己責任であるという考え方をもつ欧米諸国では，個人のキャリア形成を促進するための施策や取組みがあるが，これまでの日本では，自分自身のキャリアをあらためて考える必要性がなかったため，そのようなも

のはほとんど存在しなかった。特に，キャリアに関する教育や支援を受ける機会のなかったわれわれは，キャリアを形成し発展させるための方法論およびそれらに関する実践的知識や訓練経験などが不足している[25]ので，キャリア教育およびキャリア・カウンセリングの拡充が必要であろう。特に，再就職を希望する女性に対するキャリア・カウンセリングは重要である。正規雇用社員として再就職しようとする場合，あまりブランクをおくことなく就職活動を行った方が成功する確率が高い傾向にある。結婚や育児のために離職し再就職した者の5割は離職期間が3年以内であるという調査結果もあり，離職期間が長いと正規雇用社員として転職した者の割合は低くなる。自分自身のキャリアについて適切な目標を定め，目標達成のための計画を立て実行していくために，さまざまな事例や意見に触れることが必要であり，自分がやりたいこととできることとの違いや，自分自身の適性を認識するためには，キャリア・カウンセラーなどの専門家をはじめとした他者の助言や支援を受けることが効果的である。

　また，専攻分野の偏りは，キャリア選択およびキャリア形成に影響を与える。例えば，理工系研究者に占める女性の割合は2004年で11.6％と，アメリカの32.5％，フランスの27.5％と比較して低い。多様なモデルを示すことで理工系に進む女性の後押しをしようと，2005年8月に日本物理学会や男女共同参画学協会連絡会など5団体が主催し，各種学会や文部科学省・内閣府が共催・後援した女子高生を対象としたセミナーが開かれた。理工系分野で活躍する先輩女性7名が自らの体験や研究内容を発表し，また，女子大生や大学院生も身近な先輩として相談などを受け付けた。女性が理工系に進む際の障壁は，依然として，親や教師そして社会の意識であり，変化していないのが現状である[26]。「女性は生まれつき科学が苦手」と発言したハーバード大学学長の発言に代表されるように，偏見や誤解は根強く残る。女性だから，男性だからというステレオタイプのものの見方を排除し，一人の個性を持った人間として遇することが重要であろう。

③　企業・組織

企業側の要因としては，①女性の能力や適性に対する誤解や偏見，②女性の意欲を失わせる職場環境，③ライフサイクルや家庭生活の状況に合致しない労働条件，④キャリアパスが提示されないこと，⑤ロールモデルおよびキャリアモデルの不在，⑥能力や業績評価基準があいまい，⑦ダイバーシティ（多様性）への無理解・抵抗，⑧個人の意思や希望を尊重しない仕組み，⑨経営幹部のビジョンおよびリーダーシップの欠如等である。

勤務時間を短縮する制度が大いに利用されたイギリスや適正処遇のパートタイム労働が整備されたオランダで女性の就業が進んだ事例をみれば，勤務時間の柔軟化や短縮制度と適正な条件のパートタイム労働による機会創出は女性の就業および就業継続の促進策となりうる。また，両国とも女性の登用と同時進行でそれら制度を作成し運用しているので，労働時間に関する制度面を含めた両立支援策は均等処遇と同時に進められることが有効であると考えられる。勤務時間の短縮措置を始めとした，時間および場所に柔軟性のある働き方を選択でき，かつ公平・公正な処遇，出産・育児・看護・介護がハンディにならず，将来展望をもてる職場が待たれる[27]。これは女性のみならず，次項で取り上げるワーク・ライフ・バランスを実現するためにも必要な視点であろう。

今日の状況を踏まえ，女性のキャリア形成を支援するためには，次の点に留意することが重要である[28]。

第1に，人事システムとの連動である。従業員のキャリア形成を促進するためには，客観的な能力の把握，キャリア目標およびキャリア・プランの作成支援，人事考課の開示と納得性の向上，次のステップへのアドバイスと具体的な指導などを含めたきめ細かな支援体制が必要となる。

第2に，ペイ・エクイティ（同一価値労働同一賃金）の導入である。非正規雇用者である女性は，正規雇用者に較べて低く抑えられる賃金について不満を持つことが多い。正規雇用者と同等あるいはそれ以上の業務をこなしていると自負する非正規雇用者の納得が得られるよう，業務内容，評価基準と評価方法を見直し賃金格差を是正することでパートタイマーの待遇改善を図るとともに，

その安易な活用を制限することが求められる。

　第3に，管理職層によるサポートである。キャリア形成を促進するためには，自己啓発を奨励するとともに，他者を育てることを評価する仕組みが必要となる。自己啓発とOJTを企業の人材育成の中心とするのであれば，管理者層の役割はより重要となる。同時に，人事制度を含めた環境の整備とともにその仕組みに関与する人びとの意識や態度の変化を促し，その結果や過程に対する評価基準を明示するなどの取組みも行わなければ管理職層によるサポートは期待できない。

（2）ワーク・ライフ・バランス

　金井ら[29]は，個人のキャリア開発志向や家庭志向が，家庭や職場からの要求と出会う際の不適合が，ワーク・ファミリー・コンフリクトと結びつくことを指摘した。女性パートタイマーを対象とした研究では，通勤時間，勤務時間が長いほど，夫と同居しており，小学生・中学生の子供の数が多いほどワーク・ファミリー・コンフリクトが高まることが示された。夫との同居については，家庭の中で，伝統的な「世話する女性」と「世話される男性」という図式が，依然として働いていること，通勤時間や勤務時間については，職場の拘束性が高まるためにコンフリクトもそれだけ高まると考えられた。さらに，これらの関係は，個人のキャリア・プラン（キャリア開発志向）によって調整される傾向が明らかとなった。すなわち，キャリア開発志向が高い場合は低い場合と比較して，職場からの要求の影響を強く受け，一方キャリア開発志向が低い場合は高い場合と比較して，家庭からの要求を強く受けているのである。

　また，男女正規従業員を対象にした研究[30]では，ワーク・ファミリー・コンフリクトを「家庭→仕事葛藤」，「仕事→家庭葛藤」，「時間葛藤」の3つ下位尺度ごとに測定している。それぞれ，「家庭→仕事葛藤」は家庭からの欲求が職場での達成を阻害する葛藤，「仕事→家庭葛藤」は職場からの要求が家庭での達成を阻害する葛藤，「時間葛藤」は仕事と家事・育児等とで時間がなく慌ただしいことからの葛藤である。これらのワーク・ファミリー・コンフリクト

について，共働き・女性群，共働き・男性群，妻専業主婦・男性群別に得点を比較したところ，「家庭→仕事葛藤」，「仕事→家庭葛藤」は共働き・女性群で最も高く，共働き・男性群，妻専業主婦・男性群間に有意な差は見られなかった。すなわち，ワーク・ファミリー・コンフリクトの程度は，たとえ共働きであっても，夫婦の就業形態にはかかわらず，性別の影響を強く受けており，男性よりも女性のほうが高いことが示されたのである。

ワーク・ライフ・バランスとは，従業員全員が仕事と私生活のバランスを保ち，より充実した職業生活が送れるように制度の策定・運用を行う取組みのことである。その取組みの例としては，次のようなものがある。①フレックス・ワーク，②保育サービス，③介護サービス，④転勤，⑤ＥＡＰ (Employee Assistance Program)，⑥ヘルス・アンド・ウェルネス，⑦休暇，⑧教育などがある。

ワーク・ライフ・バランスを考える際は，上述したようなワーク・ファミリー・コンフリクト（家庭での役割が職場における役割の達成を阻害し，職場での役割が家庭における役割の達成を阻害する可能性）について十分に検討することが求められる。

4 まとめ

どのような素晴らしい制度や仕組みを企業や組織が導入したとしても，それが実際に活用されなければ意味がない。例えば育児休暇制度の利用時の最も大きな課題はその代替要員であるが，要員の確保と引き継ぎがそれなりにうまくいったとしても，残る職場のメンバーに全く負担がないとはいえないし，代替要員が手当てされなければ，残されたメンバーに不満が蓄積される。そのような状況が放置されれば，該当者は休暇の利用を躊躇するであろうし，最悪の場合は離・転職を選択することになる。活用されるためには，経営幹部が率先して制度を活用することが重要であろう。例えば，第2節で取り上げたコンビ株式会社のように，社長も育児休暇を取得する等の率先的な取組みをすることや，

第3章　女性のキャリア形成支援

制度を必要とする社員の状況や気持ちをより深く理解するために，部長以上の役職者は定期的（例えば年1回連続5日間など）に育児休暇や介護休暇を取得することを義務づけるなどである。家族の状況が合致しなければ，保育所，看護・介護施設等でボランティア活動をすることもよい。特に，大手企業の経営幹部や役職者はそのような経験が不足していると思われるので体感すること自体に意義があろう。これら経験は，経営幹部等に，ワーク・ライフ・バランスや女性のキャリア形成を促進するためのさまざまな制度の導入，活用の意義および実効ある運用等の必要性の理解や意識の向上を促す一助となるように思える。

　また，経営幹部は，意欲と能力のある女性を資料準備や職場の環境整備等だけで使うことのコストを再検討する必要があろう。わが国の女性のキャリア形成は，性別役割分業観による家庭役割が強調されたために，職業的アイデンティティの形成が阻害され，また職場での補助的役割の強制など，男性に比して不利な状況におかれることが少なくなかったことは，馬場[31]や小野[32]をはじめ多くの論者が主張している。そのような制約が，女性のキャリア形成を阻害する大きな要因であることは明らかである。将来予測をしにくい今日，より豊かなキャリア形成をするためにはKrumboltzがいうような偶然の出来事を柔軟に受け入れる姿勢が必要となろう。

　いまだに，長期にわたって続いてきた性別役割分業観をベースにした仕組みや意識が大勢を占める状況ではあるが，それらは若年層を中心に少しずつ変化してきている。男としての責任や男らしさといったことに違和感やプレッシャーを感じたり，自分の好きなことをしたい，好きなことしかしたくないという男性や男子学生も増えている。性別役割分業観を超えて一人ひとりが，職場で，家庭で，あるいは個人として，それぞれの場所・場面で役割を果たすこと，そしてそれらの構成を考え，色を選び，混ぜ，筆を選び，タッチを微妙に変えながら，一枚の絵を描いていく作業がキャリア形成であろう。この世で一枚のオリジナルの絵を，白いカンバスに自分の思うままに描くことを可能にする社会にしていくために，個人，社会，企業，そして関係する誰もがそれぞれ

の立場で役割を果たすことが求められている。

〔注〕
1) 関口和代〔2003〕「女性のキャリア形成と職場ストレス」筒井清子・山岡熙子編著『グローバル化と平等雇用』，学文社。
2) Schein, E. H.〔1978〕*Career Dynamics*, Addison-Wesley.（二村敏子・三善勝代訳〔1991〕『キャリア・ダイナミクス』，白桃書房）。
3) Nancy Schlossberg, *Overwhelmed*, 武田圭太・立野了嗣監訳〔2000〕『「選職社会」転機を活かせ』，日本マンパワー出版。
4) John D. Krumboltz〔1994〕*Improving Career Development Theory from a Social Learning Perspective*.
5) 総務省「労働力調査」平成17年4～6月平均。
6) 厚生労働省〔2005〕「平成16年版働く女性の実情」。
7) Gutek, B. A., and Larwood L.〔1987〕*Women's Career Development*, Sage.
8) 犬塚尚美〔2005〕「女性のキャリア形成」川端大二・関口和代編著『キャリア形成』，中央経済社。
9) 富田安信〔1995〕「女性のキャリア形成を促進する要因」JIL調査報告書 No.62『ホワイトカラーの人事管理』，日本労働研究機構。
10) 関口和代〔2005〕「若年層の職業観―高校生・大学生の日韓比較調査の結果から―」『労働の科学』，2005年6月号。
11) 8) に同じ。
12) 坂東眞理子〔2003〕「自律的キャリア形成」川端大二・関口和代編著『キャリア形成』，中央経済社。
13) 国連開発計画（UNDP）が毎年公表。女性が政治および経済活動に参加し，意思決定に参加できるかどうかを測るもの。HDIが人間開発の達成度に焦点を当てているのに対して，GEMは，能力を活用する機会に焦点を当てる。具体的には，国会議員に占める女性の割合，専門職・技術職に占める女性割合，管理職に占める女性の割合，男女の推定所得を用いて算出。
14) 内閣府 http://www.gender.go.jp/
15) 1991年「育児休業に関する法律」制定。1995年改定で「育児介護休業法」となる。
16) 厚生労働省「平成16年度女性雇用管理基本調査」2005年8月8日発表。
17) 関口和代〔2005〕「キャリア・カウンセリング」川端大二・関口和代編著『キャリア

形成』，中央経済社。
18) 日本経済新聞「育児休暇　社長も取った―コンビ，男性に5日間強制取得―」2005年4月6日。
19) 関口和代〔2001〕「組織におけるメンター制度の活用」『公務研修』第189号，公務研修協議会。
20) 関口和代〔2004〕「メンタリング・プログラムをどう築くか」菊池敏夫・森本三男・笠原清志編著『人事ハンドブック』，日本労務研究会。
21) 関口和代〔2001〕「メンタリング・プログラム構築に関する探索的研究」『経営学研究論集』第25号，亜細亜大学大学院。
22) House, J. S.〔1981〕*Work stress and social support,* Addison-Wesley.
23) 所正文〔2002〕『働く者の生涯発達』，白桃書房。
24) 岡本祐子・松下美知子編〔2002〕『新　女性のためのライフサイクル心理学』，福村出版。
25) 関口和代〔2005〕「キャリア開発とメンタリング」岡村一成・小野公一編著『産業・組織心理学』，白桃書房。
26) 日本経済新聞「理工系にいらっしゃい」2005年8月30日。
27) 16) に同じ。
28) 24) に同じ。
29) 金井篤子・若林満〔1998〕「女性パートタイマーのワーク・ファミリー・コンフリクト」『産業・組織心理学研究』第11巻第2号。
30) 金井篤子〔2002〕「キャリア・ストレスとワーク・ライフ・バランス」『日本労働研究雑誌』第503号。
31) 馬場房子〔1996〕『働く女性の心理学（第2版）』，白桃書房。
32) 小野公一〔1990〕「女性に対する考え方の変化の影響」馬場房子編著『働く女性のメンタルヘルス』，同朋舎。

（関口　和代）

第1部　女性の仕事環境と課題

第4章

働く女性と職業性ストレス

　本章では，女性の労働環境に関する現状と課題について，職業性ストレスの視点から考察する。まず第1節では，職業性ストレスに関する研究動向を概観する。その上で第2節では，先行研究や統計調査に基づいて，働く女性のストレスの現状を把握する。そして，本章の中核となる第3節では，民間企業の正規従業員を対象とした質問紙調査による実証研究を紹介する。

1　職業性ストレスに関する研究動向

(1) 職業性ストレスとは

　職業性ストレス（occupational stress）とは，「個人が特定の職業に就き，また特定の職務を遂行する過程において，その職業や職務から必然的にもたらされる外的圧力（ストレッサー）および，そのストレッサーに曝されることによって個人の側に生じる心理的・身体的・行動的反応（ストレイン）を表す複合的な概念」（渡辺〔2002〕）である。この定義からも導かれるように，職業性ストレス研究では，個人に不快や疲労をもたらす外的要因である「ストレッサー」と，個人の内部に生じる各種のストレス反応である「ストレイン」とを識別した上で，両者の関連性を明らかにしようとする。

　ところで，職業性ストレスに対しては，疾病に至る危険因子の解明をめざす疫学，個人の疾病治療に焦点を当てる産業医学，個人の心身の安寧（well-being)の回復に焦点を当てる臨床心理学，ストレッサーの特定や労働環境の改善に焦点を当てる産業・組織心理学など，さまざまな立場からアプローチされており，まさに学際的な研究領域である。本節では，産業・組織心理学の視点から，職業性ストレス研究の変遷をストレッサーに着目して概観する。

(2) 職業性ストレス研究の変遷

1960年代ころから現れた職業性ストレス研究では，まず組織における役割がストレッサーとして注目された。すなわち，ミシガン大学社会調査研究所のKahn, Wolfe, Quinn, Snoek, & Rosenthal〔1964〕は，労働環境とメンタルヘルスについて探究した一連の研究から，「役割葛藤（role conflict）」と「役割曖昧さ（role ambiguity）」という2つのタイプのストレッサーを発見した。役割葛藤とは，「ある人に従うことが他の人に従うことを困難にするような，2組（あるいはそれ以上）のプレッシャーが同時に起こること」として定義される。また役割曖昧さとは，「与えられた組織内の地位で，必要な情報が入手できる程度」(Kahn et al.〔1964〕) として理解できる。自分の果たすべき役割や仕事の内容，手順などに関する情報が不足しているとき，人間は曖昧さを経験するのである。Kahn et al.の先駆的研究は，職業性ストレス研究の始まりと位置づけられる。そして，1970年代初期ごろまでは，役割ストレッサーとストレインとの関連性に関する研究が数多く行われた。

1970年代の後半以降になると，より多様な変数の組み合わせによってストレッサーとストレインの関連性を捉えようと，役割以外のストレッサーについても幅広く検討が行われるようになった。その一方で，主要な変数を絞り込み，その相互関係によって職業性ストレスを解明しようとする試みもなされるようになった。ここでは，渡辺〔2002〕の分類に従って，前者を「多要因アプローチ」，後者を「要因限定アプローチ」と呼ぶこととする。以下に，それぞれ代表的なモデルを概観する。

(3) 要因限定アプローチの代表的なモデル

French, Rodgers, & Cobb〔1974〕の「個人―環境適合モデル（Person-Environment fit model）」では，環境が個人に要求する職務の質・量と，個人の有する能力との差異がストレインの量を決定すると考える。つまり，環境からの要求が過大（P＜E）でも，過小（P＞E）でもストレインが増加するので，P＝Eとすることがストレインの軽減につながると主張する。

また，Karasek〔1979〕の「仕事の要求度―コントロールモデル（job demand-control model）」では，ストレインの量は，職務が個人に遂行を強いる要求度とコントロール（職務裁量の範囲）との関係によって決定されるとする。そして，仕事の要求度が高くコントロールが低い場合に，最も心理的ストレインが高く，疾病のリスクが高いとする。この主張からは，仕事の要求度を低下させることなく，職務裁量の範囲を大きくするように職務を再設計することが心理的ストレインを低減させる，という示唆が導き出される。

さらにSiegrist〔1996〕は，仕事上の努力の程度に対して，その仕事から得られる報酬が不足している場合に，より大きなストレインが発生すると主張する。これが「努力―報酬不均衡モデル（effort-reward imbalance model）」である。

これらのモデルを特徴づける基本的な前提は，環境変数と個人変数との間に不適合（misfit）や不均衡（imbalance）がある場合に，ストレインが生じるということである。

(4) 多要因アプローチの代表的なモデル

Beehr & Newman〔1978〕は，ストレッサーを①仕事の要求や課業の特性，②役割要求や期待，③組織の特性や状態，④組織外の要求や状態，という4つの主要な側面に特定した。そして，週間の仕事のスケジュール，スキルの過重または過小活用，役割過重，役割葛藤，企業規模の5要因について，職業性ストレスと従業員の健康という観点から研究した。

また，Cooper & Marshall〔1976〕による「因果関係モデル」では，「組織内のストレッサー」として①職務に本質的なもの，②組織内の役割，③キャリア

発達，④職場の人間関係，⑤組織構造と風土をあげている。さらに，家庭の問題や財政的困難などの「組織外のストレッサー」を加えて，これらのストレッサーが「個人の特徴」によって修飾され，「健康不全の兆候」に結びつき，さらに長期的な結果として「疾患」に結びつくとされる。

　さらに，米国国立職業安全保健研究所（NIOSH）が作成した「職業性ストレスモデル」も，基本的には因果関係モデルを前提にしている。すなわち，物理化学的環境，役割葛藤，役割曖昧さ，対人葛藤，仕事の将来不明確，仕事のコントロール，量的な作業負荷などの「仕事のストレッサー」が心理的反応，生理的反応，行動的反応といった「急性の反応（ストレス反応）」を引き起こす。さらに，ストレス反応から「疾病」の発生に至る可能性もある，とするモデルである（Hurrell & McLaney〔1988〕）。このモデルの最大の特徴は，各変数の測定に使用する標準的な測定尺度をとりまとめたことにある。妥当性・信頼性・使用頻度という選択基準を満たした尺度は，研究・調査間の比較検討を可能にしたのである。

（5）ストレス・マネジメント

　ところで，ストレスフルな出来事に対処するための「自助のテクニック（例えばエクササイズ，リラクゼーション，瞑想，バイオフィードバックなど）は，1960年代に登場した。(中略) それらのテクニックは個人のコーピングのレパートリーの一部分であり，目的はストレスを取り除くことではなく，ストレス関連の出来事に対処する内的エネルギーを開発することにある」（Cooper & Dewe〔2004〕）。つまり，ストレッサーに直面しても，それをストレインに結びつけないだけのストレス耐性や対処方法を個人の側に構築しようとする，ストレス・マネジメントの方法である。

　しかしながら，ストレス・マネジメントは自助テクニックの習得に限定されるものではない。Murphy〔1984〕は「組織がストレス・マネジメント・トレーニングを労働者に提供することで，ストレスを生み出す労働環境の改善を試みないという危険がある」と指摘し，「個人要因と組織要因の両方に取り組む介

入が，仕事のストレスの効果的な低減や予防に最も効果をあげる見込みがある」(Murphy〔1988〕) と結論づけている。

つまり，組織や職場におけるストレスをマネジメントしていくためには，個人へのアプローチだけではなく労働環境へのアプローチが不可欠である。ここに至って，産業・組織心理学の知見を生かすことができよう。そして，組織におけるさまざまなストレッサーを特定した上で，それらを低減させ，あるいは予防するために労働環境を改善する取組みが求められる。

2　働く女性のストレスの現状

本節では，先行研究や統計調査の結果から，職業性ストレスにおける男女差の現状を把握してみたい。

横山〔2001〕は，1988年から2000年までにアメリカの研究雑誌に掲載された職業性ストレス関連の論文1,142本をレビューした上で，男女差を取り上げた興味深い研究をいくつか指摘している。それによれば，男女の管理職と男女の一般職の4グループを比較して，女性管理職のストレインが最も高く，上司からのサポートも少ないことを明らかにした研究 (Frankenhaeuser, et al.〔1989〕) や，男女の教授とアシスタントを比較した結果，女性教授のストレインが最も高かった (Richard & Krieshok〔1989〕) という研究がある一方で，セールスマンとセールスウーマンとを比較した調査では，ストレインに男女差はなかったという研究結果 (Lagace〔1988〕) もみられる。

日本に目を移してみよう。川上ら〔1993〕は，筆記具製造工場の従業員に対して，日本語版NIOSH職業性ストレス調査票と12項目版GHQ (精神健康調査票) を用いた質問紙調査を行った。そして，623名 (男性462名，女性161名) の回答を分析した結果，GHQ得点が男性2.3点に対して女性2.8点と有意に高かった。つまり，女性の精神症傾向が男性より高かった。

森と中嶋〔1999〕は，2つの民間企業と1つの公的機関で働く従業員に対して，職業性ストレスと健康に関する質問紙調査を行った。そして，1,045名 (男

性708名,女性337名)の回答を分析した結果,30項目版GHQの得点が,男性7.6点に対して女性8.8点と有意に高かった。

　労働省〔当時,2000〕が「職業性ストレス簡易調査票」を作成するために行った大規模な調査研究では,ストレッサー・ストレイン・社会的支援の関連性を検討するために,男性9,343名,女性1,918名,合計1万1,261名の回答データを用いて共分散構造分析を行っている。その結果,若年層や女性のほうが,潜在変数である「ストレス状態」を形成しやすいことが明らかとなった。

　古屋〔2001〕は,民間企業従業員,病院に勤務する看護師および小・中学校の教員に対して行った質問紙調査の回答データ2,568名分(男性1,779名,女性789名)を分析して,抑うつの得点が男性5.77点に対して女性6.68点と有意に高かったことを報告している。

　厚生労働省〔2003〕は,約1万2,000の民営事業所およびそこに雇用されている約1万6,000名の労働者を対象にして,5年ごとに労働者健康状況調査を行っている。その2002年の結果では,「普段の仕事で身体がとても疲れる」または「やや疲れる」と回答した労働者の割合は,男性70.1%に対して女性は75.7%となっている。また,「自分の仕事や職業生活に関して強い不安,悩み,ストレスがある」と回答した労働者の割合は,男性63.8%に対して女性は57.7%となっている。つまり,身体的なストレインは女性のほうが高く,心理的なストレインは男性のほうが高い結果となっている。ただし,この調査では何らかの尺度を用いてストレインを測定しているわけではない点に留意する必要がある。

　このように,一部には異なる結果がみられるものの,おおむね働く女性は男性よりもストレインが高いという現状がうかがえる。

3　働く女性のストレスと人的資源管理の関連性

(1) 本研究の目的と分析の視点

　第2節でみたように,男性と比較して働く女性のストレインは高い傾向にあ

る。

　そこで，女性のストレインと関連性のあるストレッサーを特定することによって，女性が働きやすい労働環境づくりに関する示唆を得ることが本研究の目的である。

　そして分析にあたっては，産業・組織心理学および人的資源管理（Human Resource Management：以下，「ＨＲＭ」）の視点から，以下のような組織レベル・職場レベル・職務レベルのストレッサーを仮定した上で，それらとストレインとの関連性を探究することとする。

① 組織レベル
- 人的資源ポリシー……経営戦略の実現に向けて，具体的なＨＲＭ諸制度を設計し運用する際の基本的な方向性を示すガイドライン。
- ＨＲＭ諸制度の有無……評価・処遇，配置・異動，能力開発，勤務形態に関する諸制度の導入の有無。

② 職場レベル
- ＨＲＭ諸制度の運用……職場の管理職によるＨＲＭ諸制度の運用実態。
- 職場風土……成員に共有化された職場全体に関する主観的な特性。職場の雰囲気。

③ 職務レベル
- 職務特性……仕事に対する裁量権の度合いや労働負荷の実態。

（2）方　　法

① 調査対象者

　本研究では，筆者が実施した「成果主義が従業員のストレス反応に与える影響に関する調査」（高橋〔2004〕）から得られたデータを用いる。

　すなわち，首都圏（東京都・神奈川県・埼玉県・千葉県）に事業所のある民間企

業に勤務する正規従業員を対象者とした。①A大学大学院（社会人ＭＢＡ）に在籍し，上記条件に該当する社会人大学院生およびその勤務先の正規従業員（304人），②Ｂ高校の卒業生であり，上記条件に該当する者（687人）の計991人に対して，2002年7月10日～9月14日にわたって，郵送もしくは手渡しによる自記式質問紙調査を行った。41社の従業員から236名の調査票を回収し（回収率23.8％），このうち不完全な回答だった10名を除く226名を分析対象とした（有効回答率95.8％）。また，上記①群と②群のプロフィールには顕著な差が認められなかったため，合算して分析した。

② 調査票の構成

人的資源管理関連の諸要因をストレッサーと仮定して（以下，「ストレッサー」），個人属性，ストレッサー，ストレインおよび社会的支援の要因によって調査票を構成した。

1）個人属性として，年齢，性別，最終学歴，勤続年数，配属年数，勤務先の業種，正規従業員数，役職位，婚姻状態，子どもの数を尋ねた。

2）ストレッサーとしては，以下の項目群を用意した。

ア）人的資源ポリシー…腰塚〔2001〕を参考に，5件法（1：あてはまらない～5：あてはまる）による10項目を用意した。

イ）ＨＲＭ諸制度の有無…目標による管理制度（Management by Objectives：以下，「ＭＢＯ」），人事考課制度，自己申告制度，社内公募制度，フレックスタイム制度，裁量労働制，在宅勤務・テレワークについて，導入の有無を尋ねた。

ウ）ＨＲＭ諸制度の運用

　ａ）ＭＢＯの運用…5件法による13項目を作成した。

　ｂ）能力開発制度…5件法による17項目を作成した。

　ｃ）人事考課制度…考課結果のフィードバックの有無を尋ねた。

　ｄ）自己申告制度…実現度を4件法（1：概ね認められる～4：ほとんど認められない）で尋ねた。

e ）社内公募制度…上記 d ）と同様に実現度を 4 件法で尋ねた。
　エ）職場風土…守島〔1999〕を参考に，5 件法（1：弱くなった～ 5：強くなった）による14項目を用意した。
　オ）職務特性…日本語版ＮＩＯＳＨ職業性ストレス調査票（原谷ら〔1993〕）のうち，仕事のコントロールと量的労働負荷を使用した。
3 ）ストレインには，同じくＮＩＯＳＨの全体的職務満足感と抑うつを使用した。加えて，個別的職務満足感として，「自分の仕事ぶりや能力と比較して，今の賃金は釣り合っていない」など，5 件法（1：そう思わない～ 5：そう思う）による10項目を作成した。
4 ）社会的支援には，ＮＩＯＳＨの上司の支援，同僚の支援および家族・友人の支援を使用した。

職務特性，ストレインおよび社会的支援を測定した尺度の信頼性係数（Cronbach's α）を図表 4 ― 1 に示す。0.71～0.94とすべての尺度が0.7以上であり，信頼に足る水準といえる。

③　分析方法
1 ）人的資源ポリシー，ＭＢＯの運用，能力開発制度と運用，職場風土の各項目については，変数を要約するために全サンプル（N = 226）を対象として最尤法・斜交プロマックス回転による因子分析を行った。
2 ）女性群（N = 44）と男性群（N = 182）の 2 群に分け，各変数についてχ^2検定および t 検定を行い，両群を比較した。
3 ）両群それぞれに，個別的職務満足感，全体的職務満足感，抑うつの各合計得点を従属変数として，重回帰分析（ステップワイズ法）を 3 回実施し，ストレインに関連する変数を特定した。なお，多重共線性の問題を考慮して，各変数と従属変数との相関係数を算出し，有意差の認められたもののみを独立変数として投入した。

以上の分析には，統計解析ソフトＳＰＳＳ 11.5 for Windowsを使用した。

図表4－1　職務特性，ストレインおよび社会的支援の信頼性

尺度	項目数	得点範囲	平均(M)	標準偏差(SD)	信頼性係数(α)
職務特性					
仕事のコントロール	16	16—80	49.12	13.30	0.94
量的労働負荷	11	11—55	38.34	7.93	0.89
ストレイン					
個別的職務満足感	10	10—50	30.73	8.07	0.85
全体的職務満足感	4	4—13	9.18	1.72	0.72
抑うつ	20	0—60	12.56	6.97	0.81
社会的支援					
上司の支援	4	4—20	14.60	3.43	0.83
同僚の支援	4	4—20	14.81	3.11	0.82
家族・友人の支援	4	4—20	15.11	3.10	0.71

注：Nはすべて226。

（3）結　果

①　対象者のプロフィール

対象者のプロフィールと男女両群間のχ^2検定の結果を図表4－2に示す。女性群は男性群と比較して，年代では20歳代，最終学歴では高校・高専・専門・短大卒，勤続年数では5年未満，業種では非製造業が多い。さらに，一般職，未婚または離婚・死別，子どもの数では0～1人が多いのが特徴である。なお，配属年数と正規従業員数では両群に有意差は認められなかった。

②　因子分析による変数の要約

因子分析を行い，複数因子に対して負荷量が高かった項目や，いずれの因子に対しても負荷量が小さかった項目を削除した後に再度因子分析を行った結果，図表4－3の通り下位因子が抽出された。組織主導型開発を除いては，信頼性係数が0.61～0.86であり実用に耐えうる値といえる。なお，組織主導型開発については，因子の内的一貫性が0.46と低いことから，以降の分析には用いないこととした。

第1部　女性の仕事環境と課題

図表4－2　対象者のプロフィールと χ^2 検定の結果

属性		合計 人数	合計 構成比	女性 人数	女性 構成比	男性 人数	男性 構成比	χ^2値
年　代	20歳代	25	11.1%	13	29.5%	12	6.6%	22.89***
(平均40.9)	30歳代	83	36.7%	17	38.6%	66	36.3%	
(SD 8.57)	40歳代	68	30.1%	11	25.0%	57	31.3%	
	50歳代	49	21.7%	3	6.8%	46	25.3%	
	無回答	1	0.4%	0	0.0%	1	0.5%	
	合計	226	100.0%	44	100.0%	182	100.0%	
最終学歴	1＝大学・大学院卒	197	87.2%	28	63.6%	169	92.9%	27.05***
	0＝高校・高専・専門・短大卒	29	12.8%	16	36.4%	13	7.1%	
	合計	226	100.0%	44	100.0%	182	100.0%	
勤続年数	5年未満	49	21.7%	20	45.5%	29	15.9%	21.02***
	5年以上10年未満	27	11.9%	4	9.1%	23	12.6%	
(平均13.6)	10年以上20年未満	86	38.1%	15	34.1%	71	39.0%	
(SD 9.13)	20年以上30年未満	51	22.6%	5	11.4%	46	25.3%	
	30年以上	13	5.8%	0	0.0%	13	7.1%	
	合計	226	100.0%	44	100.0%	182	100.0%	
配属年数	5年未満	158	69.9%	31	70.5%	127	69.8%	0.25
	5年以上10年未満	41	18.1%	8	18.2%	33	18.1%	
(平均4.1)	10年以上20年未満	21	9.3%	4	9.1%	17	9.3%	
(SD 5.13)	20年以上30年未満	5	2.2%	1	2.3%	4	2.2%	
	30年以上	1	0.4%	0	0.0%	1	0.5%	
	合計	226	100.0%	44	100.0%	182	100.0%	
業　種	1＝製造業	85	37.6%	10	22.7%	75	41.2%	5.16*
	0＝非製造業	141	62.4%	34	77.3%	107	58.8%	
	合計	226	100.0%	44	100.0%	182	100.0%	
正規従業員数	1＝大企業（1,000人以上）	141	62.4%	27	61.4%	114	62.6%	0.12
	0＝中小企業（1,000人未満）	81	35.8%	14	31.8%	67	36.8%	
	わからない	4	1.8%	3	6.8%	1	0.5%	
	合計	226	100.0%	44	100.0%	182	100.0%	
役職位	1＝管理職（課長相当以上）	111	49.1%	6	13.6%	105	57.7%	27.52***
	0＝一般職（係長・主任相当以下）	115	50.9%	38	86.4%	77	42.3%	
	合計	226	100.0%	44	100.0%	182	100.0%	
婚姻状態	未婚	50	22.1%	20	45.5%	30	16.5%	41.42***
	既婚	169	74.8%	18	40.9%	151	83.0%	
	離婚・死別	7	3.1%	6	13.6%	1	0.5%	
	合計	226	100.0%	44	100.0%	182	100.0%	
子どもの数	0人	45	25.6%	14	58.3%	31	20.4%	19.74***
	1人	32	18.2%	5	20.8%	27	17.8%	
	2人	79	44.9%	4	16.7%	75	49.3%	
	3人	20	11.4%	1	4.2%	19	12.5%	
	合計	176	100.0%	24	100.0%	152	100.0%	

＊p＜.05；＊＊＊p＜.001

第4章 働く女性と職業性ストレス

図表4-3 因子分析の結果

大分類	下位因子	項目数	項目例	α	因子間相関 I	II	III
人的資源ポリシー	I．短期活用方針	3	正社員の採用は，職種別の中途採用が中心である／必要があれば積極的に外部から人材を採用する	0.61	―		
	II．長期育成方針	3	可能な限り内部の人材を育成，活用する／人事異動は，個人の希望やキャリア志向を十分に反映する	0.61	-.229	―	
MBOの運用	I．コミュニケーション重視MBO	7	上司との話し合いを通じて目標が設定される／あなたが相談すれば，上司はアドバイスや支援をしてくれる	0.65	―		
	II．進捗管理重視MBO	3	上司は，仕事の進捗状況に対して細かく報告を求める／上司は，あなたに定期的にフィードバックしてくれる	0.67	.422	―	
	III．評価基準明確化MBO	3	定性的な内容も数値化などとして目標に組み入れる／目標は，重要度や緊急度の高いものに重点化している	0.61	.447	.457	―
能力開発制度と運用	I．育成重視マネジメント	4	上司は，メンバーに対してOJTを行っている／上司は，メンバーのキャリア開発に対して助言している	0.86	―		
	II．一般的技能開発	4	他社でも通用する汎用的・専門的な知識・技能の習得を重視／現在の担当業務に限定せず，多様な学習や経験を重視	0.74	.589	―	
	III．組織主導型開発	3	能力開発は，会社が社員に対して提供することが基本／能力開発は，「選抜型研修」が多い	0.46	.182	.183	―
職場風土	I．挑戦的風土	3	職場の成果や業績をあげようという雰囲気／リスクを厭わず，新しい課題への挑戦を奨励するような雰囲気	0.81	―		
	II．協働的風土	6	部下や後輩を育てようという雰囲気／他のメンバーと協力して仕事をしようという雰囲気	0.79	.143	―	
	III．競争的風土	5	自分の問題は自分自身で解決しなければならないという雰囲気／メンバー同士が競い合っているような雰囲気	0.63	.118	-.091	―

③ 女性群と男性群との比較

女性群と男性群との間で，HRM諸制度の有無およびその運用に関してχ^2検定を行った結果，MBO制度の有無とフレックスタイム制度の有無を除いては，両群に有意差は認められなかった（図表4-4）。

次に，両群の間で因子得点，職務特性，ストレインおよび社会的支援に関してt検定を行った。その結果，短期活用方針は女性群のほうが有意に高く，長期育成方針は女性群のほうが有意に低かった。また，コミュニケーション重視MBO，進捗管理重視MBO，評価基準明確化MBO，育成重視マネジメントの各因子得点と仕事のコントロール，そして全体的職務満足感については，いずれも女性群のほうが有意に低かった。一方で，同僚の支援および家族・友人の支援は女性群のほうが有意に高かった（図表4-5）。

第1部　女性の仕事環境と課題

図表4－4　HRM諸制度の有無およびその運用に関する χ^2 検定の結果

	全体		女性群		男性群		χ^2 値
	N	有効%	N	有効%	N	有効%	
MBO制度あり	198	90.0	33	80.5	165	92.2	5.07*
人事考課制度あり	200	95.2	33	94.3	167	95.4	0.08
自己申告制度あり	168	79.6	27	75.0	141	80.6	0.57
社内公募制度あり	80	38.3	12	34.3	68	39.1	0.28
フレックスタイム制度あり	102	45.3	14	32.6	88	48.4	3.50†
裁量労働制あり	29	13.7	7	17.9	22	12.7	0.74
在宅勤務制度等あり	4	1.8	1	2.4	3	1.7	0.11
人事考課のフィードバックあり	136	69.4	24	75.0	112	68.3	0.57
自己申告制度が実現する	85	50.6	12	42.9	73	52.1	0.81
社内公募制度が実現する	70	87.5	12	100.0	58	85.3	2.02

† $p<.10$; * $p<.05$
注：有効％が有意に高いほうを網掛けで示した。

④　ストレインと関連する変数

　女性群におけるストレインと諸変数との相関係数を図表4－6に示す。また，このうち有意差の認められた変数を独立変数として投入して，女性群に対して行った重回帰分析の結果を図表4－7に示す。

　個別的職務満足感に対しては，育成重視マネジメント，自己申告制度の実現度の順でプラスの関連性を示した。つまり，これらの変数が高いときに，個別的職務満足感が高いという結果となった。決定係数（R^2）は0.410であった。なお，一般に許容度の値が小さいほど多重共線性の可能性が指摘されるが，その値はいずれも1.000であり，多重共線性は生じていないと考えられる。

　全体的職務満足感に対しては，育成重視マネジメントがプラスの関連性を示した。つまり，育成重視マネジメントが高いときに，全体的職務満足感が高い。決定係数は0.115，許容度は有意な説明変数が一変数のみのため1.000であった。

　抑うつに関しては，人事考課制度があることが，抑うつの高さと有意に関連していた。決定係数は0.162，許容度は有意な説明変数が一変数のみのため1.000であった。

図表4－5　因子得点，職務特性，ストレインおよび社会的支援に関するt検定の結果

	全体		女性群		男性群		t値
	M	SD	M	SD	M	SD	
因子得点							
短期活用方針	9.00	1.75	9.42	1.68	8.90	1.76	1.77†
長期育成方針	8.52	2.49	7.79	2.32	8.69	2.50	－2.13*
コミュニケーション重視MBO	23.74	4.81	21.42	5.31	24.22	4.57	－3.11**
進捗管理重視MBO	8.41	1.65	7.94	1.64	8.50	1.64	－1.80†
評価基準明確化MBO	11.66	2.51	10.97	2.58	11.81	2.47	－1.75†
育成重視マネジメント	11.88	3.84	10.16	3.97	12.28	3.70	－3.33**
一般的技能開発	11.72	3.60	11.30	3.84	11.83	3.55	－0.88
挑戦的風土	10.01	2.36	10.15	2.03	9.98	2.43	0.41
協働的風土	17.36	3.97	16.85	4.68	17.48	3.79	－0.91
競争的風土	16.72	2.61	16.83	2.74	16.69	2.59	0.31
職務特性							
仕事のコントロール	51.56	12.98	47.16	12.57	52.63	12.88	－2.54*
量的労働負荷	38.34	7.93	38.02	9.35	38.41	7.58	－0.26
ストレイン							
個別的職務満足感	30.73	8.07	29.75	8.57	30.97	7.95	－0.90
全体的職務満足感	9.18	1.72	8.84	1.41	9.26	1.78	－1.69†
抑うつ	12.56	6.97	13.00	6.99	12.46	6.98	0.46
社会的支援							
上司の支援	14.60	3.43	14.34	3.80	14.66	3.34	－0.55
同僚の支援	14.81	3.11	15.68	3.28	14.60	3.04	2.09*
家族・友人の支援	15.11	3.10	16.07	3.22	14.87	3.03	2.32*

† $p<.10$；* $p<.05$；** $p<.01$
注：平均が有意に高いほうを網掛けで示した。

　次に，男性群におけるストレインと諸変数との相関係数を図表4－8に示す。また，男性群の重回帰分析の結果を図表4－9に示す。

　個別的職務満足感では，長期育成方針，協働的風土，上司の支援の順でプラスの関連性を示した。決定係数は0.421，許容度は0.740〜0.839であった。

　全体的職務満足感に対しては，育成重視マネジメント，長期育成方針，仕事のコントロール，配属年数の順でプラスの関連性を示した。決定係数は0.235，許容度は0.697〜0.961であった。

図表 4－6　女性群　ストレインと各変数との Pearson 相関係数

変　　数	個別的職務満足感	全体的職務満足感	抑うつ
個人属性			
年齢	－.092	.150	－.123
最終学歴（大卒以上＝1）	.033	.015	.226
勤続年数	－.222	.025	－.171
配属年数	－.121	.008	.123
業種（製造業＝1）	－.208	.023	－.071
正規従業員数（大企業＝1）	.000	.009	－.299†
役職位（管理職＝1）	－.129	.140	－.153
婚姻状態	－.021	.274†	－.075
子どもの数	.249	.251	－.195
人的資源ポリシー			
短期活用方針	.065	.073	.242
長期育成方針	.467**	.285†	－.291†
HRM諸制度の有無			
MBO制度（あり＝1）	－.175	－.067	－.031
人事考課制度（あり＝1）	－.394*	－.094	.305*
自己申告制度（あり＝1）	－.153	.000	－.075
社内公募制度（あり＝1）	.266	.251	.019
フレックスタイム制度（あり＝1）	.155	.080	－.253†
裁量労働制（あり＝1）	－.102	－.064	.048
在宅勤務・テレワーク（あり＝1）	－.217	－.200	.194
HRM諸制度の運用			
人事考課のフィードバック（あり＝1）	－.113	－.129	.042
自己申告制度の実現度（認められる＝1）	.377*	.308	.164
社内公募制度の実現度（認められる＝1）	—		
MBOの運用			
コミュニケーション重視MBO	.191	－.021	－.050
進捗管理重視MBO	.291†	.209	－.269
評価基準明確化MBO	.250	.187	.026
能力開発制度と運用			
育成重視マネジメント	.569***	.370*	－.034
一般的技能開発	.221	.159	－.125
職場風土			
挑戦的風土	.155	.010	.016
協働的風土	.232*	.176	－.098
競争的風土	－.021	.073	.005
職務特性			
仕事のコントロール	－.043	－.059	－.001
量的労働負荷	－.183	－.178	.054
社会的支援			
上司の支援	.548***	.249†	－.180
同僚の支援	.291†	.079	－.095
家族・友人の支援	.018	－.033	.107

† $p<.10$； * $p<.05$； ** $p<.01$； *** $p<.001$
注：ストレインと有意差のある変数を網掛けで示した。

図表4－7　女性群　重回帰分析の結果

変　　数	個別的職務満足感		全体的職務満足感		抑うつ	
	標準化β	許容度	標準化β	許容度	標準化β	許容度
人事考課制度	—	—			.300*	1.000
自己申告制度の実現度	.373*	1.000				
育成重視マネジメント	.567**	1.000	.370*	1.000		
調整済みR²	.410		.115		.162	
F値	8.641**		6.176*		6.494*	

＊ p＜.05；＊＊ p＜.01
注1：ステップワイズ法（投入基準F値確率＝0.05，除去基準F値確率＝0.05に設定）による重回帰分析。
注2：表中の「—」は重回帰式に投入されたが変数として残らなかったもの，また斜線は当該従属変数については重回帰式に投入されていないことを示す。

　抑うつに関しては，協働的風土の高さ，同僚の支援の高さ，最終学歴の高さが，抑うつの低さと有意に関連していた。決定係数は0.240，許容度は0.975～0.997であった。

図表4－8　男性群　ストレインと各変数との Pearson 相関係数

変　　数	個別的職務満足感	全体的職務満足感	抑うつ
個人属性			
年齢	.113	.133†	－.027
最終学歴（大卒以上＝1）	.002	.029	－.175*
勤続年数	.018	.100	－.004
配属年数	.170*	.232**	－.157*
業種（製造業＝1）	.139†	.196**	－.069
正規従業員数（大企業＝1）	.140†	.059	－.061
役職位（管理職＝1）	.168*	.108	－.046
婚姻状態	.057	.119	－.018
子どもの数	.049	.037	.023
人的資源ポリシー			
短期活用方針	.184*	.226**	－.229**
長期育成方針	.533***	.370***	－.278***
HRM諸制度の有無			
MBO制度（あり＝1）	.160*	.055	－.146†
人事考課制度（あり＝1）	－.023	.023	.003
自己申告制度（あり＝1）	.188*	.063	－.122†
社内公募制度（あり＝1）	.252**	.126†	－.197**
フレックスタイム制度（あり＝1）	.122†	.036	－.025
裁量労働制（あり＝1）	.123	.011	－.025
在宅勤務・テレワーク（あり＝1）	.174*	.055	－.077
HRM諸制度の運用			
人事考課のフィードバック（あり＝1）	.241**	.200*	－.100
自己申告制度の実現度（認められる＝1）	.286**	.112	－.153†
社内公募制度の実現度（認められる＝1）	.313**	.092	－.183
MBOの運用			
コミュニケーション重視MBO	.390***	.218**	－.315***
進捗管理重視MBO	.172*	.182*	－.131†
評価基準明確化MBO	.187*	.203*	－.065
能力開発制度と運用			
育成重視マネジメント	.539***	.386***	－.334***
一般的技能開発	.358***	.250**	－.269***
職場風土			
挑戦的風土	.392***	.199**	－.246**
協働的風土	.546***	.333***	－.398***
競争的風土	－.122†	－.126†	.106
職務特性			
仕事のコントロール	.363***	.322***	－.273***
量的労働負荷	－.072	.026	.094
社会的支援			
上司の支援	.454***	.303***	－.313***
同僚の支援	.168*	.178*	－.317***
家族・友人の支援	.078	.091	－.076

† p＜.10；* p＜.05；** p＜.01；*** p＜.001
注：ストレインと有意差のある変数を網掛けで示した。

図表4－9　男性群　重回帰分析の結果

変　数	個別的職務満足感		全体的職務満足感		抑うつ	
	標準化β	許容度	標準化β	許容度	標準化β	許容度
最終学歴					－.176*	.997
配属年数	―	―	.170*	.961	―	―
長期育成方針	.318**	.777	.199*	.709	―	―
育成重視マネジメント	―	―	.220**	.697	―	―
協働的風土	.316**	.740	―	―	－.352***	.976
仕事のコントロール	―	―	.180*	.881	―	―
上司の支援	.240*	.839	―	―	―	―
同僚の支援	―	―	―	―	－.272**	.975
調整済みR²	.421		.235		.240	
F値	15.327***		12.208***		14.671***	

＊p＜.05；＊＊p＜.01；＊＊＊p＜.001

注1：ステップワイズ法（投入基準F値確率＝0.05，除去基準F値確率＝0.05に設定）による重回帰分析。

注2：表中の「―」は重回帰式に投入されたが変数として残らなかったもの，また斜線は当該従属変数については重回帰式に投入されていないことを示す。

（4）考　察

①　女性群の特徴

　ＭＢＯ制度とフレックスタイム制度の導入比率が男性群に比べて低かったことを除いては，ＨＲＭ諸制度の導入状況について男女両群間で有意差は認められなかった。つまり，これらの制度については男女の区別なく導入される性質のものであることを示す結果となった。

　人的資源ポリシーについては，女性群のほうが短期活用方針を高く，長期育成方針を低く認識している。つまり，自社では従業員を長期的に育成するよりも，必要に応じて即戦力を中途採用して活用することが基本方針であると感じていることになる。これには，女性の勤続年数が短いことも影響していると考えられる。

　また，ＭＢＯの運用に関する3因子のいずれとも，女性群のほうが低い。これは，目標を設定したり，進捗状況の確認をしたり，目標達成度を評価したり

する職場での運用プロセスにおいて，上司と部下とのコミュニケーションが不足しているためと推察される。同様に，育成重視マネジメント因子が男性群よりも低いということは，上司が部下の能力開発やキャリア開発に積極的ではないと，女性群が感じていることの表出といえよう。さらに，女性群のほうが仕事のコントロールが低いという結果は，管理職比率が男性群よりも低い（女性群13.6％＜男性群57.7％）ためと理解できる。その一方で，同僚の支援と家族・友人の支援については，女性群のほうが高い。上司ではなく同僚や家族・友人を頼りにしたり，相談相手としたりしていることがうかがえる結果である。

② 女性群と男性群とのストレインの比較

さて，両群のストレインを比較すると，抑うつおよび個別的職務満足感については男女間で有意差が認められなかった。したがって，女性のストレイン（ＧＨＱ得点あるいは抑うつ）が男性よりも高いという先行研究を直接的に支持する結果とはいえない。しかし，女性群のほうが男性群よりも全体的職務満足感が低いという結果は，先行研究からも十分予測し得る結果といえよう。

③ 組織レベルの要因とストレインの関連性

重回帰分析の結果，男性群では，長期育成方針が個別的および全体的職務満足感との間にプラスの関連性を示したのに対して，女性群では人的資源ポリシーとストレインの間に関連性はみられなかった。これには，上述したように女性群が人的資源ポリシーを短期的なものと認識していることが影響しているものと思われる。

一方，ＨＲＭ諸制度のなかでは，人事考課制度があると抑うつが高いという男性群にはみられない関連性が見出された。ここからは，女性群がこの制度に対して，何らかの不満や不信感を抱いていることが推察される。男女差別のない公平で納得感の高い人事考課制度が求められる。

加えて女性群では，自己申告制度で自分の希望が実現することが個別的職務満足感の高さと関連していた。これは，女性従業員の職務配置や人事異動に関

して，本人の希望やキャリア志向を反映することが必要なことを示唆していると解釈できる。

④ 職場レベルの要因とストレインの関連性

MBOの運用とストレインの間に有意な関連性はなかったが，能力開発制度の運用に関しては，女性群では育成重視マネジメントが個別的および全体的職務満足感とプラス，男性群では全体的職務満足感とプラスの関連性を示した。つまり男女を問わず，職場の上司が部下の能力開発やキャリア開発を重視したマネジメントをすることが，部下の職務満足感の高さに影響するといえよう。

ちなみに男性群では，協働的風土が個別的職務満足感とプラス，抑うつとマイナスに関連することが示された。この結果からは，部下や後輩を育成することや職場での協力関係を重視する協働的風土がストレインを低減する可能性が示唆される。

⑤ 職務レベルの要因とストレインの関連性

仕事のコントロールの高さが，男性群において全体的職務満足感の高さと関連することが示された。これは，Karasek〔1979〕の主張と符合する。量的労働負荷については，先行研究の知見（例えばCooper & Marshall〔1976〕，Hurrell & McLaney〔1988〕）より職務満足感とマイナス，抑うつとプラスに関連することが予測された。しかし本研究では，いずれの群においてもストレインとの間に関連性はみられなかった。

（5）本研究から得られる示唆

以上，これまでの結果を要約していえば，本研究の結果から，組織レベルでは公平で納得感の高い人事考課制度の導入，自己申告制度など本人の希望やキャリア志向に一定の配慮をした配置・異動の実現，職場レベルでは管理職による能力開発・キャリア開発を重視したマネジメントの実行が，女性従業員のストレインを低減させる可能性が示唆された。また，フレックスタイム制度，

裁量労働制，在宅勤務・テレワークといった働き方の柔軟化を意図する勤務形態との関連性が認められなかったことにも留意しておきたい。職業性ストレスの視点から見ると，女性が働きやすい労働環境をつくるには，こうした勤務形態を導入することよりも，上述の評価，配置・異動，能力開発の各側面に配慮するほうが効果的なようである。

（6）本研究の限界と今後の課題

　最後に本研究の限界と今後の課題をいくつかあげる。第1に，サンプル数とサンプリング方法に関する限界である。226という本研究のサンプル数は少ないと言わざるをえない。23.8％という回収率の低さも問題点として指摘しなければならない。これは，回答が人事部門等を通じた必須のものではなく，あくまでも任意であったこと。そして，160を超える質問項目の多さが回答者にとって負担になったことが原因として考えられる。また，厳密なランダムサンプリングを行っているわけではなく，標本に偏りがあることも否めない。つまり，本研究の結果を安易には一般化することはできない。今後は，より適切なサンプリング方法によって抽出した，より適切なサンプル数によって今回と同様の調査研究を行っていくことが求められる。

　第2に，本研究は自記式質問紙による横断的調査であり，今回の結果だけをもって因果関係に言及することはできない。今後は，縦断的調査や面接調査を行うことが求められる。さらに，媒介変数としての個人特性にも着目し，ストレッサーの認知・対処過程などストレインに至る個人差を規定する要因を明らかにしていくことも重要な課題といえよう。

〔参考文献〕
・Beehr, T.A. & Newman, J.E.〔1978〕Job stress, employee health, and organizational effectiveness：A facet analysis model, and literature review. *Personnel Psychology,* 31, pp. 665 - 699.

- Cooper, C. L. & Dewe, P. 〔2004〕Stress―*A Brief History*―. Blackwell Publishing, Oxford.
- Cooper, C. L. & Marshall, J. 〔1976〕Occupational sources of stress : a review of the literature relating to coronary heart disease and mental ill health. *Journal of Occupational Psychology*, 49, pp. 11 - 28.
- French, J. P. R., Rodgers, W., & Cobb, S. 〔1974〕Adjustment as Person-Environment fit. In G.V. Coelho, D. A. Hamburg, & J.E. Adams (Eds.), *Coping and adaptation*. pp. 316 - 333, Basic Books, New York.
- 古屋健〔2001〕「第5章 調査結果―職場・仕事の状況とストレス反応」, 日本労働研究機構『メンタルヘルス対策に関する研究―対策事例・欧米の状況・文献レビュー・調査結果―』, pp. 139 - 159。
- 原谷隆史・川上憲人・荒記俊一〔1993〕「日本語版NIOSH職業性ストレス調査票の信頼性および妥当性」『産業医学』35巻, p. 331。
- Hurrell, J. J. & McLaney, M. A. 〔1988〕Exposure to job stress -A new psychometric instrument. *Scandinavian Journal of Work, Environmental and Health*, 14, pp. 27 - 28.
- Kahn, R. L., Wolfe, D. M., Quinn, R. P., Snoek, J. D. & Rosenthal, R.A. 〔1964〕*Organizational Stress : Studies in Role Conflict and Ambiguity*. John Wiley and Sons Inc., New York.
- Karasek, R.〔1979〕Job demands, job decision latitude, and mental strain : Implications for job redesign. *Administrative Science Quarterly*, 24, pp. 285 - 308.
- 川上憲人, 原谷隆史, 荒記俊一, 村田勝敬, 今中雄一, 岩田昇〔1993〕「職業性ストレスが精神健康に及ぼす影響―日本語版NIOSH職業性ストレス調査票を用いた検討―」『産業医学』35巻, p. 332。
- 厚生労働省〔2003〕「平成14年労働者健康状況調査の概況」。
- 腰塚弘久〔2001〕「日本企業における人的資源戦略の再構築とその課題」経営システム学会編『21世紀の経営システム』, 東方出版, pp. 73 - 105。
- 森美加・中嶋義文〔1999〕「女性性と職場におけるメンタルヘルス―JCQ, BSRIを用いた検討―」, 産業・組織心理学会第15回大会発表論文集, pp. 256 - 259。
- 守島基博〔1999〕「成果主義の浸透が職場に与える影響」『日本労働研究雑誌』474号, pp. 2 - 15。
- Murphy, L. R. 〔1984〕Occupational stress management : A review and appraisal. *Journal of Occupational Psychology*, 57, pp. 1 - 15.
- Murphy, L. R. 〔1988〕Workplace interventions for stress reduction and prevention.

In C. L. Cooper & R. Payne (Eds.), *Causes, Coping and Consequences Of Stress At Work*. pp. 301 - 339, John Wiley and Sons Inc., Chichester.
- 労働省〔2000〕「平成11年度　作業関連疾患の予防に関する研究」，労働の場におけるストレス及びその健康影響に関する研究報告書。
- Siegrist, J.〔1996〕Adverse health effects of high effort／low reward conditions. *Journal of Occupational Health Psychology*, 1, pp. 27 - 41.
- 高橋修〔2004〕「民間企業従業員のストレス反応と成果主義の関連性」『産業ストレス研究』11巻，pp. 257 - 268。
- 渡辺直登〔2002〕「職業性ストレス」宗方比佐子・渡辺直登編著『キャリア発達の心理学』，川島書店，pp. 201 - 228。
- 横山敬子〔2001〕「第4章　関連分野の研究動向―理論・モデル・調査等のレビュー」日本労働研究機構『メンタルヘルス対策に関する研究―対策事例・欧米の状況・文献レビュー・調査結果―』，pp. 97 - 138。

（高橋　修）

第5章

女性労働と次世代育成支援の課題

1 問題提起

　日本社会における女性の継続就労意識が醸成されにくい土壌は雇用システムや社会通念と密接に関連している。日本は伝統的に世帯単位を基盤として社会を構成してきた背景をもつが，特に戦後は経済復興を図る目的で，男性は企業戦士として長時間労働に，女性は専業主婦の見えざる労働や職場の補助職に従事するかたちで，社会が一丸となって労働効率化に邁進してきた。しかしながら，バブル崩壊後は不況の深刻化や人員削減によって雇用不安がもたらされ，安定雇用は神話と化した。構築された雇用システムにも閉塞感が感じられるようになり，少子高齢社会の問題が進行する中で，性別によらず個人能力を重視した継続就労可能なシステム確立が課題とされ，それまで理念・行政上のみで謳われていた雇用平等や男女共同参画がより実質的な男女協働社会形成のための行動措置を伴って進展をみせている。そこで本章では，日本女性の離職率が高く継続就労が困難であることに注目し，女性の就労意識面と雇用システム，および次世代育成支援の内容と，その行動計画中で進められている企業の育児支援課題を考察する。

2 女性労働の現状

（1）女性の就労パターン

日本で一般的にみられる女性の就労パターンは，多くは20歳代で就職し，その後，結婚・育児期にひとまず離職し，子育てが一段落した後に労働市場へ復帰するというものである。このような就労パターンは年齢階級別労働力率曲線でみると，労働力率は子育て期にあたる年齢（30歳前後）で大きな落ち込みをみせ，その後上昇するため，全体がアルファベットのM字に似る「M字型カーブ」となる（図表5－1）。この育児期の落ち込みは年々浅くなっているとはいえ，その形状は依然認識できる。

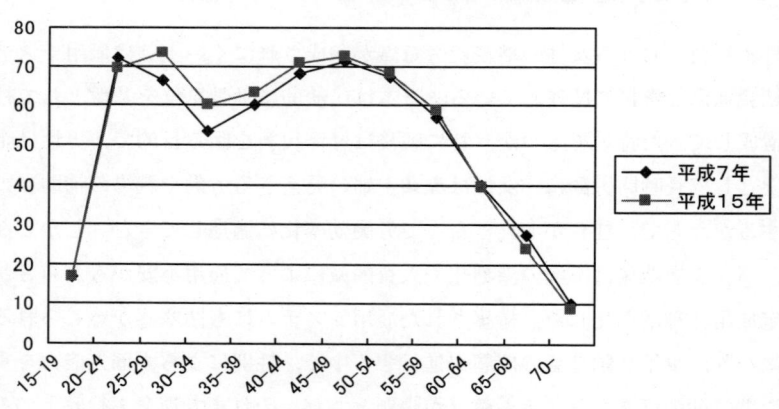

図表5－1　日本女性の年齢階級別労働力率

出所：内閣府『男女共同参画白書（平成16年版）』を基に，著者作成。

日本の労働力率曲線がM字型カーブになる背景には，日本企業社会で構築された性別分業に基づく雇用システムの存在がある。それは，男性が「フルタイムの職員・従業員」として中心的役割を担い，女性は基幹労働者の男性を支え補助的な役割を担う「パート・アルバイト等の労働者」となる傾向の強い雇用システムである。戦後の高度経済成長期以降，日本女性は一般的に一生腰を据えて1つの職場で仕事をするよりも，結婚・出産後に退職し，子育てに専念し，

第5章 女性労働と次世代育成支援の課題

子育て一段落後はパート労働等で家計補助のために職場復帰するという就労パターンを取ってきた。

さらに，4年制大学卒業以上の高学歴女性に特化した女性就労パターンをみると，日本女性は第1子出産後，70%が離職し，離職後は職場復帰しないケースが多い。高学歴女性の場合，家庭の経済状況が職場復帰を強制しない，あるいは必要性があっても自分のニーズに見合う仕事がない，という理由から，中学・高校卒の女性に比べて育児期以降（30代での）職場復帰率が低く，そのため，その労働力率曲線は日本女性全体の労働力率曲線のM字型カーブと異なる「キリン型」の曲線を描く（図表5－2）。女性が高学歴教育で得た能力や知識が反映されず，高等教育が就業に直接結びつかないこのような就労状況は，他のOECD諸国とは様相を異にしており，「人的資本投資の無駄」とも批判されている（OECD, *Babies and Bosses：Reconciling Work and Family Life*, 2003）。

M字型，キリン型の就労パターンをどちらの側面からみても，日本女性の就

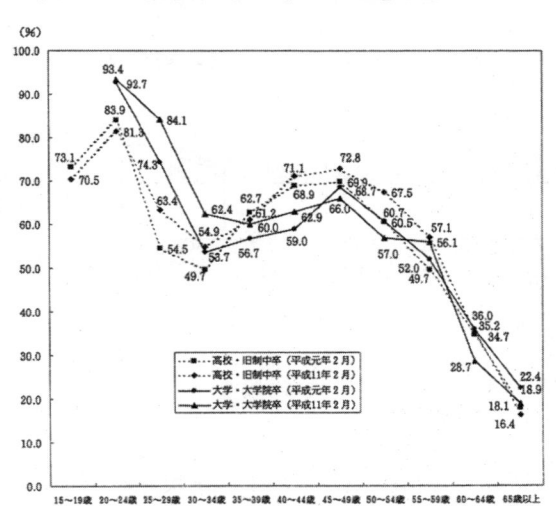

図表5－2　高学歴女性の「キリン型」就労パターン

出所：総務庁統計局「労働力調査特別調査」を労働省にて特別集計。
　　　厚生労働省「平成11年版働く女性の実情」。

労パターンは育児等家庭責任によって大きく左右されている。また,「子育てが女性の役割」とされる性別役割分業概念や女性の離職パターンを前提にして構築された雇用システムの中では,女性の継続就労は奨励されず,社会通念上も,教育上でも,また労働市場においても,積極的に推進されることはなかった。それゆえ,女性の就労意識やキャリア形成意識が定着することは難しく,それが,今日でもなお女性の継続就労が短命になりがちな主要因の1つとなっている。

(2) 日本企業の雇用システム

性別役割分業による就労を雇用者における雇用形態別構成でさらに詳細にみると,性別によって雇用形態が大きく異なることが明らかである。平成14年の統計では,フルタイム雇用者の割合は男性では85.1%と大多数である一方で,女性は女性全体の約半分の50.9%である。女性雇用者の場合,フルタイム以外のパート・アルバイト等非フルタイム雇用者割合も49.2%と多く,フルタイム雇用者割合とほぼ同等の比率を占めている(図表5—3)。

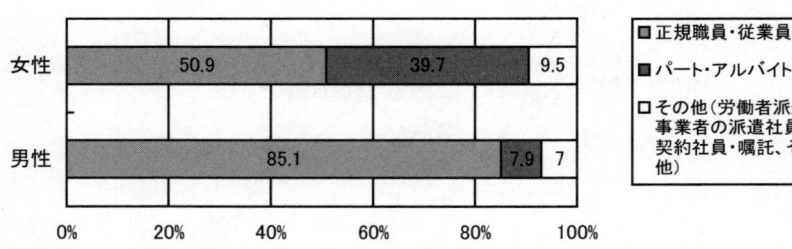

図表5—3　雇用者における雇用形態別構成

	正規職員・従業員	パート・アルバイト	その他(労働者派遣事業者の派遣社員、契約社員・嘱託、その他)
女性	50.9	39.7	9.5
男性	85.1	7.9	7

出所:内閣府『男女共同参画白書(平成16年版)』。

男女雇用機会均等法施行後,多くの企業で雇用システムに基幹業務を担ういわゆる「総合職」と,事務職などの補助的役割を担う「一般職」のコース別キャリア制度が導入された。最近ではこのようなキャリアコース区分は縮小傾

第5章　女性労働と次世代育成支援の課題

向にあるものの，それぞれのコースに従事する女性の割合をみれば，女性がどの程度基幹職へ進出するかについて概観を掌握することができる。総合職に占める女性の割合は明らかに少なく，21世紀職業財団の2000年度の統計では，コース別雇用管理制度を導入している企業（735社）で働く総合職40万5,737人に占める女性数は1万4,135人であり，全体のわずか3.5%にすぎない（図表5－4）。また一企業あたりの平均総合職数では，552人中19.2人と一握りの存在でしかない（21世紀職業財団「大卒者の採用状況及び総合職女性の就業実態調査」，2000年6月7日）。

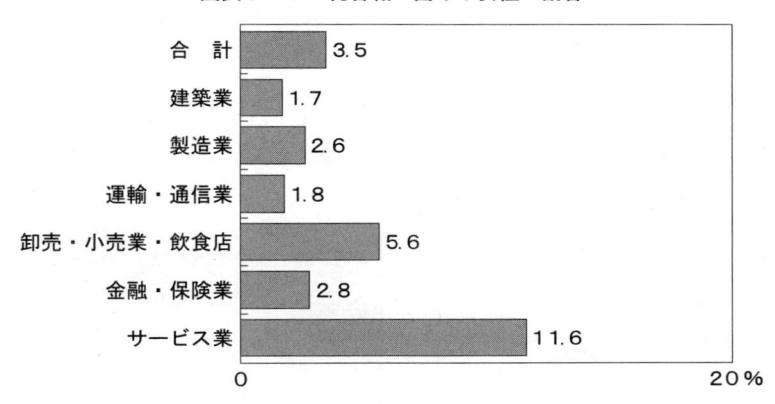

図表5－4　総合職に占める女性の割合

区分	割合(%)
合　計	3.5
建築業	1.7
製造業	2.6
運輸・通信業	1.8
卸売・小売業・飲食店	5.6
金融・保険業	2.8
サービス業	11.6

出所：21世紀職業財団「大卒者の採用状況及び総合職女性の就業実態調査」，2000年6月7日。

このように女性は総合職に付く割合が低いため，その後のキャリアである管理職へ従事する割合も必然的に低くなる。平成12年の統計で女性の役職者を有する企業割合は62%であり（厚生労働省〔2000〕「女性雇用管理基本調査」），同年の役職別の女性管理職割合は，部長レベルが2.2%，課長4.0%，係長8.1%と1割に満たない（21世紀職業財団統計）。この日本の女性管理職割合を他の先進国例であるアメリカ46.0%，ドイツ26.9%，イギリス30.0%，スウェーデン30.5%等と比較しても，その割合は極めて低い（ＩＬＯ "Yearbook of Labour Statistics 2002"）。

第1部　女性の仕事環境と課題

厚生労働省「女性雇用管理調査（平成10年度）」によると，女性管理職が少ない（あるいはいない）理由を企業割合で見た場合，「必要な知識，経験，判断力のある女性がいない（51.5%）」，「勤続年数が短く，役職者になる前に退職する（36.9%）」，「現在，役職に就くための在職年数を満たしていない（32.9%）」という理由が上位3位である。この理由から見る限り，勤続年数の短さが女性管理職の少ない主因となっている。実際，2004年の雇用者のうち，男性の平均年齢は41.3歳（昭和60年38.6歳），平均勤続年数は13.4年（同11.9年）であるが，女性の平均年齢は38.3歳（同35.4歳），平均勤続年数は9.0年（同6.8年）で（2004年厚生労働省「賃金構造基本統計調査」），女性の勤続年数は伸長傾向にあるものの，男性との比較では短く，勤続年数の短さが業務上必要な経験の不足につながり，女性が管理職対象になりにくい原因となっている（図表5－5）。

図表5－5　女性管理職が少ない，または全くいない理由別企業割合

（女性管理職が少ない(1割未満),全くいない役職区分が1つでもある企業＝100）

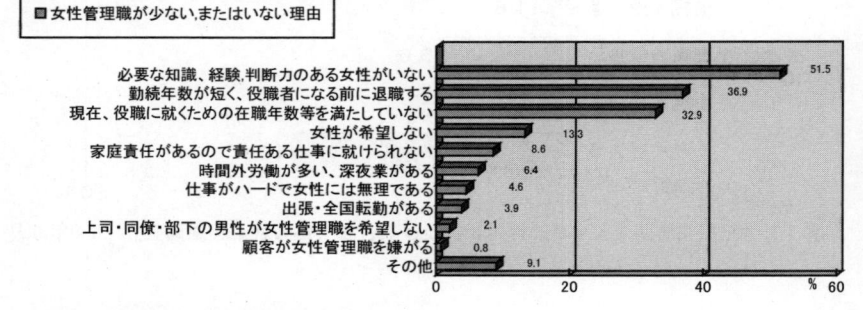

■ 女性管理職が少ない,またはいない理由

理由	%
必要な知識、経験,判断力のある女性がいない	51.5
勤続年数が短く、役職者になる前に退職する	36.9
現在、役職に就くための在職年数等を満たしていない	32.9
女性が希望しない	13.3
家庭責任があるので責任ある仕事に就けられない	8.6
時間外労働が多い、深夜業がある	6.4
仕事がハードで女性には無理である	4.6
出張・全国転勤がある	3.9
上司・同僚・部下の男性が女性管理職を希望しない	2.1
顧客が女性管理職を嫌がる	0.8
その他	9.1

出所：労働省「女性雇用管理基本調査（平成10年度）」。

3　継続就労と女性の就労意識

(1) 女子学生・新規大卒者の就労意識

では，勤続年数が短くなる女性の就労意識とはどのようなものか。日本では大卒者の割合は男性で36.2%，女性で31.5%と，教育レベルでは男女ほぼ同等の高等教育を受けているが，それにもかかわらず，女性の大学卒業後の就業状

況は，男性の94.5％に比べ，64.4％と低い。女性たちがどのような就労意識をもっているかを，毎日コミュニケーションズ「大学生意識調査」2005年度の就職活動期における女子学生の就職観でみると，「あなたの就職観に最も近いものをお選びください」という質問に対し，文系，理系を問わず約4割の女子学生が「楽しく働きたい」と回答し，最多を占めている（図表5－6）。次いで「仕事と家庭の両立をしたい」という回答も見られ，現在の女子学生の間には，これまでの企業社会で見られた仕事優先とは異なる志向があることがうかがえる。

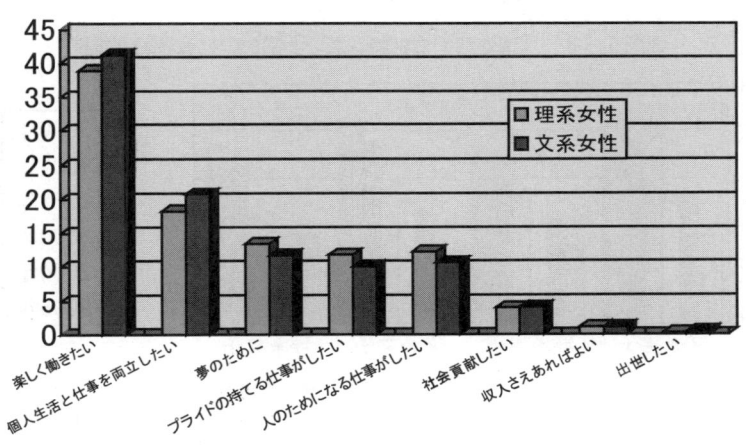

図表5－6　女子大学生の就職意識調査

出所：毎日コミュニケーションズ「大学生意識調査（2005年度）」。
　　　http://navi.mycom.co.jp/saponet/release/ishiki/2005ishiki/data01.html

　また，近年の長かった不況による厳しい就職戦線を反映して，就職活動期には「何が何でも就職したい」という願望が増している。前掲の「大学生意識調査」2005年度では，男女両方を併せた大学生全体の就職希望度は85.2％であるが（図表5－7），男女別では，文系女子の希望度が2002年の78％から2005年の86.2％へと上昇し，男性（文系・理系）および理系女子よりも高い。また理系女子の希望度も，同時期75％から83.5％へと大きく伸びている（図表5－8，5－

第1部　女性の仕事環境と課題

図表5－7　大学生の就職希望度

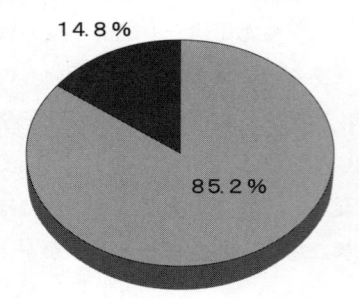

14.8％
85.2％

■A：何が何でも就職したい
■B：希望する就職先に決まらなければ、就職しなくともよい

出所：毎日コミュニケーションズ「大学生意識調査（2005年度）」。
　　　http://navi.mycom.co.jp/saponet/release/ishiki/2005ishiki/data05.html

図表5－8　「何が何でも就職したい」学生の就職希望度推移

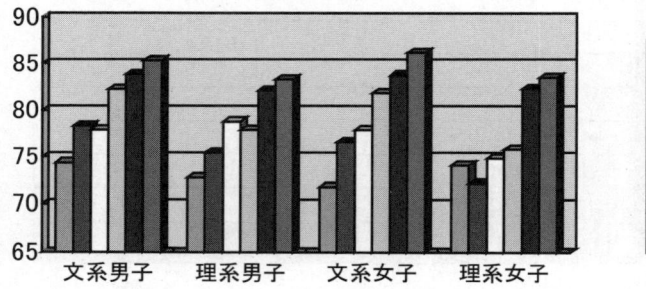

■2000年
■2001年
□2002年
□2003年
■2004年
■2005年

文系男子　　理系男子　　文系女子　　理系女子

出所：毎日コミュニケーションズ「大学生意識調査（2005年度）」、2000～2005年。
　　　http://navi.mycom.co.jp/saponet/release/ishiki/2005ishiki/data05.html

9）。

　このような就職希望度上昇理由としては、不況以外にも、女性の職場進出が進み共働き世帯が増加している現況があげられる。1980年（昭和55年）以降、夫婦ともに雇用者である「共働き世帯」は年々増加の一途をたどり、1997年（平成9年）以降は、男性雇用者と無業の妻からなる、いわゆる「単一収入世帯」を上回った。近年、片働き世帯は減少傾向にあり、2003年（平成15年）は1980年以降で最低の870万世帯となっている（図表5－10）。女性の就労参加増加の背景には、いくつかの要因がある。①女性の高学歴化によって「自分が得た能力

第5章　女性労働と次世代育成支援の課題

図表5-9　文系女子の就職希望度

2000年

文系女子の就職希望度

- 28%：何が何でも就職したい
- 72%：就職先が決まらなければ別にしなくてもよい

2005年

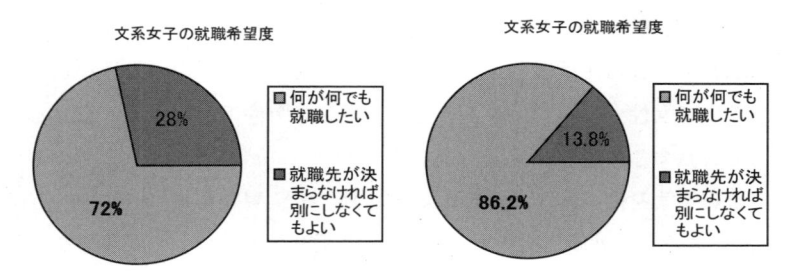

文系女子の就職希望度

- 13.8%：何が何でも就職したい
- 86.2%：就職先が決まらなければ別にしなくてもよい

出所：毎日コミュニケーションズ「大学生意識調査（2005年度）」，2000～2005年。
http://navi.mycom.co.jp/saponet/release/ishiki/2005ishiki/data05.html

図表5-10　共働き世帯数の推移

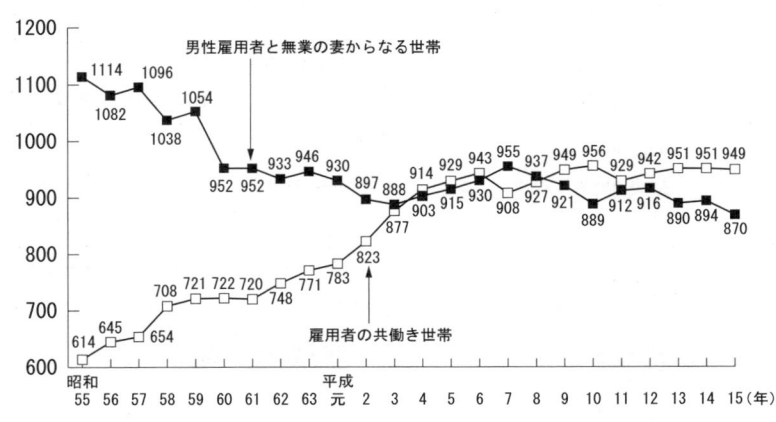

男性雇用者と無業の妻からなる世帯：1114, 1082, 1096, 1038, 1054, 952, 952, 933, 946, 930, 914, 929, 943, 955, 937, 949, 956, 929, 942, 951, 951, 949

雇用者の共働き世帯：614, 645, 654, 708, 721, 722, 720, 748, 771, 783, 823, 877, 888, 897, 903, 915, 930, 908, 927, 921, 889, 912, 916, 890, 894, 870

（昭和55年～平成15年）

注1：昭和55年から平成13年は総務省「労働力調査特別調査」（各年2月），14年以降は「労働力調査（詳細結果）」（年平均）より作成。
注2：「男性雇用者と無業の妻からなる世帯」とは，夫が非農林業雇用者で，妻が非就業者（非労働力人口及び完全失業者）の世帯。
注3：「雇用者の共働き世帯」とは，夫婦ともに非農林業雇用者の世帯。
出所：内閣府『男女共同参画白書（平成16年版）』。

第1部　女性の仕事環境と課題

を社会で発揮したい」という欲求の増大，②男女雇用機会均等法の整備により，男女の区別なく同様の職種に従事する機会の増加，また③不況による雇用不安（67.3％が不安を抱く），および④物価高による生活費維持のために単一収入よりも複数収入による生活設計が好まれる傾向などである。このような企業社会の変化の中で女性が継続就労することは，厳しい条件下とはいえ，自立した個人として成長する大きなメリットがある。

21世紀職業財団「新規大卒者の就職活動等実態調査結果（平成13年）」（図表5-11）によると，就職活動中もその後も，「正社員として」の働き方を希望する割合が他の働き方よりも圧倒的に多い。「多様な働き方」が増加しているとはいえ，実際にはほとんどの人たちは正社員としての働き方を望んでいる。にもかかわらず，現状では多くの女性たちの正社員志向は育児を始めとする家庭責任によりキャリア形成途上で埋没してしまい，その結果，半数近くの女性雇用者が非正社員化しているのである。女性の就労意識が育児等の家庭責任により影響されることは次の統計からも明らかである。21世紀職業財団「新規大卒者の就職活動等実態調査結果（平成13年）」によると，就職活動中の4年制大卒女性および短大卒女性で「結婚，妊娠，出産等家庭の事情で仕事を途中で辞めて

図表5-11　学校，就職活動中と現在の「どういう働き方をしたいか」についての考え方別新規学卒者の割合

	4年生大卒女性	4年生大卒男性	短大卒女性		4年生大卒女性	4年生大卒男性	短大卒女性
正社員として働きたい	93.1	91.6	92.7		84	91.6	83.5
派遣・契約社員として働けるときだけ働きたい	0.8	0.5	0.9		6.1	1.3	2.3
パート・アルバイトとして働けるときだけ働きたい	1.0	0	1.4		2.9	2.2	7.8
決めていない	2.2	3	1.8		5.6	3.5	5.5
不明	2.9	4.9	3.2		1.5	1.3	0.9

出所：21世紀職業財団「新規大卒者の就職活動等実態調査結果（平成13年）」。

第5章　女性労働と次世代育成支援の課題

も再び働きたい」と考えている割合はそれぞれ35.0％，31.2％で最も多い。また，同理由で「辞めたい」と考える割合もそれぞれ14.3％，24.8％ある。女性の場合「定年までずっと働き続けたい」と考えている割合はそれぞれ19.7％，12.4％と少なく，過半数の女性の継続就労は結婚，妊娠，出産等の家庭責任が大きく影響している。一方，4年制大卒男性の場合は，「結婚，妊娠，出産等家庭の事情で仕事を途中で辞めても再び働きたい」は0.5％，同理由で「辞めたい」と考える割合は0.3％とほぼ皆無で，逆に「定年までずっと働き続けたい」と考えた回答が最多の44.2％を占める。このように，就労意識については男女間で際立った対比がある（図表5－12）。

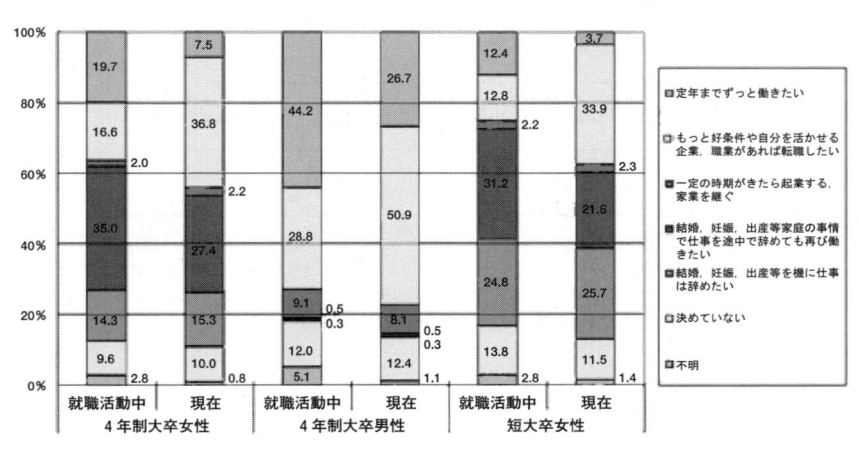

図表5－12　「いつまで働きたいか」についての意識別新規大卒者の割合

出所：21世紀職業財団「新規大卒者の就職活動等実態調査結果（平成13年）」。

同調査で「定年までずっと働き続けたい」と考えていた割合を，就職活動期と一旦仕事に就いた後で見ると，4年生大卒女性の場合は19.7％から7.5％へ，短大卒女性では12.4％から3.7％へと激減する。実際に20歳台前半の女性が10年後に継続就労している割合は大学卒で25％となっている（高専，高校，短大はそれ以下である）（図表5－13）。これは仕事の内容や職場条件・環境の中に継続就労促進要因が欠如し，女性への継続就労阻止要因が働くことを意味している。

第1部　女性の仕事環境と課題

先に考察した「何が何でも就職したい」という就職希望度の急激な上昇がある一方で，多くの女性たちは確立された雇用システムに足を踏み入れると間もなく，継続就労意識を削がれて，経済的自立や主流で働く機会を失っているのである。

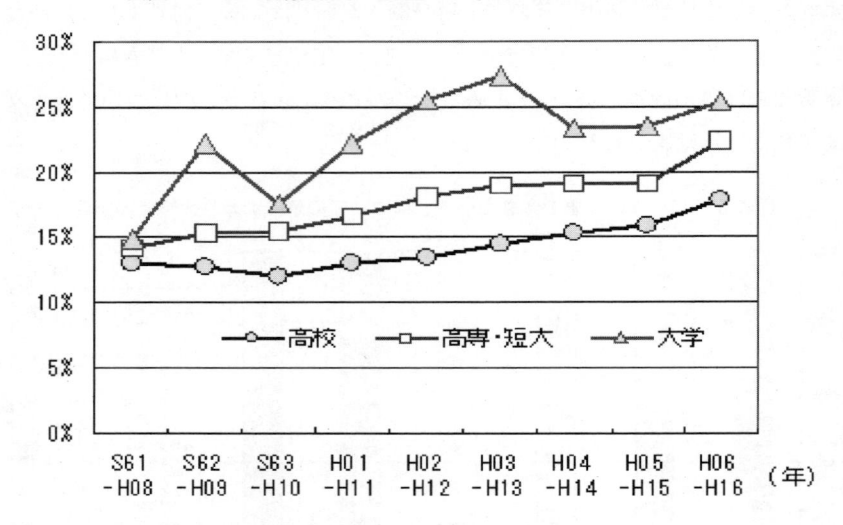

図表5－13　20歳台前半の女性の10年後における継続就業割合

出所：厚生労働省「働く女性の実情（平成16年版）」。

（2）継続就労中断で失われるもの

継続就労中断によるロスは上記のような非基幹職を余儀なくされる「キャリア形成上のロス」と，それに伴う「経済上（所得）のロス」という二重のロスを生み出す。『国民生活白書（平成17年度版）』にある試算（図表5－14）によると，大卒の女性標準労働者が，就業中断なく定年（60歳）まで勤務した場合には，賃金の2億5,377万円と退職金の2,269万円を合計した2億7,645万円を生涯に得ると推計されている。これに対し，育児休業制度を利用して同一企業に復職する場合，生涯給与は2億3,503万円となり，退職金算定は休職しなかった場合に比べると，2年の休業期間により2,234万円となるが，定年までの賃金上昇に

第5章　女性労働と次世代育成支援の課題

図表5－14　出産・育児に伴う生涯所得ロス

(単位：万円)

就業を継続した場合	給　与	25,377
	退職金	2,269
	合　計	27,645
育児休業を取得して働き続けた場合	給　与	23,503
	退職金	2,234
	合　計	25,737
	逸失率	6.9%
出産退職後，子どもが6歳時に再就職した場合	給　与	16,703
	退職金	1,006
	合　計	17,709
	逸失率	35.9%
出産退職後，パート・アルバイトとして子どもが6歳時に再就職した場合	給　与	4,827
	退職金	86
	合　計	4,913
	逸失率	82.2%

注：算出諸条件は「機会費用の推計結果」(内閣府『国民生活白書（平成17年度版）』) 第3－1－24図備考欄の通り。
出所：内閣府『国民生活白書（平成17年度版）』。

より逸失率は結果的に6.9%にとどまって，生涯所得は2億5,737万円となる。一方，第1子出産を機に退職し，第2子出産後1年を経過し，一般労働者として別の企業に再就職した場合を仮定すると，同一企業に復職する場合と比べて，経験年数のリセットや賃金カーブの下降，退職金の低下によって逸失額は5,880万円（逸失率21.3%）となる。なお，出産後3年での再就職を仮定すると，逸失率は25.2%，6年で35.9%と，機会費用はいっそう増加する。

さらに，実際に最も多いと考えられるパート・アルバイトとして再就職する場合，年齢が上昇しても年収が増加しないため，第2子出産1年後の再就職では2億2,100万円，同3年後では2億2,400万円，6年後の再就職では2億2,700万円の逸失額となり，6年後の逸失率は82.2%に達し，生涯所得は4,913万円となる。このように，「フルタイムで継続就労した場合の生涯所得2億7,645万円」と，「パート・アルバイトとして子どもが6歳時に再就職する場合の4,913万円」

では「5.6倍の所得格差」が生じることになる（『国民生活白書（平成17年度版）』）。

経済的に自立するメリットはさまざまな面で表れる。例えば自分が何かを行いたい場合にも，経済力の有無により行動範囲，達成範囲は大きく変わってくる。それは例えば，生活を営むための「生活維持能力」，他人に依存せずに自分自身で決定できる「自己決定権」，子どもを育てる際の「教育費支払能力」，持ち家を持つ場合などの「ローン支払い能力」などである。これらは自らの行動範囲に大きく影響し，社会生活を営む上で非常に重要となる「経済的自立力」であり，継続就労により身につけられるものである。

しかしながら，このような経済的自立力は，従来，男性特有の能力として認知され，女性が持つべき能力として享受されてこなかった。継続就労中断で失われる女性のキャリア形成や経済的自立についての事実は教育上もあまり語られず，強調もされてこなかった。日本における社会通念と確立された雇用システムの中で女性労働のあり方は，経済的自立よりも育児責任による離職と家庭責任に重きがおかれ，女性の継続就労意識の中には，短期的視野は存在しても，長期的キャリア形成ビジョンは欠如しがちである。継続就労中断によるキャリア形成の二重のロスは，教育上触れられることが少ないため，現況ではしばしば人生の中盤で，現実に直面して初めて認識されうるのである。

4　女性が働き続けるために―育児支援課題―

(1) 継続就労と次世代育成支援

では，二重のロスを最小限に食い止め，キャリア形成しながら働き続けていくために必要なことは何か。子ども未来財団の「子育てに関する意識調査」(2000年)で女性が働き続けるために職場が改善しなければならない点（女性回答）としてあげられた回答で最も比率が高いものは，「子育てにより生じる仕事上の制約に対する職場の理解不足」(67.1%)である。次いで「年齢制限等により女性の雇用が困難な状況」(38.3%)，「育児休業やフレックス等，職場の支援制度が不十分である点」(27.1%)，「勤務時間にあわせた保育をしてくれるとこ

ろが少ない状況」(25.7%),「企業内保育所が整っていない点」(21.2%) となっている。換言すれば,この調査によると女性が働き続けるために職場が改善しなければならない点は,年齢制限による雇用状況以外はすべて「子育て」に関する改善点であり,この観点から,女性が働き続けるためには,「職場における子育て支援措置が不可欠」であるといえる。

　少子化に拍車がかかり,次世代育成支援必要性の高まる中,子育てへの逆風を追い風に変えうるさまざまな次世代支援措置が講じられてきている。日本で少子化が一般に認識されるようになったのは1990年の「1.57ショック」によってであり,この合計特殊出生率の低さが日本社会に警鐘を鳴らした。その後,さまざまな対策が講じられてきたが,この10余年間,子育てを担いながら働く従業員にとって職業生活と家庭生活の両立問題は依然として深刻なままであり,打開策の進展が顕著な効果を上げるには至らなかった。

　そこで,2003年,「次世代育成支援対策推進法(以下,「次世代法」)」(7月16日施行,8月8日公布) が誕生し,この年が「子育て元年」と称されて次世代育成支援に本腰を入れるかたちとなった。2003, 2004年の合計特殊出生率は「1.29」(史上最低)で,今後の改善は容易ではないが,次世代法は国策として大きく社会を変える推進力となりうる。同法は2005年度から10年間の時限立法であり,国において地方公共団体および事業主が行動計画を策定する際の指針を策定し,事業主等に行動計画の策定をさせるものである。一般事業主行動計画(企業等)においては,大企業(301人以上)は義務づけられ,中小企業(300人以下)は努力義務となっている。次世代法は,大企業に行動計画を義務づけ,中小企業にも努力義務とすることにより,今まで進展の遅かった子育て支援,従業員支援,ひいては職業生活と家庭生活にも配慮した職場改革に変革をもたらすと考えられる。企業は計画策定にあたっての基本的な視点として,①労働者のニーズを踏まえた取組みの視点,②企業全体での取組みの視点,③企業の実情を踏まえた取組みの視点,④社会全体による支援の視点から,一般事業主行動計画を2～5年間で作成し,達成する。目標としては推進体制の整備や労働者の意見反映等を重要視して,客観的に判断できる制度の利用状況や制度の導入を企業の

実情に応じて設定する。

　達成度が次世代法の一定の基準に適合すれば，認定申請を行い，認定マークを受理できる。一定基準とは次の7項目である。「1．行動計画策定指針に照らした適切な雇用環境整備についての行動計画策定，2．行動計画期間が2～5年，3．行動計画の実施と定めた目標の達成，4．計画期間内に男性の育児休業等取得者がいて，かつ女性の育児休業等取得率が70％以上，5．3歳からの未就学児を持つ労働者対象の育児休業制度か勤務時間短縮当の措置に準ずる措置を講じた，6．所定外労働削減措置，年次有休休暇取得促進措置，その他働き方の見直しに資する多様な労働条件整備のための措置のいずれかを実施，7．法および法に基づく命令その他関係法令に違反していないこと」である。

　一般事業主行動計画の内容に関する事項としては，子育てを行う労働者等の「職業生活と家庭生活との両立を支援するための雇用環境の整備」，「妊娠中及び出産後における配慮」，「子どもの出世時における父親の休暇取得の促進」，「育児・介護休業法の規定を上回る」，「より利用しやすい育児休業制度の実施」，「育児休業期間中の代替要員の確保」や「育児休業中の労働者職業能力の開発・向上等」，「育児休業を取得しやすく，職場復帰しやすい環境の整備」，「事業所内託児施設の設置及び運営」，「子どもの看護のための休暇の措置の実施」，「育児等退職者についての再雇用特別措置等」の実施がある。

（2）育児支援制度の課題—育児・介護休業法—

　上記のように，育児は次世代法の中でも大きな課題であり，そのための政府のこれまでの力点は全体から見ると育児休業を中心とした施策におかれてきたという感がある。育児・介護休業法は，女性差別撤廃条約およびILO家族的責任条約に基づき，1991年に女性だけでなく男性にも適用される育児休業等に関する法律として制定された（1991年5月8日成立，同年5月15日公布，1992年4月1日施行）。育児・介護休業法は正式には「育児休業，介護休業等育児又は家族介護を行う労働者の福祉に関する法律」（平成3年法律第76号）といい，これまで3度の改正を経て2005年4月1日に現，改正育児・介護休業法として施行され

た。

　同法第5条では，労働者は，その養育する1歳に満たない子について，その事業主に申し出ることにより，育児休業をすることができる。ただし，期間を定めて雇用される者にあっては，①「当該事業主に引き続き雇用された期間が1年以上である者」，②「その養育する子が1歳に達する日（以下，「1歳到達日」）を超えて引き続き雇用されることが見込まれる者（当該子の1歳到達日から1年を経過する日までの間に，その労働契約の期間が満了し，かつ，当該労働契約の更新がないことが明らかである者を除く）」のいずれにも該当するものに限り，その申し出ができると定められている。

　また，労働者は，その養育する1歳から1歳6か月に達するまでの子について，①「当該申出に係る子について，当該労働者又はその配偶者が，当該子の一歳到達日において育児休業をしている場合」，②「当該子の一歳到達日後の期間について休業することが雇用の継続のために特に必要と認められる場合として厚生労働省令で定める場合に該当する場合」のいずれにも該当する場合に限り，事業主に申し出ることによって育児休業することができる。ただし，期間を定めて雇用される者で，その配偶者が子の1歳到達日において育児休業をしている者については，①当該事業主に引き続き雇用された期間が1年以上である者，②その養育する子が1歳に達する日（以下，「1歳到達日」）を超えて引き続き雇用されることが見込まれる者（子の1歳到達日から1年を経過する日までの間に，その労働契約の期間が満了し，かつ，当該労働契約の更新がないことが明らかである者を除く）のいずれにも該当するものに限り，この申し出ができる。

　労働者が1歳6か月まで育児休業ができる場合とは，「保育所に入所を希望しているが，入所できない場合」か，「子の養育を行っている配偶者であり1歳以降子を養育する予定であったものが，死亡，負傷，疾病等の事情により子を養育することが困難になった場合」である。その場合，育児休業中の労働者が継続して休業するほか，子が1歳まで育児休業をしていた配偶者に替わって，子の1歳の誕生日から休業することができる。また，事業主は，育児休業，介護休業や子の看護休暇の申し出をしたことまたは取得したことを理由として，

労働者に対して解雇その他不利益な取扱いを禁止している（法第10条，第16条，第16条の4）。

同改正育児・介護休業法はこれまでフルタイム雇用者のみを対象としていたが，パートタイマー等の「一定の範囲の期間雇用者」であっても1年以上継続雇用され，休業後も継続雇用が見込まれる場合には対象となると改正された点で評価される。それは，育児の主たる担い手である女性の多くが期間雇用者であり，また育児理由による離職率も高いため，この対象拡大が継続就労面で一定の効果をもたらすと期待されるためである。育児休業期間も改善前の「1歳」から，認められれば「1歳6か月」へと延長されている（3歳から小学校に入学するまでの子を育てる労働者について上記勤務時間の短縮等の措置を講ずることが，事業主の努力義務として求められている）。

さらに，子の看護休暇も創設され，改善前の事業主の努力義務から，小学校就学前までの子を養育する労働者は，1年に5日まで病気・けがをした子の看護のために休暇を取得できるようになっている（図表5—15）。

図表5—15 育児・介護休業法改正のポイント（2005年4月1日施行）

ポイント	改正後	改正前
育児・介護休業対象者の拡大	雇用継続予定の一定範囲の期間雇用者	期間雇用者は対象外
育児休業期間	認められれば子が最長1歳6か月に達するまで	子が1歳に達するまで
介護休業取得回数制限	対象家族1人につき，常時介護を必要とする状態に至るごとに1回（通算93日まで）	対象家族1人につき1回のみ。期間は連続3か月まで
子の看護休暇	1年に5日まで病気，怪我による子の看護のために休暇取得	事業主の努力義務

出所：厚生労働省「育児・介護休業法における制度の概要」。
　　　http://www2.mhlw.go.jp/topics/seido/josei/hourei/20000401-38.htm

第5章　女性労働と次世代育成支援の課題

　2004年，出産した女性労働者に占める育児休業取得者の割合は女性70.6%（図表5—16），男性0.33%であり，「少子化対策プラスワン」で掲げた女性の育児休業取得率目標80%を下回り，さらに男性の場合は目標値10%と大きくかけ離れている。育児における性別役割分業を緩和していくことが，それを理由にキャリアを選択しない女性労働の現状から，男女ともに継続就労していける方向へ向かう手立てとなるだろう。男性も育児休業をできれば取得したいと考える割合は今や過半数を超える。取得しにくい理由として「仕事の量や責任が大きい（68%）」「収入が減少し，家計に影響する（60%）」「職場で理解が得られない（48%）」が挙げられている（こども未来財団〔2000〕「子育てに関する意識調査事業」）。このような現況に鑑み，所得保障と利用度を向上させることがまず不可欠である。今後の措置としては，例えば，育児休業期間の所得保障を4割から6割にまず上げ，職場での育児休業取得を社会的にも職場においても一般化させ，「育児休業を取得しにくい」という雰囲気を取得しやすい雰囲気へ転換し，取得者数を増加させることが当面必要である。

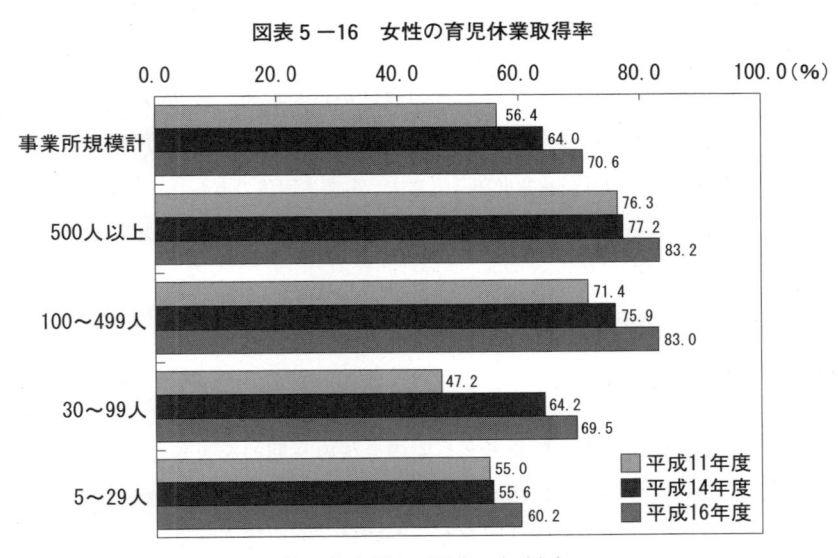

図表5—16　女性の育児休業取得率

事業所規模	平成11年度	平成14年度	平成16年度
事業所規模計	56.4	64.0	70.6
500人以上	76.3	77.2	83.2
100～499人	71.4	75.9	83.0
30～99人	47.2	64.2	69.5
5～29人	55.0	55.6	60.2

出所：厚生労働省「女性雇用管理基本調査（平成16年度）」。

そのための詳細な措置として、「代替要員の確保」のいっそうの推進があげられる。有効な方策として、1つの空いた部署を別の部署の人員が研修として次々にドミノ式に補充していくパタゴニア社の「ドミノ方式」と呼ばれる人員補充がある（中村〔2003〕）。これは、1つの空きによってできる仕事量の分担による他の従業員への負担を軽減できる効果的な代替要員方式である。また、この実行段階においては、助成金の利用も有効であり、例えば「育児休業代替要員確保等助成金」を活用することもできる。これは育児休業取得者が、育児休業終了後は原職または原職相当職（以下、「原職等」）に復帰する旨の取扱いを労働協約または就業規則に規定した上で、育児休業取得者の代替要員を確保し、かつ、育児休業取得者を原職等に復帰させた事業主へ助成するものである。対象労働者が最初に生じた場合、中小企業で40～50万円、大企業では30～40万円の助成が受けられ、2人目以降の対象労働者が生じた場合は、1人あたり最初に対象労働者が生じた日の翌日から3年間、最初の対象労働者とあわせて（1事業所あたり1年度20人を限度として）、中小企業15万円、大企業10万円が支給される。また、原職等の復帰について、2000年3月31日までにすでに就業規則等に規定している事業主の場合には、2000年4月1日以降対象労働者が生じた場合、1人あたり対象労働者が生じた日の翌日から3年間、最初の対象労働者とあわせて1事業所あたり1年度20人を限度として、中小企業15万円、大企業10万円が支給される（21世紀職業財団「事業主・事業主団体の方へ」）。このような助成金も活用しながら、今後の次世代育成支援と労働条件・環境の向上を図ることが期待されている。

5　今後の展望

女性労働と次世代育成支援を考える際の今後の長期的な改善点をあげておきたい。上記で考察した次世代法には次のようないくつかの改善点がある。
① 数値目標の欠如。数値目標がないために、どの程度推進すればよいかが曖昧となる。

② 企業間での目標設定基準のばらつき。したがって，企業間での達成度には大きな隔たりが生じうる。また，各社の異なる状況にあわせて目標を設定することから，最初に設定する目標が低ければ，大きな改善は望めない。
③ 建前制度と実態の差。行動計画提出のための表向きの制度のみを計画に盛り込み，本当に利用ニーズが高い制度が盛り込まれない，あるいは，逆に制度はあっても利用度が伴わないということも起こりうる。
④ 認定基準の偏り。認定基準の4にある「計画期間内に，男性の育児休業取得者がおり，かつ，女性の育児休業等取得率が70％以上だったこと」については，先述の2004年の育児休業取得者の割合（女性70.6％，男性0.33％）と「少子化対策プラスワン」で掲げられた目標値（女性80％，男性10％）に鑑みたものであるが，かなり格差があるため，将来的には是正される必要がある。また，極端な考え方でみると，いかに次世代育成支援に対して多大な企業貢献を（寄附や活動などで地域などに）行い，働きやすい条件や制度が整っている職場であったとしても，従業員が子育て期にない高齢者がほとんどを占めるような企業であれば，この認定基準の4がある場合，認定はされないということになる。
⑤ 行動計画罰則規定。次世代法では301人以上の労働者を雇用している事業主に対しては「義務」としているにもかかわらず，これに違反した場合の罰則規定が設けられていない。事業主が届け出を行わない場合には，国が勧告することができる（同法第12条第4項）とされているが，罰則がなければ，完全な義務であるとはいい難い。

次世代法は10年間の時限立法であり，働き方のみの向上を推進するものではなく，あくまでもその名の通り，次世代を育成支援するものである。今後はこれを基礎としてさらに発展したかたちで職業生活と家庭生活の両立が可能な働き方を推進していくことは変わらない。したがって今後は達成状況を行動計画後も実質的利用度を数値化し，利用度を伴うかどうかを，数値目標を掲げてモニターしていく機能が必要である。また，企業全体がジェンダーや年齢的な格差なく，次世代支援を行えるように改善し，さらに計画遂行についての罰則規

定も設ける必要があるといえる。

　育児休業取得については，利用度の推進をさらに図る必要がある。その際に，いっそう従業員ニーズを考慮する必要がある。育児休業を1年ないし1年半という長い期間のみで取得する以外に，例えば，週に3日や1日のうち半日等という，勤務時間短縮等の措置（法第23条第1項関係）とのコンビネーションあるいは変形形態として単発的休業を不規則でも取得できるようにする可能性をここで提起しておきたい。現在の短時間勤務の制度は通常の勤務時間を短縮，あるいは日数を削減することから，所得保障および雇用保険適用対象から外れてしまう範疇に労働者が陥ることもある。そのため，所得保障が著しく低下したり，また雇用保険が適用外となったりするケースが生じる。

　したがって，育児休業制度を利用する上での安全網をまず確実にする必要がある。例えば，所得保障については現行では雇用保険により4割が保証されるが，これでは不十分だという理由から育児休業を取得しない従業員（特に男性）が多いため，所得保障率を引き上げていくことが不可欠である。例えば，雇用保険で6割以上をカバーし，残り4割を企業等が負担するなどして100％の所得保障となれば，労働者の経済的負担による不安については解消することができよう。また，短時間勤務の場合，単発的であれば，短時間勤務制度よりもむしろ有休を利用したほうが面倒でないというケースも多い現状に鑑み，今後は有休を取らなくても短時間勤務制度を利用できるよう，従業員の視点に立った育児支援制度を早急に制度化する必要がある。

　確立された雇用システムの中で見る女性労働の課題は，離職理由となる育児負担を軽減するための育児支援を推進することである。日本社会は現在，次世代法の行動計画によって，仕事と家庭の両立可能な職場づくりを模索している段階である。企業をエンジンとして，実質的実行力ある支援展開を進めることは大きなステップとなりうる。企業への執行力次世代法は今まで進展の遅かった職場での育児支援を活性化しうるものであり，子育て責任のある従業員支援の追い風となるものである。企業等の一般事業主に行動を起こさせ，支援の牽引力に至らしめる意味合いで「追い風」になる可能性が大いにある。

第5章　女性労働と次世代育成支援の課題

　次世代法のメリットを最高に活かすためには，行政が労働者の視点に立った法改正を推進し，支援の法制度，助成金制度のＰＲをさらに行い，企業がそれらを利用できるよう補助する機能を向上させることが重要である。一方で，企業は「職場優先の意識や固定的な性別役割分担意識の是正のための意識啓発」をすることが必要である。また，行政の指導により，地方における教育訓練セミナーを一層強力なものにし，就労意識や制度利用について啓蒙し続けていくことが必要である。そうすれば，女性労働面でも今後は意識高揚も見られ徐々に強化されていくだろう。行政，企業，地域の連携により，今後はより実質的な育児支援が可能になり，育児理由で職業生活が妨げられないような労働条件や環境が整えられていくことだろう。追い風を活かしてうまく受け続けられるかどうかは，今後のわれわれの取組み次第なのである。

〔参考文献・ＵＲＬ〕
・「育児・介護休業法」
　http://law.e-gov.go.jp/htmldata/H03/H03HO076.html
・厚生労働省「少子化の現状と次世代育成支援対策について」平成15年
・厚生労働省「職業生活と家庭生活との両立のために」
　http://www.mhlw.go.jp/general/seido/koyou/ryouritu/index.html
・厚生労働省「育児・介護休業法における制度の概要」
　http://www2.mhlw.go.jp/topics/seido/josei/hourei/20000401-38.htm
・21世紀職業財団
　http://www.jiwe.or.jp/gyomu/support/index.html
・中村艶子〔2003〕「第9章　企業による育児支援の有効性」筒井清子・山岡熙子『グローバル化と平等雇用』，学文社，pp.171-188。
・内閣府「国民生活白書（平成17年度版）」

（中村　艶子）

第1部　女性の仕事環境と課題

第6章

「仕事と家庭の両立」と介護休業制度

　要介護高齢者が急増するなか，在宅介護の比重はいちだんと高まるものと推察される。家族だけで支えるのも，ケアマネジャーやホームヘルパーなど社会的支援の担い手たちだけで支えるのも困難となっている状況にあって，家族と社会的支援の担い手たちとの連携は欠かせない。介護を専ら担ってきた女性の社会参加や就業意欲の高まり，あるいは就業圧力が強まりつつある今日，仕事と家庭の両立を図るためにも，こうした連携は重要である。家族がケアマネジャーやホームヘルパーとの関係を密に保つためには，多くの時間を必要とする。家族がこうした必要な時間を確保しつつ，仕事と介護を両立させていくことができるよう支援するためにあるのが介護休業制度である。2005年4月から施行された改正育児・介護休業法では，同一家族に対して複数回の休業取得が認められ，また，制度の適用対象となる労働者の範囲が拡大された。このように介護休業制度の改善・整備は進んでいるが，それによって利用状況の改善なり取得率の上昇が果たされているのだろうか。その検証は進められているのだろうか。あるいは，他にも改正すべき重要な事項がないだろうか。

　この章ではこうした問題関心を背景に，「仕事と家庭の両立」支援のひとつの柱である介護休業制度について，①働きながら家族の介護を行う労働者に対する援助措置，②介護休業制度の利用状況という2つの視点から取り上げ，検討していく。

第6章 「仕事と家庭の両立」と介護休業制度

1　重要度を増す介護休業制度とその背景

(1) 高齢化の進行と先鋭化する介護問題

　図表6-1は，国立社会保障・人口問題研究所「日本の将来推計人口（平成14年1月推計）」の資料をもとに，1950年，2000年，2050年（推計値）の人口の年齢別構成を図示したものである。100年の間に理想的なピラミッド型が樽型に，さらに逆ピラミッド型に移行するのがわかる。同資料によると，日本における高齢化の進行は，1950～60年代は緩やかなものであった。全人口に占める65歳以上の人口の割合を示す高齢化率は，1950年の4.9％から1970年の7.1％まで，2％あまりの増加に20年のときを要した。しかし，1970年以降，高齢化のスピードは急激にアップし，24年後の1994年には14.1％と倍増し，高齢化社会から高齢社会に移行した。さらに，高齢化のスピードは落ちず，2010年には22.5％と2割を超え，2050年には35.7％に達する。その間，2020年には後期高齢者（75歳以上の高齢者）の比率が前期高齢者（65～74歳の高齢者）の比率を上回る。

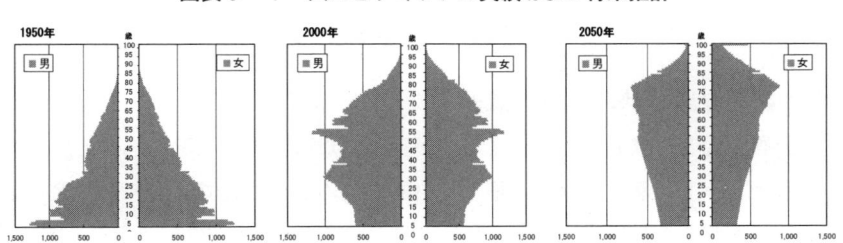

図表6-1　人口ピラミッドの実績および将来推計

出所：総務省統計局『国勢調査報告』，国立社会保障・人口問題研究所『日本の将来推計人口（平成14年1月推計）』により作成。

　高齢化の進行とともに，介護を必要とする高齢者の増加が予想されている。その数は，厚生労働省の推計によれば，2000年に280万人であったのが，2010年に390万人，2025年に520万人にのぼる[1]。こうした要介護高齢者をどう支

えていくか，その態勢作りは大きな社会問題となって今に至っている。

わが国では，家族が高齢者の面倒を見，それが困難な場合に例外的に国が見るのが通例であった。しかし，近年，家族の介護力の衰えがつとに指摘されている[2]。急激な高齢化の促進要因となっている長寿化および少子化は，家族の介護力を弱める方向に作用している。これまで家事や育児・介護など家庭の仕事を一手に引き受けてきた女性の役割変化も大きい。「専業主婦」という生き方は，仮に望んだとしても経済的にも難しくなりつつあり，また，女性の就労・共働きを当たり前の生き方として社会が求める時代になってもきた。その結果，介護に割かれるエネルギーは小さくなり，相対的に介護負担は重いものとなっている。60歳を過ぎた子どもが親の面倒をみるといった老老介護も増えている。厚生労働省「平成16年　国民生活基礎調査の概況」によれば，その比率は5割を超え，担い手は圧倒的に女性の比率が高い。また，最近は，晩婚化や出産の高齢化を背景に30代，40代の女性の育児と介護の同時負担が問題状況として指摘されつつある（『アエラ』No.36，2004年8月9日号）。

上記のさまざまな事情が示唆するように，女性だけが家事・育児・介護を担うという旧来の性別役割構造が変わらない限り，家族の介護力は衰えていくのは必然の趨勢となっている。

（2）在宅介護態勢の構築と課題

要介護高齢者を家族だけで支えるのが困難になってきた状況を踏まえて，近年，図表6−2に示すような家族と社会的支援の2つの柱で高齢者を在宅で支える態勢が整えられ，また，2つの柱を補強する仕組みが構築された。「家族」については，1995年に介護休業法が施行されて介護休業制度の整備が事業主の努力義務となり，1999年にはすべての事業主に義務づけられることとなった。「社会的支援」については，2000年に介護保険制度が実施され，居宅介護の面では訪問介護（ホームヘルプサービス）・訪問入浴介護・訪問看護・通所介護などの多様な種類の居宅介護サービスが用意された。また，これらのサービスを組み合わせて最善の介護態勢を整える役を担う介護支援専門員（ケアマネ

第6章 「仕事と家庭の両立」と介護休業制度

ジャー）も配置された。こうして，2本の柱が協力して高齢者を支える在宅介護支援態勢が整えられたのである。

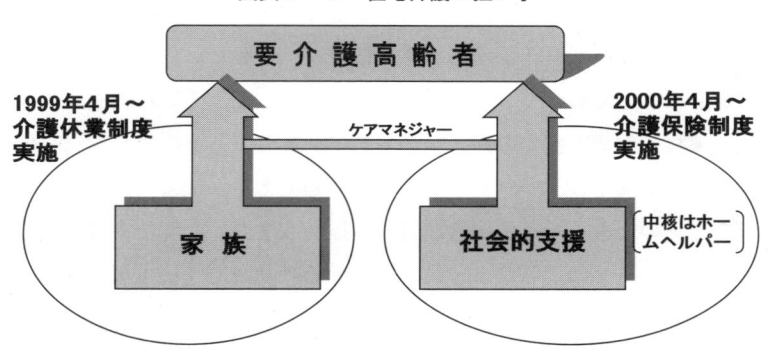

図表6-2　在宅介護の担い手

要介護高齢者

1999年4月〜
介護休業制度
実施

ケアマネジャー

2000年4月〜
介護保険制度
実施

家　族

社会的支援

[中核はホームヘルパー]

　家族という柱も社会的支援という柱もそれぞれ瑕疵があり[3]，単独で高齢者を支えることは難しい。それゆえに，2つの柱が相互に補い合いながら支えていくことが必要不可欠である。この2つの柱をつなぐ役割を担うのがケアマネジャーであり，介護保険制度の根幹をなす存在であるといえる。たとえていえば，家族と社会的支援という2本の柱をつなぐ梁となるのが，ケアマネジャーである。とはいえ，ケアマネジャーに委ねてしまうだけでは，梁はわたせない。家族は主体性をもってケアマネジャーに相対することが求められる。

(3) 介護休業制度の機能
　　―家族とケアマネジャー等との連携を促進するもの―

　要介護高齢者を抱えた家族は，ケアマネジャーに相談してサービス提供事業者を決める前に，まず家族自身で老親（要介護高齢者）の要望や自分たちのなし得る事柄などについて検討し，どのような社会的支援，どのような介護サービスが必要かを熟考しておくことが大切である。さらに，1人ではなく複数のケアマネジャーと話してみる，いくつかの訪問介護サービス事業者を見学すること等も必要となるだろう。専門家だからケアマネジャーに委ねておけば大丈夫

だろうでは，納得できるサービスは得られないからである。

　とはいえ，仕事をしながらそうした活動を行うことは困難を伴う。そのために導入されたのが介護休業制度であり，その趣旨は，「仕事に就いている家族が仕事との両立を図りつつ介護に当たれるよう支援する」[4]ことにある。長きにわたる介護の態勢を整えるための準備期間を，退職という手段をとることなく「休職」によって確保できるように配慮することは，大切な支援策のひとつである。家族・親族の間での話し合いやケアマネジャーとの密な意見交換は，そうした準備期間中に行われるべき大事な活動である。加えて，休職せずに働きながら家族の介護を行う労働者に対する援助もまた，大切な支援策のひとつである。図表6－2に示したように，在宅介護は社会的支援の担い手の核であるヘルパーと家族という2つの柱で支えるものであり，両者の共同作業である。介護目標をヘルパーと共有し，密に意見交換を行って介護計画の見直しをともに行い，ヘルパーが行うサービスとの関係に目配りしつつ必要に応じて役割分担をする等は，働きながら介護を行う家族が担う大切な役割といえる。

　現状においてはしかし，介護休業制度はこうした趣旨にそってどれほど有効に利用されているのか懸念される。介護休業制度が十分に周知されていないことがその理由のひとつである。周知度の低さは，制度への無関心や不必要性を示しているということでは無論ない。むしろ，どのようなかたちで介護休業が取得されているか，取得率は増加してきているか，制度の使い勝手はどうか等々，制度の利用実態を取り上げた調査報告も報道記事もほとんどなく，あるいは，育児休業のように介護休業の取得率の達成目標値が行政施策[5]の中で盛り込まれ，社会の関心を集めるといったことのないことが，周知度の低さを生んでいるのではないかと推察される。要するに，介護休業制度に関する情報の発信が決定的に少ないということである。

（4）改正育児・介護休業法をめぐる若干の問題

　2004年12月1日第161回国会で成立した「改正育児・介護休業法」が2005年4月1日から施行された。介護休業制度にかかわる部分の改正案の内容は，

「一定の要件を満たす有期雇用者にも適用する」（改正前は有期雇用者は適用外），「同一家族について分割取得を可能にする」（改正前は同一家族について1回限り）というものである。

　雇用労働者として就業している女性のおよそ4割が短時間雇用者である現状[6]において，有期雇用者への適用拡大は仕事と家庭の両立を促進する上で必要不可欠なことであり，かつ有効であると期待できる。介護休業の複数回取得もまた同様の効果が期待される。とはいえ，これで十分ということでは決してない。改善が望まれる事項は他になかったのか，あるとすれば今回の改正が優先されるべき事情や根拠は何であったのか，今後さらにどのような改定が必要となるのか等々，検討すべき問題は多い。例えば，休業期間（現行は最長で3か月）の問題。施設入所の希望はなかなか叶えられず在宅介護の比重が高まるなか，「ホームヘルプサービスやデイサービスを利用しているが，日々，親が1人で家にいる時間帯がいつも不安」（日本経済新聞，2004年2月17日記事）というケースは増えてくるであろう。また，「在宅介護の場合，フレックスタイム制など柔軟な働き方の支援が重要」（日本経済新聞，同上）という指摘も看過できない。働きながら家族の介護を行う労働者に対する援助措置の充実はさらに重要な課題になると同時に，3か月という期間の延長への要望もいちだんと強まるのではないかと推察される。介護対象の家族範囲にかかわる問題もある。老老介護が進む[7]につれて，孫が両親を手助けしながら祖父母の介護をする必要も出てくるであろう。しかし，現行では，同居していない祖父母のために介護休業をとることはできない。三世代世帯の比率が減少しつつある状況[8]にあって，同居条件の緩和に対する要望が強まるのではないかとも推察される。

　育児・介護休業制度の今後の改正を視野に入れて，現在の制度における問題点や課題，さらなる改善を要する点などについて検討することは重要である。この章では，さまざまにある問題点のなかで特に重要と思われる2つの問題点，①働きながら家族の介護を行う労働者に対する援助措置，②介護休業制度の利用状況について取り上げ，考察していくことにしよう。

2　働きながら家族の介護を行う労働者に対する援助措置の実情

　改正育児・介護休業法は，改正前と同じく働きながら家族の介護を行う労働者に対する援助措置として，①短時間勤務の制度，②フレックスタイム制，③始業・終業時刻の繰上げ・繰下げ，④労働者が利用する介護サービスの費用の助成その他これに準ずる制度という4つの措置のうち，少なくとも1つを講ずることを義務づけている。期間については，連続した3か月以上の期間において，また，介護休業した期間があれば3か月からその期間を差し引いた残りの期間以上の期間において，この措置を講ずることを義務づけている。端的にいえば，「上の4つの制度のうち1つを，介護休業した期間を含めて最長で3か月実施する」ことが法で定められた最低基準となっている。いうまでもないが，これらの措置を全く取らないのは違法である。

　これまで専らといってよいほどに介護の役割を一手に担ってきた女性の就業が一般的になりつつある今日，休職して介護にあたる労働者に対する援助とともに，働き続けながら介護にあたる労働者に対する援助についてもまた，いっそうの整備・充実化が期待される。すなわち，法が定める基準を上回る内容の援助措置が講じられていること，また，法が定める基準を上回る措置を講じている事業所の割合が年々増えていることが期待されるが，実情はどうであろうか。

　介護休業制度の導入・実施の状況を定期的に調べているものに，旧労働省および厚生労働省が実施している「女性雇用管理基本調査―育児・介護休業制度等実施状況調査―」がある。「女性雇用管理基本調査」は毎年行われているが，「育児・介護休業制度等実施状況調査」を副題とする調査は3年ごとで，近年では，平成8年，11年，14年に実施されている。標本サイズも大きく，調査事項も網羅的である。この節では，この「女性雇用管理基本調査―育児・介護休業制度等実施状況調査―」（以下，「女性雇用管理基本調査」）の調査データによって，働きながら家族の介護を行う労働者に対する援助措置について分析・検討し，問題の所在を浮き彫りにする。なお，特に断りのない限り，以降で取り上

第6章 「仕事と家庭の両立」と介護休業制度

げる調査結果や図表は，筆者が平成8年度，11年度，14年度の「女性雇用管理基本調査」の原データを再分析し，その結果を取りまとめた調査研究報告書「介護休業制度の導入・実施の実態と課題」（労働政策研究・研修機構「労働政策研究報告書」No.21, 2005）から引用したものである[9]。

（1）事業所が講じている援助措置の数

次頁図表6－3は，働きながら家族の介護を行う労働者に対する勤務時間の短縮等の援助措置について，何種類の措置を講じているかを事業所規模・調査年度別にみたものである[10]。

結果をみて何よりもまず驚くのは，講じている援助措置「なし」という事業所の割合の多さである。事業所全体でみると，その比率は11年度66.9％，14年度56.1％と，改善の兆しはみられるものの依然として5割を超えている。繰り返すが，法は「短時間勤務制度」「フレックスタイム制」「始業・終業時刻の繰上げ・繰下げ」「労働者が利用する介護サービスの費用の助成その他これに準ずる制度」の4つの措置のうち，少なくとも1つは講じるべきことを定めており，何らの援助措置も講じていないというのは違法である。しかし，実態は，法に違反する事業所が5割を超えている。問題状況といわざるを得ない。

ただし，事業所規模による差が顕著であり，14年度の場合，「500人以上」では15.7％であるが，「30～99人」規模では45.6％，「5～29人」規模では58.9％にのぼる。規模が小さくなるほど何らの援助措置も講じていない事業所の割合が高くなっている。こうした問題状況の背景には厳しい経営環境があると想像されるが，「5～29人未満」でも介護休業の規定がある[11]事業所では，何らの援助措置も講じていない事業所の比率は23.1％と3割を切っている。介護休業制度に対する取組みへの意識の差も無関係とはいえない。介護休業制度に対する啓発や意識変革の必要があるようだ。

図表6-3 講じている援助措置数

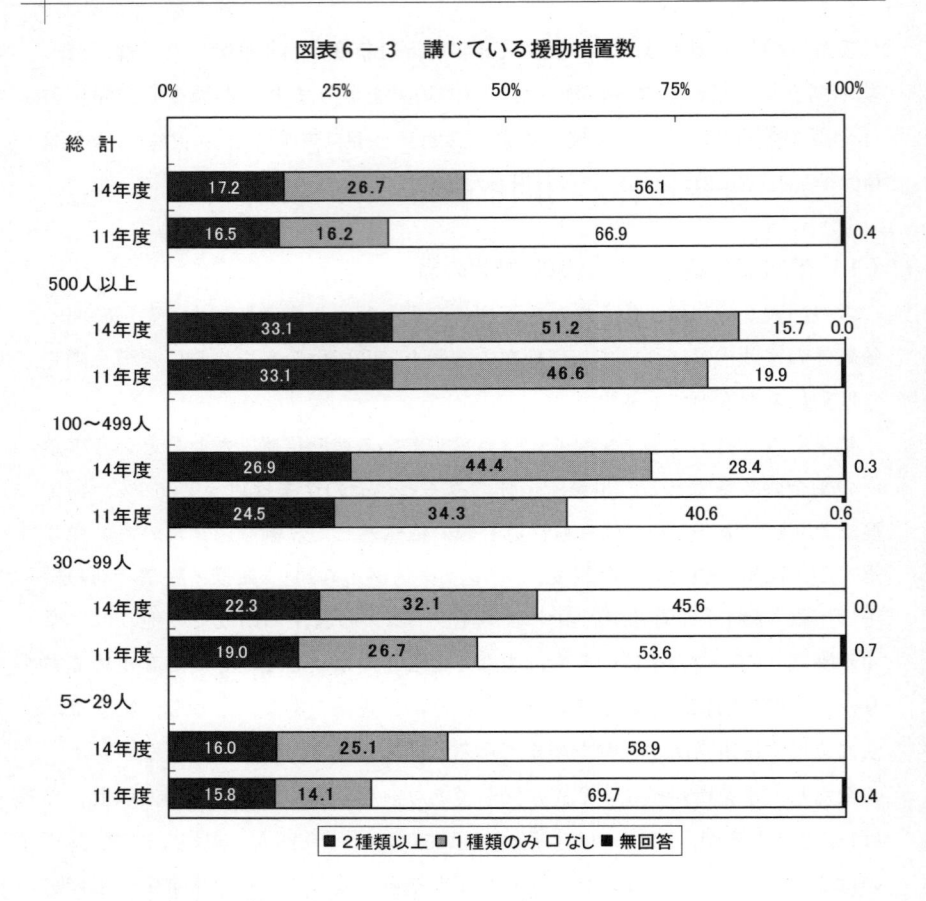

区分	2種類以上	1種類のみ	なし	無回答
総計				
14年度	17.2	26.7	56.1	
11年度	16.5	16.2	66.9	0.4
500人以上				
14年度	33.1	51.2	15.7	0.0
11年度	33.1	46.6	19.9	
100〜499人				
14年度	26.9	44.4	28.4	0.3
11年度	24.5	34.3	40.6	0.6
30〜99人				
14年度	22.3	32.1	45.6	0.0
11年度	19.0	26.7	53.6	0.7
5〜29人				
14年度	16.0	25.1	58.9	
11年度	15.8	14.1	69.7	0.4

(2) 講じている援助措置の内容

　何らかの援助措置を講じている事業所では，具体的にどのような援助措置を講じているのであろうか。14年度調査によってそれぞれの援助措置を講じている事業所の割合をみると，「短時間勤務制度」87.7%，「フレックスタイム制」14.3%，「始業・終業時刻の繰上げ・繰下げ」43.1%，「労働者が利用する介護サービスの費用の助成その他これに準ずる制度」3.0%となっている。こうした特徴に調査年度や事業所規模による違いは全くみられず，「短時間勤務制度」の実施比率が図抜けて高い状況がみてとれる。

しかし，事業所が講じているこうした援助措置と利用者が求める援助の内容にはギャップがある。介護経験のある労働者を対象に「できれば利用したい（したかった）企業の介護支援措置」について尋ねている日本労働研究機構の調査結果[12]をみると，「介護に要する経費の援助措置」に対する要望が58.1％と最も多く，一方，「1日当たりの勤務時間の短縮」は41.6％と最も低い比率である。「労働者が利用する介護サービスの費用の助成その他これに準ずる制度」の導入率が3％程度であるのとの比べて大きな差がある。

もっとも，勤務時間の短縮に対するニーズが低いという結果は，この措置に対する希望が少ないというよりも，後述するように，短時間勤務により短縮した時間分については「無給」の扱いをしている事業所が大半を占めている現状にあって，収入が減ることを望まないという事情を反映していると考えるのが妥当であろう。「介護費用の補助等」に対するニーズが高いこととも合致するからである。いずれにせよ，事業所が講じている援助措置と労働者の利用ニーズの間にこれほどのギャップがあることは，看過できない問題状況といえる。より効果的な援助措置は何かの解明，そのための調査の実施・蓄積が望まれる。

(3) 「短時間勤務制度」の最長利用期間

次に，勤務時間短縮等の措置の最長利用期間についてみていこう。まず，4つの措置の各々について「最長利用期間」を尋ねている両年度の「女性雇用管理基本調査」データを再分析した結果，各事業所が講じている最長利用期間の長さは，措置の種類の別なくほぼ同じであった。すなわち，「短時間勤務制度」の最長利用期間が「3か月未満」の事業所は，「フレックスタイム制」や「始業・終業時刻の繰上げ・繰下げ」の最長利用期間も「3か月未満」であり，「短時間勤務制度」が「1年以上」の事業所は，他の措置も「1年以上」である。

そこで，最も多くの事業所が講じている「短時間勤務制度」の最長利用期間の状況をみたのが図表6－4である。法が定める基準を上回る「3か月超」としている事業所の比率は，11年度が29.7％，14年度が23.4％となっている。規

模による差が顕著で,「500人以上」では「3か月超」の比率が6割を超えているが,それ以下の規模の事業所では,「3か月以下」の比率が「3か月超」の比率を上回っている。とりわけ「30～99人」「5～29人」の100人未満の規模では,「3か月以下」の比率は7割にのぼる。

少子高齢化に伴い家族の介護負担が大きくなる一方で,共働きが当然となる時代を迎え,介護と仕事の両立を図る労働者に対する支援は,介護の問題が発生した急性期もさることながら,その後の終わりの見通しなき慢性期においていっそう必要となろう。働きながら介護を行う労働者に対する援助措置は,最長利用期間についても法定を上回る長さの導入・実施が望まれるが,残念なが

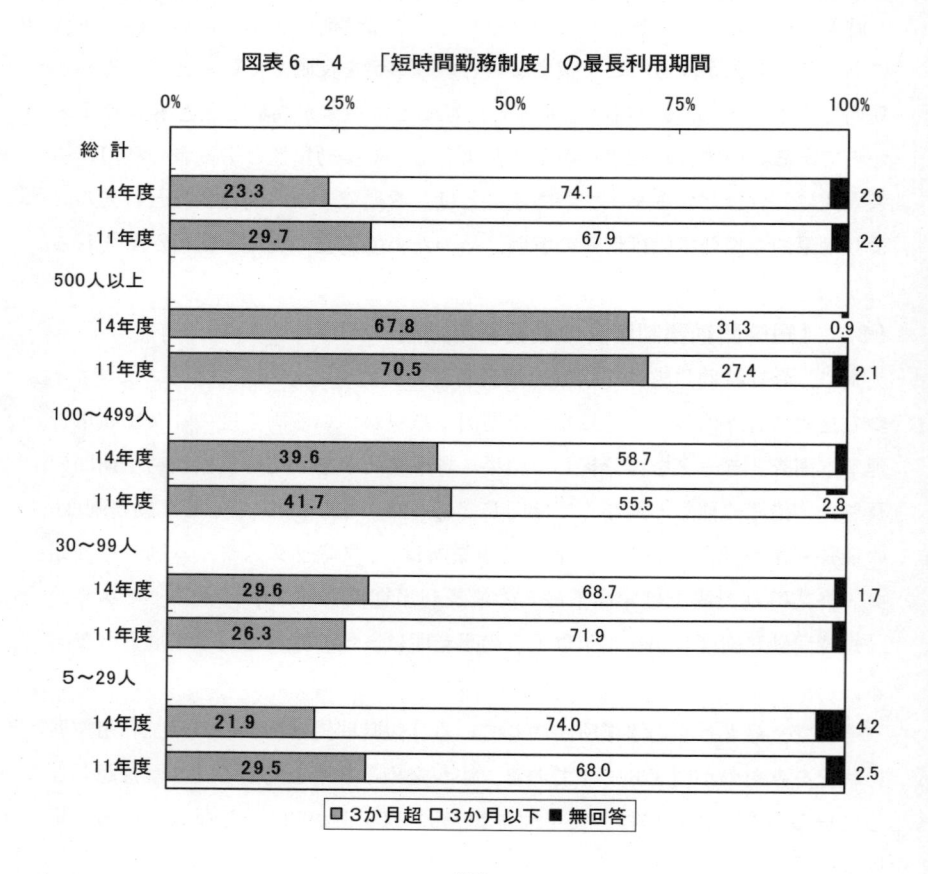

図表6－4 「短時間勤務制度」の最長利用期間

区分		3か月超	3か月以下	無回答
総計	14年度	23.3	74.1	2.6
	11年度	29.7	67.9	2.4
500人以上	14年度	67.8	31.3	0.9
	11年度	70.5	27.4	2.1
100～499人	14年度	39.6	58.7	
	11年度	41.7	55.5	2.8
30～99人	14年度	29.6	68.7	1.7
	11年度	26.3	71.9	
5～29人	14年度	21.9	74.0	4.2
	11年度	29.5	68.0	2.5

■3か月超 □3か月以下 ■無回答

ら,現状はそうした期待とはほど遠い状況にある。

(4) 短時間勤務により短縮した時間分の賃金の取扱い

「平成14年度女性雇用管理基本調査」では,働きながら家族の介護を行う労働者に対する援助措置として「短時間勤務制度」を導入している事業所を対象に,短時間勤務により短縮した時間分の賃金の取扱いについて尋ねている。図表6－5はその結果をまとめたものである。事業所規模による差はみられず,賃金を支給している事業所の比率は1割台で,「無給」の扱いをしているところが大半である。

図表6－5 短時間勤務により短縮した時間分の賃金の取扱い

(％)

	計	支給		無給	無回答
		有給	一部有給		
総計	16.2	7.8	8.4	83.6	0.2
500人以上	14.6	8.5	6.1	85.0	0.3
100～499人	16.5	7.7	8.8	83.5	0.0
30～99人	19.7	9.9	8.8	80.3	1.0
5～29人	15.7	7.3	8.7	84.2	0.1

注:集計は,14年度調査結果による。

労働者に対する支援という性格からすれば,介護休業を取得した場合と同様に,働きながら介護を行う労働者が「短時間勤務制度」を利用した場合にも何らかの経済的支援をすることが,「短時間勤務制度」の有効活用を図るためにも必要ではないだろうか。そのためにも,短縮した時間分については,「有給」ではないまでも「一部有給」というかたちで,短縮時間分の賃金を「支給」する事業所が増えることが望まれる。加えて,「有給」「一部有給」扱いにしている事業所に対する助成金の支給,あるいは,短時間勤務制度を利用する労働者に対する雇用保険からの給付など,その実現の方途について検討されていくことが望まれる。

3 働きながら家族の介護を行う労働者に対する援助措置の問題点

　上記2では，厚生労働省「女性雇用管理基本調査—育児・介護休業制度等実施状況調査—」の調査結果をもとに，介護休業制度が定める「働きながら家族の介護を行う労働者に対する援助措置」について，法が定める（最低）基準を上回る措置を講じている事業所の比率やその年次推移を分析・検討した。その結果，以下にあげるいくつかの問題点が浮き彫りにされた。

（1）働きながら家族の介護を行う労働者に対する援助措置の理念

　介護休業は，介護の問題が発生した急性期の段階，あるいは終期の段階でまとまった「介護のための時間」を取る上で有効である。とりわけ，急性期の段階においては，（退職することなく）介護態勢を固めていく作業に集中して取り組むためにという介護休業制度の理念が極めて明確である。現行の休業期間も，かかる目的遂行に適切な期間として策定されている。では，「働きながら家族の介護を行う労働者に対する援助」については，介護休業制度はどのような理念に立っているのであろうか。このような疑問を発するのは，「援助措置は1つ実施すればよい」「勤務時間短縮等の措置は，介護休業した期間があれば3月からその期間を差し引いた残りの期間以上」としている背景にある法の理念，慢性期に入った時期の家族介護のあり方というものに対する基本認識について，筆者が理解できていないゆえんでもある。

　介護保険がカバーするサービス範囲が拡大・充実していくならば，介護休業制度は急性期段階での介護計画の作成や終末期ケアのために役立つ措置の充実化を図ればよい。その逆に，介護保険のサービス範囲がより縮小・限定されていくならば，介護休業制度は慢性期の段階の介護，具体的には，働きながら家族の介護を行う労働者に対する援助に，より力を入れるべきであろうと筆者は考えている。そして，いま介護保険は，施設サービスよりも在宅サービスに軸足が移り，また，買い物などはホームヘルプサービスから除く，家族がいる場合には家事援助を制限する等の方向に向かっている。こうした一連の流れから，

介護保険のサービス範囲は縮小・限定化に向かって進んでいると理解される。それゆえに，今後においては，働きながら家族の介護を行う労働者に対する援助の強化がいっそう必要になってくると考えられるのである。現状は，しかし，「援助措置はひとつ実施すればよい」とする法の基準を上回る援助措置数を導入している事業所の比率は増えている趨勢にあるとはいえ，「何らの援助措置も実施していない」事業所の比率は，14年度調査時点において56.1％と半数を超えている（図表6－3を参照のこと）。結論をいえば，働きながら家族の介護を行う労働者に対する援助は，休業して介護にあたる「介護休業」に対する援助と比べて，その整備・充実度がはるかに劣っていると言わざるをえない現状にある。慢性期は終わりの見通しを持てぬがゆえにどのような援助措置が有効であるかの判断はいっそう困難であろうが，時代の変化に即応した援助措置の検討および制度の整備・充実を図ることは喫緊の課題といえる。それに資するための精緻な調査の実施も不可欠である。

(2)「働きながら家族の介護を行う労働者に対する援助措置」の最長利用期間

　第2の問題点は，上記の（1）とも関連するが，「働きながら家族の介護を行う労働者に対する援助措置の最長利用期間」である。介護休業制度の内容や種々の援助措置の実施状況について時系列比較を行っている堀田〔2005〕の分析結果をみると，「働きながら家族の介護を行う労働者に対する援助措置の種類（講じている措置数）」「休業中及び休業後の労働条件等の取扱いについての明示」「介護休業者に対する職業能力の維持・向上のための措置数」「時間外労働・深夜業の制限の規定」等，少なからぬ面で8年度から11年度，14年度にかけて法を上回る制度の導入率が増加し，整備が進んでいる傾向がみられる。しかし，「援助措置の最長利用期間」については，「介護休業の期間」と同様に，法が定める基準を上回る制度の導入率に増加傾向はみられず，むしろ反対に，時間の経過とともに減少を続けている状況がうかがえる（図表6－4を参照のこと）。

　育児・介護休業法の改正に伴い介護休業の複数回取得が可能になれば，それ

だけ利用する側の介護ニーズも膨らんでいくとも予想される。急性期だけでなく慢性期の介護のために介護休業制度の利用を希望する者も増えてこよう。長きにわたるであろう慢性期の介護に援助措置が少しでも有益なものとなるように，援助措置の最長利用期間もまた延長されることが期待される。しかし，現行では，援助措置の期間は，「連続した3月以上の期間，介護休業した期間があれば3月からその期間を差し引いた残りの期間以上の期間」とされている。そのため，「援助措置の期間」の問題は，「介護休業の期間」の問題として取り上げねばならず，「これ以上介護休業の期間を増やす必要があるのか」といった「介護休業の期間」の延長問題と混同して捉えられ，批判される事態も生じている。

こうした弊害を除くためにも，援助措置の利用期間を「介護休業の期間」の残余の期間としてではなく，固有の理念と目的を持つ期間として定義づけることが重要である。その上で，援助措置の理念や目的にそった適正な利用期間についての論議が深められ，今後の改正案のなかに結実されていくことが望まれる。

（3）短時間勤務制度等を利用する労働者に対する経済的援助

第3の問題点は，介護休業や勤務時間短縮等の取得に伴う経済的側面の問題である。

労働省〔2000.8〕「育児・介護を行う労働者の生活と就業の実態等に関する調査結果概要」によれば，「介護休業制度の改善点」として最も多くの介護休業利用者があげたのは，「休業中の経済的支援の増額」67.7％であり，「休業期間中の社会保険料の免除」67.1％である。同様に，調査対象者全体の間で「仕事と介護を両立させるために必要と思う対策」として最も比率が高かったのは，「休業中の経済的支援の増額」39.3％であった。経済的な援助に対する要望が最も強いことがみてとれる。

しかし，現状では，休業期間中の社会保険料について「会社が負担」しているところは，11年度の場合1～2割にとどまっており，休業期間中の定期昇給

については,「休業期間中の定期昇給は行わずに復職後の定期昇給に持ち越す」の比率が年を追うごとに増えている。また,「働きながら家族の介護を行う労働者に対する援助措置」として「介護に要する経費の援助措置」を講じているところは, 14年度調査でみると1割に満たない。短時間勤務により短縮した時間分の賃金の取扱いについても,「支給している」とする事業所の比率は16.2％と2割に達していない（図表6-5を参照のこと）。介護休業の期間中は, 育児休業の場合と同様に, 雇用保険から休業前の賃金の4割が支給されるが, 短時間勤務の場合は, 雇用保険からの支給はない。このように,「働きながら家族の介護を行う労働者に対する援助措置」の利用に伴う経済的援助の仕組みは, とりわけ脆弱である。利用者の要望とはほど遠い現状にあり, 介護休業制度を利用する上でのネックになることが懸念される。

仕事と家庭の両立支援を進める上で, 働きながら介護を行っている労働者に対する援助がいっそう重要になってくると予想される今日の状況にあって, 短時間勤務制度等を利用する労働者に対する雇用保険からの給付や経済的援助を行う事業所に対する支援施策の充実など検討の余地があるのではないか。検討すべき課題といえる。

4　介護休業制度の利用状況の把握に関する問題, 課題

制度の施行そのものが比較的に新しいこともあり, 介護休業制度の利用状況等に関する調査・研究は, 育児休業に比べて出遅れている。そのため, 利用状況についての把握は十分にできていないのが現状である。確かに介護休業制度の導入状況に関する調査は, 厚生労働省「女性雇用管理基本調査―育児・介護休業制度等実施状況調査―」など大規模な調査が行われているが, 一方で利用実態に関する調査はほとんど行われていない。わずかに実施されている調査[13]も, 規模は小さく, 結果の精緻な分析も十分には行われていないのが実情である。この節では, こうした状況の背景にある問題について検討しよう。

（1）算出できない介護休業取得率

　介護休業制度にかかわっては種々の問題点があるが，最大の問題点は，なんといっても介護休業の取得率が出せないことであろう。介護休業問題の研究を進める上でも，この点が最大のネックであるといっても過言ではない。

　確かに，「女性雇用管理基本調査」の調査結果報告書には，介護休業制度の利用者の割合が載っている。これによると，平成11年4月1日から9月30日までに介護休業を開始した者の割合は0.06％，平成13年4月1日から平成14年3月31日までの割合は0.05％となっている。ただし，この数字は，常用労働者に占める介護休業取得者の割合である。育児休業の取得率とは全く異質なものであり，介護休業の取得率として適切なものとはいえない。それは，常用労働者に占める育児休業取得者の割合を求めても意味のある指標とはなり得ないことを考えれば，一目瞭然であろう。

　介護休業取得率の算出が難しいことの理由は，分母が特定しにくいという点にある。育児休業の場合は，分母にくるのは出産した女性やその配偶者の数であり，極めて明確で把握もたやすい。しかし，介護休業の場合，家族の誰が何人で介護するかはさまざまであり，介護が必要となった人の数から単純に割り出せるものではない。加えて，介護休業は，労働者が請求して初めて発生する権利であるという性質がもたらす問題もある。介護休業を取れる状況が発生しても，請求がなされなければ何もカウントされず，取得率に全く反映されないことになってしまう。妊娠・出産と異なり周りが気づくこともない。こうなると，取得率を算出する式の分母・分子がともにあいまいな数値という隘路につきあたってしまう。

　こうした難問をクリアするために，分母にもってくる変数の概念定義，操作定義を含めて，休業取得率を算出するためのどのような工夫があるか，効果を測定する代替変数には何があるか，また，どのような仕組みを整えれば休業取得率を算出するために必要な情報の収集が可能となるのか等々，知恵を出し合い論議を深めることが急務である。

（２）困難な介護休業制度・措置の効果測定

　取得率が出せないことの最大のマイナスは，いうまでもなく制度の効果測定ができないことである。例えば，2005年4月から「介護休業の複数回取得」が実施されているが，それによって取得率がアップしたかどうかを具体的な数字で示すことができなければ，制度改正の効果を直接的に検証することができない。せいぜい，利用者なり一般従業員の「介護休業の利用のしやすさ」意識を比較する程度である。あるいはまた，どのような属性をもつ事業所で取得率が高いか，取得率は年々アップしてきているかといった比較検討もできない。これでは，介護休業制度に関する調査・研究を行うことの意義・価値は半減である。こうした問題は，勤務時間短縮等の措置の利用状況についても全く同じであり，取得率の算出ができなければ各事業所が講じている援助措置の有効性を評価することもできないのである。

　それだけではない。育児休業の場合，厚生労働省「少子化対策プラスワン」（平成14年9月20日発表）のなかで，達成すべき取得率として女性80％，男性10％と具体的な数値が掲げられるなど，明確な目標を打ち出すことができている。しかし，介護休業については，そもそも介護休業の取得率を算出できないために，こうした具体的な数値目標を掲げることはできない。マスコミに取り上げられることもなく，制度の周知を図る機会をもてないのである。

　このように，取得率の算出ができないことは，介護休業制度を充実させていく上で，また，介護休業問題について研究を進めていく上で大きなネックとなっている。取得率の算出や効果測定の指標作りは急を要する課題なのである。とはいえ，取得率の算出にあたり分母にどのような数字をもってくるのが適切であるか，また，どのようにしてそれを捕捉できるのかなど困難な問題点が山積しており，その実現には時間がかかることも予想される。それまでの間，なし得ることは2つ。ひとつは，「使い勝手のよい制度にすれば利用者が増えるであろう」との考えに立って，介護休業制度の整備・改善を進め，また，法が定める基準を上回る制度の導入・実施を促すことである。いまひとつは，どのような状況で介護休業や時間短縮等の措置を利用しているのか，どのような制

度・措置を講じている場合に，利用のしやすさを感じているのか等，利用状況の実態調査，事例研究を地道に積み重ねていくことである。

（3）少ない利用実態調査

　介護休業制度の導入・実施の状況については，厚生労働省「女性雇用管理基本調査」によって大規模かつ継続的に基礎データの収集が進められている。しかし，介護休業の利用・取得状況に関する調査は，育児休業の取得・利用状況に関する調査はおろか介護休業制度の導入・実施状況に関する調査と比べても比較にならないほど少ない。加えて，標本サイズが小さいといった問題も抱えている。これは，調査規模が小さいという問題ではなく，休業を取得した者自体が少ないために調査効率が悪いという構造上の問題である。労働省が2000年1月に女性労働協会に委託して行った「育児・介護を行う労働者の生活と就業の実態等に関する調査」を例にとってみてみよう。調査対象は，同時に行われた企業調査の対象企業3,300社に勤務する家族の介護を経験した労働者9,900人。回答者は1,553人で，回収率は15.7％となっている。かなりの大きさの標本サイズである。しかし，介護休業制度の利用状況をみると，「利用した」比率は21.1％で，人数に換算すると328人である。また，労働政策研究・研修機構が行った「育児や介護と仕事の両立に関する調査」（2003年実施）の場合，分析標本数は2,444人とさらに多いが，うち家族介護の経験者は418人，介護休業の取得者は34人という状況である。このように，調査対象者数や回答数・分析標本数は多くても，介護休業制度の取得者数は極めて小さな標本サイズになってしまうのである。こうした調査効率の悪さが，介護休業に関する調査が難しく，少ないことの要因のひとつになっている。

　無論，介護経験者のみを調査対象にすれば，介護休業取得者の比率は高くなるであろうし，調査効率の問題は解決できるかもしれない。しかし，介護経験者をどうやって見つけるかとなると，法の壁もあり民間レベルでは極めて厳しい。介護保険制度と介護休業制度をともに手がけている厚生労働省が，担当部局の壁を越えて連携して介護休業の利用状況に関する大規模の継続調査を行う

ことを期待したい。

5　ま と め

　この章では，働きながら介護をする労働者に対する援助および制度の利用状況という2つの視点から介護休業制度の問題を検討し，①援助措置の最長利用期間を介護休業期間の残余の期間として定めている，②援助措置の利用に伴う経済的問題に対する取組みが不十分，③介護休業の取得率が算出できないため制度の効果が検証できない等の問題点を指摘した。介護休業期間中および終了後の処遇等の問題については今回取り上げなかったが，これらの問題も重要な検討課題であることはいうまでもなく，別の機会に検討したいと思う。

　近年，ワーク・ライフ・バランスという言葉を見聞きする。仕事と家庭の両立にとどまらず，より広く生活全般の調和を強調した概念であるが，とりわけ女性にとっては，育児や介護など家庭が生活の核となっていることを考えれば，仕事と家庭の両立こそがワーク・ライフ・バランスの根幹であるといって言い過ぎではないだろう。その意味でも，両立支援策としての介護休業制度の整備・充実を図ることは重要であり，それに役立てる研究の推進が望まれる。

〔注〕
1）厚生省（現．厚生労働省）「厚生白書　平成8年版」。
2）袖井〔1995〕は，在宅介護を困難にした要因を，①人口学的変化，②家族の変化，③女性の変化，にまとめて論考している。また，前田〔2000〕は，介護実態の分析を通して，今後の家族による介護の見通し，介護役割が女性の就業に与える影響等について精緻な分析を行っている。
3）堀田〔2003〕は，ホームヘルパーに関する問題を，人員の確保，仕事・役割に対する利用者・家族たちとのギャップ，ヘルパーの抱える悩み・不満など多様な角度から検討している。
4）厚生労働省「育児・介護休業法のあらまし」。

5）厚生労働省が平成14年9月20日に発表した「少子化対策プラスワン」では，育児休業取得率の達成目標として，女性80％，男性10％と具体的な数値が掲げられている。
6）厚生労働省「平成16年版働く女性の実情」。
7）厚生労働省が毎年発表している「国民生活基礎調査の概況」によると，要介護者と同居している主な介護者のうち60歳以上の割合（男女計）は，1998年52.1％，2001年53.7％，2004年55.6％となっており，一貫して増加傾向を示している。
8）厚生労働省「平成16年　国民生活基礎調査の概況」によると，65歳以上の者のいる世帯のうち，「三世代世帯」の比率は，1986年44.8％，1995年33.3％，2003年24.1％，2004年21.9％と年々減少を続けている。
9）報告書では3つの年度間の時系列比較を行っているが，本書では，介護休業制度が義務づけられて以降の11年度，14年度調査の結果のみ抜粋し検討している。
10）11年度調査では，「所定外労働の免除」が援助措置のひとつとして挙げられている。しかし，これは法定の4つの基準外であるため，「所定外労働の免除」のみ実施している事業所は「援助措置を実施していない」に区分して再集計を行っている。
11）介護休業の規定があるとは，就業規則等により介護休業制度が明文化されているということである。「女性雇用管理基本調査」によると，介護休業の規定がある事業所の比率は，11年度が40.2％，14年度が55.3％となっている。制度の規定の有無によって講じられている制度の内容に大きな相違がある。
12）日本労働研究機構（現．労働政策研究・研修機構）〔2003．9〕「育児や介護と仕事の両立に関する調査報告書」。
13）介護休業の利用状況を調べている調査としては，婦人少年協会〔1996．2〕「仕事と介護との両立に関する調査」，労働省〔2000．1〕「育児・介護を行う労働者の生活と就業の実態等に関する調査」，日本労働研究機構〔2003．3〕「育児や介護と仕事の両立に関する調査：個人調査」がある。

〔参考文献〕
・厚生省〔1996〕「厚生白書平成8年版」。
・厚生労働省〔2003〕「平成14年度女性雇用管理基本調査結果報告書」。
・厚生労働省〔2004〕「平成16年国民生活基礎調査の概況」。
・国民生活センター〔1997〕「在宅介護サービスと消費者問題―在宅介護サービス利用実態調査報告―」。
・国立社会保障・人口問題研究所〔2002〕「日本の将来推計人口（平成14年1月推計）」。
・袖井孝子〔1995.10〕「介護休業制度の現状と課題」『日本労働研究雑誌』，pp.12-20。

第6章 「仕事と家庭の両立」と介護休業制度

- 日本労働研究機構〔2003〕「育児や介護と仕事の両立に関する調査報告書」。
- 浜松市〔2004〕「浜松市の男女共同参画に関する市民意識調査報告書」。
- 堀田千秋〔2003〕「ホームヘルパーの仕事・役割をめぐる諸問題」『日本労働研究機構調査研究報告書』No. 153。
- 堀田千秋〔2005〕「介護休業制度の導入・実施の実態と課題」『労働政策研究報告書』No. 21。
- 前田信彦〔2000〕『仕事と家庭生活の調和』, 日本労働研究機構。
- 水島郁子〔2005〕「改正育児・介護休業法の意義と課題」『ジュリスト』No. 1282, pp. 139-144。
- 労働省〔2000〕「平成11年度女性雇用管理基本調査結果報告書」。
- 労働省〔2000〕「育児・介護を行う労働者の生活と就業の実態等に関する調査結果概要」。
- 「全国ケアマネジャー調査」朝日新聞, 2001年4月5日朝刊。

(堀田　千秋)

第 2 部

女性のキャリア形成と教育

第1部では，働く女性をめぐる仕事環境とその課題について考察してきた。この第2部では，女性が仕事を通じて自らのキャリアを形成するための基礎となる能力について，教育の観点からの考察を試みる。対象として取り上げるのは，男性，女性ともに必要とされるプレゼンテーション能力についての教育方法，多くの女子学生が進学している教育学における教育想念，4年生大学あるいは短期大学の実務教育と多くの共通部分をもつ商業高校の教育内容の3つである。

第7章は，「キャリア形成とプレゼンテーション教育（戸田）」である。ここでは，実務能力としてのプレゼンテーション能力の教育方法に関して，企業が採用時に重視する能力，高等教育における実務教育の必要性，プレゼンテーション教育としてのプレゼンテーションワークショップの概要と展開，プレゼンテーションスキルに対する意識調査などを取り上げている。主に，ビジネス・マネジメント分野を志向する4年制の大学生を対象として分析されている。

第8章は，「教師のキャリア形成と教育学（梶原）」である。ここでは，教育学と専門的技能形成の支援とのつながりに関して，形式陶冶の教育想念と実質陶冶の教育想念を関連づける第3の教育想念について取り上げている。第3の教育想念の具体的姿形，専門的技能形成を妨げるものなどについて，将来，教師としてキャリアを形成する予定の女子学生を対象として論じられている。

第9章は，「キャリア形成における商業教育（笹瀬）」である。ここでは，キャリア形成としての商業教育と商業高校の科目変遷に関して，戦後の教育改革と商業教育の歴史的考察，女子の商業教育と事務職との関係，浜松商業学校の設立と発展，興誠商業学校の設立と発展，浜松女子商業学校の設立と発展などを取り上げている。

第7章

キャリア形成とプレゼンテーション教育
－プレゼンテーション教育の授業方法－

1 はじめに

　ＩＴの普及や経済のグローバル化が進む中で，企業の求める人材像も多様化している。企業の採用活動をみても，厳しい経済環境の中で即戦力として企業に貢献できる能力を備えた人材を採用するという企業が増えている。ビジネスパーソンにとって，厳しい雇用環境を象徴するキーワードとしてエンプロイアビリティがある。ビジネスパーソンは自分の勤める企業でしか通用しない能力やスキルを身につけるのではなく，他の企業でも雇用される能力（エンプロイアビリティ）を身につけることによって自らのビジネスパーソンとしての市場価値を高めることが求められる。ビジネスパーソンは，業務の遂行を通じて自分の能力を発揮し，創造的な仕事をする人材である。そのためには，所属する会社や部門の目的，方針から組織の中で自分が果たす役割を理解し，自らもより高い目標を掲げてプロフェッショナルとしてプライドを持ち，社内外で通用する能力を身につける必要がある。

　ビジネスパーソンの能力は，実務経験を通じて，試行錯誤を繰り返しながら向上していくものである。もちろん仕事を通じて多くの経験を積むことにより能力を身につけることができるという考えもあるが，情報化の進展や企業を取り巻くビジネス環境の変化が激しい中では，経験主義だけでは対処できないこ

とが多い。仕事の能力向上は，知識やスキルを構造化して理解し，自ら啓発することによって容易になる。したがって，どのような条件（環境の変化）においても知識を応用して実際に業務を遂行し，その目的を達成していくための基本スキルを理解し，確実に身につけておく必要がある。

　ビジネスパーソンは，知識を応用して実際に仕事を遂行し，達成していく能力が必要である。仕事の目的を遂行するための知識を使いこなす仕事の知恵やノウハウ，技術と言える。ビジネスパーソンは業務を遂行し目的を達成するためには，仕事の基本スキルがある。この仕事の基本スキルには，知識，テクニカルスキル，ヒューマンスキル，コンセプチュアルスキルの4つがある。Katz〔1983〕は，「スキル・アプローチによる優秀な管理者への道」において，上級管理職に必要な能力がテクニカルスキルよりもヒューマンスキルが，ヒューマンスキルよりもコンセプチュアルスキルのほうが重要になると述べている。情報機器やソフトウェアの進歩によって，これからのビジネスパーソンは，階層に関係なく，これらのスキルを複合的に発揮することが期待されている。「2004年度・新卒者採用に関するアンケート調査集計結果（(社)日本経済団体連合会，2005年1月20日）」によれば，企業が採用選考時に重視する要素の順位は，第1位「コミュニケーション能力」75.0%（前年度68.3%），第2位「チャレンジ精神」56.6%（同58.0%），第3位「主体性」50.4%（同45.7%），第4位「協調性」45.4%（同41.5%），第5位「誠実性」34.3%（同37.9%）となっている。特にコミュニケーション能力は，協働して仕事をする（実務では作家のように個人でする仕事よりもチームで行う仕事が多い）ために重要な能力といえる。

　近年，女性の大学進学率が上昇している。男女雇用機会均等法の施行以後，一般職としての女性ではなく男性と同じ条件で働く総合職としての女性のビジネスパーソンが求められている。このような観点からは，キャリア形成を受け身として捉えるのではなく，積極的にキャリアを創っていくという態度が求められている。そのためには，大学教育を通して知識，テクニカルスキル，ヒューマンスキル，コンセプチュアルスキルの4つの基本スキルをしっかりと身につける必要がある。知識，テクニカルスキルがなくては仕事ができないと

いう意味では，ビジネスパーソンにとって必須のものである。ヒューマンスキルは，チームで仕事をする場面で必ず必要となる。特に，ヒューマンスキルの基本となる対人コミュニケーションスキルやプレゼンテーション能力は，ヒューマンスキルの1つであるが職務を遂行する場合に欠かせない能力である。これらの能力は日常生活において自然に使っているので理解しやすい。また，簡単にできるように思いがちである。しかし，家族や友人との対人コミュニケーションスキルやプレゼンテーション能力とは，異なったものであることを理解しなければならない。したがって，大学教育の中でもビジネスパーソンとしての対人コミュニケーションスキルやプレゼンテーション能力を育成する意味がある。

　本章は，ヒューマンスキルの1つであるプレゼンテーション能力を身につけさせるための授業方法についての報告である。具体的には，"プレゼンテーションワークショップ"（授業科目名「ビジネスワーク論」，選択科目（90分授業×2回），参加者は現代コミュニケーション学部2年生31名（男性13名，女性18名））の内容について報告する。

2　高等教育における実務教育の必要性

　ヒューマンスキルの1つであるプレゼンテーション能力は，理論科目としてよりも体験や実践から学ぶことを重視した実務教育に馴染むものである。ここでは，理論学習を中心とした従来の学問研究ではない実務教育の特徴について考察する。これまでの高等教育機関（4年制大学）は，系統的な学問を体系的に教育する場であると考えられてきた。近年は，系統的な学問を体系的に教育する場であるとともに，卒業後，組織人として職務を遂行するための実務能力を育成する場としての役割が認識されつつある。

　例えば，学生が就職活動で難しいと感じていることに面接での受け答えがうまくいかないことやプレゼンテーションが上手にできないことがある。履歴書の書き方を指導して書類選考を通過しても，面接試験でしどろもどろになって

第7章　キャリア形成とプレゼンテーション教育

しまって失敗してしまう学生や会社訪問が自己ＰＲをするチャンスとわかっていながらうまくプレゼンテーションができなくて自信をなくしてしまう学生もいる。"大丈夫，場数を踏めばうまくなる"というのは確かに間違いではないが，どの大学でも"就職に強い"，"就職率100％をめざす"ことを学生募集のＰＲ材料にしているのであるならば，コミュニケーションやプレゼンテーションがうまくできるように教育しないのは不親切ではないだろうか。教師の側もコミュニケーションやプレゼンテーションの重要性については強調していながら，コミュニケーションやプレゼンテーションの意味を教えてもきちんとコミュニケーションやプレゼンテーションができるように教育することができないというお寒い現実もある。コミュニケーションやプレゼンテーションは，もともと知識として学ぶことには馴染まないもので，実際にうまくできる能力を身につけさせることが教育目的となる。例えば，アイコンタクトの意味を教えても（学生がアイコンタクトの意味を理解しても）実際に面接試験で面接官の目を見ながら話ができなければアイコンタクト理解し身につけたことにはならない。プレゼンテーションについても，伝えたい情報をいっぱい集めても，それを整理して取捨選択して自分が伝えたいことを自分の言葉で相手に伝えて相手に理解してもらえなければプレゼンテーションがうまくいったことにはならないのである。本学（現代コミュニケーション学部）のカリキュラムの中にも実務能力の育成をめざした専門教育科目[1]がある。本研究は，ビジネス実務教育の観点からプレゼンテーション教育の授業内容について考察するものである。一般的にプレゼンテーション教育という場合，情報機器やプレゼンテーションソフトの教育（例えば，パワーポイントの操作方法）であることが多い。確かに最近ではプレゼンテーションを行う場合に情報機器やプレゼンテーションソフトウェアを効果的に使うことが多い。しかし，これではパソコンソフトの操作方法の訓練と同じである。プレゼンテーションはコミュニケーション能力の１つであることに着目した教育内容が求められている。

3　プレゼンテーションワークショップの概要

プレゼンテーションワークショップの目的は，プレゼンテーションの演習を通じて，プレゼンテーションの方法を体験することである。プレゼンテーションは，1対1のプレゼンテーションと1対グループのプレゼンテーションに分けて実施した。1対1のプレゼンテーションでは，対人コミュニケーションスキルを中心に行い，1対グループのプレゼンテーションでは，集団に対するプレゼンテーションについて体験した。プレゼンテーションの時間は，両方とも3分間とした。テーマは，「自分の高校を後輩に紹介する」とした。出身高校の紹介であるから誰でも取り組みやすいテーマ（出身高校のHPを参照して「A4」1枚にまとめるように課題を出した）である。

また，使用する教材として，高校紹介のシート「A4」1枚，自己評価シート，他者評価シートを使用した。プレゼンテーションの演習では，メッセージボードを利用した。1対1のプレゼンテーションは，2人1組になって，1対1のプレゼンテーションを行った。1対グループのプレゼンテーションでは，グループを3つに分けて3分間のプレゼンテーションを行った。

4　プレゼンテーションワークショップの展開

授業の導入では，プレゼンテーションワークショップの目的や方法，手順の説明，対人コミュニケーションスキルやプレゼンテーションスキルのポイントを説明した。

次にロールプレイを行った。ロールプレイの内容は次の通りである。

＜1回目の授業（平成17年6月3日）＞
- 1対1のプレゼンテーション

2人1組になって，3分間の1対1のプレゼンテーションを行った。ロールプレイの順番はジャンケンで決めた。終了後，自己評価シート（資料1）と他

者評価シート（資料1）を記入させ，聞き手から話し手に気がついたことをフィードバックさせた。フィードバックについては，良い点をほめてから改善点を指摘すること，改善点は1つか2つに絞ること[2]を助言した。
- 1対グループのプレゼンテーション

1対グループになって，順番に3分間のプレゼンテーションを行った。終了後，聞き手にコメントを記入させ，話し手に渡した。全員がプレゼンテーションを終了できなかったので次回の授業で引き続き行うことにした。

＜2回目の授業（平成17年6月8日）＞
- 前回，やり残した学生に1対グループのプレゼンテーションを実施した。

前回と同様に1対グループになって，順番に3分間のプレゼンテーションを行った。終了後，聞き手にコメントを記入させ，話し手に渡した。

プレゼンテーションワークショップのまとめとして各グループの学生を指名して感想を聞いた。参加した学生の中から1名を指名して全体でのプレゼンテーションを行った。最後にプレゼンテーションワークショップについてのアンケートを行った。章末にそのアンケートを掲載する。

5　プレゼンテーションスキルに対する意識調査

プレゼンテーションワークショップ"（90分授業×2回）を行った後，学生のプレゼンテーションスキルに対する意識について2種類のアンケート調査を実施した。「プレゼンテーションワークショップの授業アンケート」（資料2）と，「プレゼンテーションを評価してみようアンケート」（資料3）である。

（1）単純集計（資料4）の結果からわかること

性別は男性が13名（41.9％），女性が18名（58.1％）であった。次に主な質問項目について調査結果を考察する。ワークショップの評価については「ややよい」が一番多くて18名（58.1％），次に「やや悪い」が9名（29.0％）であった。

プレゼンでの情報収集では,「やや難しい」が一番多くて12名（38.7%）であった。プレゼンでの組み立てでは,「やや難しい」が一番多くて15名（48.4%）であった。プレゼンでの内容では,「やや難しい」が一番多くて14名（45.2%）であった。プレゼンを3分間でまとめることについては,「難しい」が一番多くて13名（41.9%），続いて「やや難しい」が12名（38.7%）であった。

1対1のアイコンタクトでは,「やや難しい」が一番多くて13名（41.9%）であった。1対1のボディーランゲージでは,「難しい」が一番多くて12名（38.7%），続いて「やや難しい」が11名（35.5%）であった。1対1での論理的な話では,「やや難しい」が一番多くて19名（61.3%）であった。1対1で理解を確かめるでは,「やや難しい」が一番多くて15名（48.4%）であった。

その場にふさわしい声の大きさ，高さで話すでは,「やや難しい」が13名（41.9%）と「難しい」が7名（22.6%）であった。わかりやすく話を構成するでは,「やや簡単」が20名（64.5%）であった。わかりやすく話をするでは,「やや簡単」が17名（54.8%）であった。おもしろく話をするでは,「簡単」が9名（29.0%）と「やや簡単」が12名（38.7%）であった。わかりやすくとかおもしろく話すことには抵抗感がないように思われる。同世代（同級生）という安心感が要因であると推測できるが，判断基準が主観的であるという限界もある。

伝えたい内容をしぼるでは,「やや簡単」が12名（38.7%）と「やや難しい」が同じく12名（38.7%）であった。相手に失礼のない言葉を使うでは,「やや難しい」が12名（38.7%）であった。適当な間をとるでは,「やや難しい」が12名（38.7%）であった。友達とのコミュニケーションでは経験しないコミュニケーションスキルであり，難しさを感じているようである。ボディーランゲージを効果的に使うでは,「簡単」が15名（48.4%）と「やや簡単」が13名（41.9%）であった。ボディーランゲージについては，意外と上手にできている学生もいた。

（2）クロス集計（資料5）の結果からわかること

① 性別によるクロス集計の意味

　ビジネスパーソンの能力に性別による違いがあるかどうかという議論があるが，男女雇用均等法が施行されてから建前としては，性別による違いによって異なった対応（言い換えれば，女性の社会進出を妨げるような対応や処遇）をしてはならないことになった。しかし，性差による特長があることは明らかである。会社訪問などで上司の方の話を聴くと男性向きの仕事と女性向きの仕事があることがわかる。例えば，「車の営業の仕事で男性と互角以上に業績をあげて活躍している女性の営業担当者がいる」という話を聴いたことがあるが，一般的には営業の仕事は男性向きであってその中に女性が飛び込んでいって能力を磨いて男性に負けない販売実績を実現しているという稀なケースとして語られているのである。むしろ，女性の場合は営業担当者（男性）を補佐する営業事務の仕事や経理，保険，総務などの会社の補助業務の仕事を好む傾向があるといえる。個々企業の採用時の方針もあるが，一般的にいえば女性の気配り，細やかさ，正確な仕事ぶり（データ処理など）がこのような仕事に適性をもっているといえる。したがって，本章では，男性と女性との性差を前提としてクロス集計を行ってアンケート結果を集計・分析する。なお，学生諸君は実社会と違って大学においては男性と女性の区別を意識する（させられる）環境に置かれていないことを留意点としてあげておく。

② 性別によるクロス集計の結果

　ワークショップの評価については「ややよい」と「大変よい」を合わせると男性が7名（53.9%），女性が14名（77.8%）であった。
　プレゼンテーションでの情報収集では，「やや簡単」と「簡単」を合わせると男性が6名（46.2%），女性が13名（72.2%）であった。プレゼンテーションでの組み立てでは，「やや簡単」と「簡単」を合わせると男性が4名（30.82%），女性が7名（38.9%）であった。プレゼンテーションでの内容では，「やや簡単」と「簡単」を合わせると男性が3名（23.1%），女性が9名（50.0%）であった。

3分間にまとめることについては,「やや簡単」と「簡単」を合わせると男性が1名(7.7%),女性が5名(27.8%)であった。プレゼンテーションに関する情報収集や内容の組み立ては女性のほうが男性よりもうまくできたという評価をしている。これは女性の繊細さを表していると考えられる。

1対1のアイコンタクトでは,「やや簡単」と「簡単」を合わせると男性が5名(38.5%),女性が8名(44.4%)であった。1対1のボディーランゲージでは,「やや簡単」と「簡単」を合わせると男性が5名(38.5%),女性が3名(16.7%)であった。女性は男性と比べるとボディーランゲージを苦手にしていることがアンケートの結果に表れたものと推測できる。この結果が性差によるものなのか,外向的,内向的といった性格の違いによるものなのかはアンケートの内容が不十分であったためコメントすることはできない。

1対1での論理的な話では,「難しい」と「やや難しい」を合わせると男性が9名(69.3%),女性が15名(83.4%)であった。1対1で相手の理解を確かめるでは,「難しい」と「やや難しい」を合わせると男性が10名(76.9%),女性が9名(50.0%)であった。

1対グループでは,女性が男性と比べるとアイコンタクト,ボディーランゲージ,相手の理解を確かめることが簡単と感じていることがわかった。

6 まとめ

プレゼンテーションについて,大学で教えているわれわれ自身について思い浮かべてみても学生と十分にアイコンタクトをしながら授業を進めているかと問われたら,自信をもって"Yes"と答えられる教員がどれくらいいるだろうか。教科書やノートばかりを見ながら一方的に講義をする教員が多いのではないだろうか。コミュニケーションやプレゼンテーションは仕事をする上では必須の能力であるから大学教員自身が自覚をもって教える能力を身につける必要がある。

今回のプレゼンテーションワークショップの授業を実施しての留意点もある。

それはロールプレイが講義方式の授業方法に比べると興味や関心を引くものであり学生にとっておもしろい授業方法であることは間違いない。しかし，ただ，おもしろいだけでは授業目的を達成したことにならない。学生が授業に参加して自分の生活の中で1つでも考え方が変わり，それが行動に表れることが重要である。そのためには，授業のまとめの段階で学生自身に授業から学んだことをどのように日常生活の行動目標に落とすかを考えさせることが必要である。つまり，オペレーションの段階までフォローするということである。教えっ放しややりっ放しにしないことである。しかし，現状の大学教育を鑑みるとプレゼンテーションを正面から捉えて教育する授業が少ないというのが実情ではないだろうか。その原因は，コミュニケーションやプレゼンテーションの重要性を認識していても何をどのように教えてよいのかわからないというのが本当のところではないだろうか。コミュニケーションやプレゼンテーションの重要性を教えているわれわれにとっても学生から見て恥ずかしくないようなコミュニケーションやプレゼンテーションができるようにならなければならないと考えている。

　授業実践の結果からわかったことは，女子学生は男子学生と比べてコミュニケーション能力やプレゼンテーション能力において優れた能力をもっていることである。一般的にいえば女性の気配り，細やかさ，正確な仕事ぶり（データ処理の正確さなど）にみられるように，女性ならではのヒューマンスキルを発揮する可能性があることが推察できるのである。ただし，大学における授業の場という男性と女性の差を意識しない環境の中で行われたワークショップであることに留意しなければならない。なぜならば，職場での女性の役割意識とか周りからの女性に対する意識などによって影響を受けるからである。逆に考えれば，男性と女性の区別を意識しない環境の中で女子学生のコミュニケーション能力やプレゼンテーション能力を育成することができるという意味では今回の授業方法の研究の意味があったのではないかと思う。今後は，さらに他のコミュニケーションスキルを育成するための授業実践を積み重ねて女性のヒューマンスキルを開発できるような教育方法を研究したいと思う。

〔資料1〕
1対1プレゼンテーション　自己評価シート

学籍番号（　　　　）氏名（　　　　　　）

| 5．十分できている　4．ややできている　3．普通　2．やや不十分　1．不十分 |

1．アイコンタクトができていた　　　　　　　　　　（5　4　3　2　1）
2．笑顔があった　　　　　　　　　　　　　　　　　（5　4　3　2　1）
3．その場にふさわしい声の大きさ，高さで話した　　（5　4　3　2　1）
4．話の構成がわかりやすかった　　　　　　　　　　（5　4　3　2　1）
5．話した内容がわかりやすかった　　　　　　　　　（5　4　3　2　1）
6．話した内容がおもしろかった　　　　　　　　　　（5　4　3　2　1）
7．何を伝えたいのかよくわかった　　　　　　　　　（5　4　3　2　1）
8．相手に失礼のない言葉をつかっていた　　　　　　（5　4　3　2　1）
9．適当な間があった　　　　　　　　　　　　　　　（5　4　3　2　1）
10．ボディーランゲージを効果的に使った　　　　　　（5　4　3　2　1）

感じたことを書いてください。

　　記入者の学籍番号　[　　　　　]　　　　記入者の氏名　[　　　　　]

1対1プレゼンテーション　他者評価シート

学籍番号（　　　　）氏名（　　　　　　）あなたのプレゼンテーションを診断します。

| 5．十分できている　4．ややできている　3．普通　2．やや不十分　1．不十分 |

1．アイコンタクトができていた　　　　　　　　　　（5　4　3　2　1）
2．笑顔があった　　　　　　　　　　　　　　　　　（5　4　3　2　1）
3．その場にふさわしい声の大きさ，高さで話した　　（5　4　3　2　1）
4．話の構成がわかりやすかった　　　　　　　　　　（5　4　3　2　1）
5．話した内容がわかりやすかった　　　　　　　　　（5　4　3　2　1）
6．話した内容がおもしろかった　　　　　　　　　　（5　4　3　2　1）
7．何を伝えたいのかよくわかった　　　　　　　　　（5　4　3　2　1）
8．相手に失礼のない言葉をつかっていた　　　　　　（5　4　3　2　1）
9．適当な間があった　　　　　　　　　　　　　　　（5　4　3　2　1）
10．ボディーランゲージを効果的に使った　　　　　　（5　4　3　2　1）

相手に対する励ましや助言を書いてください。

　　記入者の学籍番号　[　　　　　]　　　　記入者の氏名　[　　　　　]

〔資料2〕
プレゼンテーションワークショップの授業アンケート

学籍番号		氏名		性別	1．男　　2．女

1）プレゼンテーションワークショップの評価（○をつけてください）
　　1．悪い　　2．やや悪い　　3．ややよい　　4．大変よい
2）1）プレゼンテーションワークショップの評価の理由
3）プレゼンテーションで下記の項目についてどのように難しく感じましたか
　　（○をつけてください）
1．プレゼンテーションの情報収集　　　1．難しい　2．やや難しい　3．やや簡単　4．簡単
2．プレゼンテーションの組み立て　　　1．難しい　2．やや難しい　3．やや簡単　4．簡単
3．プレゼンテーションの内容　　　　　1．難しい　2．やや難しい　3．やや簡単　4．簡単
4．3分間にまとめること　　　　　　　1．難しい　2．やや難しい　3．やや簡単　4．簡単
5．1対1のアイコンタクト　　　　　　　1．難しい　2．やや難しい　3．やや簡単　4．簡単
6．1対1のボディーランゲージ　　　　　1．難しい　2．やや難しい　3．やや簡単　4．簡単
7．1対1での論理的な話　　　　　　　　1．難しい　2．やや難しい　3．やや簡単　4．簡単
8．1対1で理解を確かめる　　　　　　　1．難しい　2．やや難しい　3．やや簡単　4．簡単
9．1対グループのアイコンタクト　　　　1．難しい　2．やや難しい　3．やや簡単　4．簡単
10．1対グループでのボディーランゲージ　1．難しい　2．やや難しい　3．やや簡単　4．簡単
11．1対グループでの論理的な話　　　　　1．難しい　2．やや難しい　3．やや簡単　4．簡単
12．1対グループで理解を確かめる　　　　1．難しい　2．やや難しい　3．やや簡単　4．簡単
4）プレゼンテーションワークショップの概要
「自分の高校を後輩に紹介する」のプレゼンテーションについて下記の質問に答えてください。（自由記述）
①1対1のプレゼンテーション
○発表者として工夫した点は何ですか
○1対1のプレゼンテーションを体験して学んだことは何ですか
○もし、次に1対1のプレゼンテーションを行うとしたらどのように改善したいですか
②1対グループでのプレゼンテーション
○発表者として工夫した点は何ですか
○他者評価シートを読んで気がついたことは何ですか
○1対グループでのプレゼンテーションを体験して学んだことは何ですか
○もし、次に1対グループでのプレゼンテーションを行うとしたらどのように改善したいですか

〔資料3〕
プレゼンテーションを評価してみようアンケート

| 学籍番号 | | 氏名 | | 性別 | 1．男 | 2．女 |

| 4．簡単　　3．やや簡単　　2．やや難しい　　1．難しい |

①アイコンタクト　　　　　　　　　　　　　（　4　　3　　2　　1　）
②笑顔　　　　　　　　　　　　　　　　　　（　4　　3　　2　　1　）
③その場にふさわしい声の大きさ，高さで話す（　4　　3　　2　　1　）
④わかりやく話を構成する　　　　　　　　　（　4　　3　　2　　1　）
⑤わかりやすく話をする　　　　　　　　　　（　4　　3　　2　　1　）
⑥おもしろく話をする　　　　　　　　　　　（　4　　3　　2　　1　）
⑦伝えたい内容をしぼる　　　　　　　　　　（　4　　3　　2　　1　）
⑧相手に失礼のない言葉を使う　　　　　　　（　4　　3　　2　　1　）
⑨適当な間をとる　　　　　　　　　　　　　（　4　　3　　2　　1　）
⑩ボディーランゲージを効果的に使う　　　　（　4　　3　　2　　1　）

〔資料4〕
統計表（1）　アンケート集計結果（単純集計）

(2) 性別
No.	内　容	n	%
1	男	13	41.9
2	女	18	58.1

(3) ワークショップの評価
No.	内　容	n	%
1	悪い	1	3.2
2	やや悪い	9	29.0
3	ややよい	18	58.1
4	大変よい	3	9.7

(4) プレゼンでの情報収集
No.	内　容	n	%
1	難しい	0	0.0
2	やや難しい	12	38.7
3	やや簡単	8	25.8
4	簡単	11	35.5

(5) プレゼンの組み立て
No.	内　容	n	%
1	難しい	5	16.1
2	やや難しい	15	48.4
3	やや簡単	9	29.0
4	簡単	2	6.5

(6) プレゼンの内容
No.	内　容	n	%
1	難しい	5	16.1
2	やや難しい	14	45.2
3	やや簡単	9	29.0
4	簡単	3	9.7

(7) プレゼンを3分間でまとめる
No.	内　容	n	%
1	難しい	13	41.9
2	やや難しい	12	38.7
3	やや簡単	5	16.1
4	簡単	1	3.2

(8) 1対1アイコンタクトをする
No.	内　容	n	%
1	難しい	5	16.1
2	やや難しい	13	41.9
3	やや簡単	9	29.0
4	簡単	4	12.9

(9) 1対1ボディーランゲージをする
No.	内　容	n	%
1	難しい	12	38.7
2	やや難しい	11	35.5
3	やや簡単	6	19.4
4	簡単	2	6.5

(10) 1対1論理的展開をする
No.	内　容	n	%
1	難しい	5	16.1
2	やや難しい	19	61.3
3	やや簡単	7	22.6
4	簡単	0	0.0

(11) 1対1相手の理解を確かめる
No.	内　容	n	%
1	難しい	4	12.9
2	やや難しい	15	48.4
3	やや簡単	7	22.6
4	簡単	5	16.1

(12) 1対グループアイコンタクトをする
No.	内　容	n	%
1	難しい	16	51.6
2	やや難しい	12	38.7
3	やや簡単	2	6.5
4	簡単	1	3.2

(13) 1対グループボディランゲージをする

No.	内容	n	%
1	難しい	19	61.3
2	やや難しい	7	22.6
3	やや簡単	4	12.9
4	簡単	1	3.2

(14) 1対グループ論理的展開をする

No.	内容	n	%
1	難しい	10	32.3
2	やや難しい	14	45.2
3	やや簡単	7	22.6
4	簡単	0	0.0

(15) 1対グループ相手の理解を確かめる

No.	内容	n	%
1	難しい	14	45.2
2	やや難しい	15	48.4
3	やや簡単	2	6.5
4	簡単	0	0.0

(16) アイコンタクト

No.	内容	n	%
1	簡単	6	19.4
2	やや簡単	18	58.1
3	やや難しい	5	16.1
4	難しい	2	6.5

(17) 笑顔

No.	内容	n	%
1	簡単	7	22.6
2	やや簡単	10	32.3
3	やや難しい	9	29.0
4	難しい	5	16.1

(18) その場にふさわしい声の大きさ，高さで話す

No.	内容	n	%
1	簡単	5	16.1
2	やや簡単	6	19.4
3	やや難しい	13	41.9
4	難しい	7	22.6

(19) わかりやすく話を構成する

No.	内容	n	%
1	簡単	1	3.2
2	やや簡単	20	64.5
3	やや難しい	7	22.6
4	難しい	3	9.7

(20) わかりやすく話をする

No.	内容	n	%
1	簡単	2	6.5
2	やや簡単	17	54.8
3	やや難しい	9	29.0
4	難しい	3	9.7

(21) おもしろく話をする

No.	内容	n	%
1	簡単	9	29.0
2	やや簡単	12	38.7
3	やや難しい	6	19.4
4	難しい	4	12.9

(22) 伝えたい内容をしぼる

No.	内容	n	%
1	簡単	2	6.5
2	やや簡単	12	38.7
3	やや難しい	12	38.7
4	難しい	5	16.1

(23) 相手に失礼のない言葉を使う

No.	内容	n	%
1	簡単	1	3.2
2	やや簡単	7	22.6
3	やや難しい	12	38.7
4	難しい	11	35.5

(24) 適当な間をとる

No.	内容	n	%
1	簡単	3	9.7
2	やや簡単	11	35.5
3	やや難しい	12	38.7
4	難しい	5	16.1

(25) ボディーランゲージを効果的に使う

No.	内容	n	%
1	簡単	15	48.4
2	やや簡単	13	41.9
3	やや難しい	3	9.7
4	難しい	0	0.0

第7章 キャリア形成とプレゼンテーション教育

〔資料5〕

統計表（2） アンケート集計結果（クロス集計）

ワークショップの評価①

		悪い	やや悪い	ややよい	大変よい
男	13	1	5	4	3
%	100.0	7.7	38.5	30.8	23.1
女	18	0	4	14	0
%	100.0	0.0	22.2	77.8	0.0

プレゼンでの情報収集

		難しい	やや難しい	やや簡単	簡単
男	13	0	7	3	3
%	100.0	0.0	53.8	23.1	23.1
女	18	0	5	5	8
%	100.0	0.0	27.8	27.8	44.4

プレゼンの組み立て

		難しい	やや難しい	やや簡単	簡単
男	13	2	7	4	0
%	100.0	15.4	53.8	30.8	0.0
女	18	3	8	5	2
%	100.0	16.7	44.4	27.8	11.1

プレゼンの内容

		難しい	やや難しい	やや簡単	簡単
男	13	3	7	3	0
%	100.0	23.1	53.8	23.1	0.0
女	18	2	7	6	3
%	100.0	11.1	38.9	33.3	16.7

プレゼンを3分間でまとめる

		難しい	やや難しい	やや簡単	簡単
男	13	8	4	1	0
%	100.0	61.5	30.8	7.7	0.0
女	18	5	8	4	1
%	100.0	27.8	44.4	22.2	5.6

1対1アイコンタクトをする

		難しい	やや難しい	やや簡単	簡単
男	13	2	6	3	2
%	100.0	15.4	46.2	23.1	15.4
女	18	3	7	6	2
%	100.0	16.7	38.9	33.3	11.1

1対1ボディーランゲージをする

		難しい	やや難しい	やや簡単	簡単
男	13	6	2	3	2
%	100.0	46.2	15.4	23.1	15.4
女	18	6	9	3	0
%	100.0	33.3	50.0	16.7	0.0

1対1論理的展開をする

		難しい	やや難しい	やや簡単	簡単
男	13	4	5	4	0
%	100.0	30.8	38.5	30.8	0.0
女	18	1	14	3	0
%	100.0	5.6	77.8	16.7	0.0

1対1相手の理解を確かめる

		難しい	やや難しい	やや簡単	簡単
男	13	3	7	2	1
%	100.0	23.1	53.8	15.4	7.7
女	18	1	8	5	4
%	100.0	5.6	44.4	27.8	22.2

1対グループアイコンタクトをする

		難しい	やや難しい	やや簡単	簡単
男	13	7	5	1	0
%	100.0	53.8	38.5	7.7	0.0
女	18	9	7	1	1
%	100.0	50.0	38.9	5.6	5.6

1対グループボディランゲージをする

		難しい	やや難しい	やや簡単	簡単
男	13	8	3	1	1
%	100.0	61.5	23.1	7.7	7.7
女	18	11	4	3	0
%	100.0	61.1	22.2	16.7	0.0

1対グループ論理的展開をする

		難しい	やや難しい	やや簡単	簡単
男	13	4	7	2	0
%	100.0	30.8	53.8	15.4	0.0
女	18	6	7	5	0
%	100.0	33.3	38.9	27.8	0.0

第2部 女性のキャリア形成と教育

1対グループ相手の理解を確かめる

		難しい	やや難しい	やや簡単	簡単
男	13	8	4	1	0
%	100.0	61.5	30.8	7.7	0.0
女	18	6	11	1	0
%	100.0	33.3	61.1	5.6	0.0

アイコンタクト

		簡単	やや簡単	やや難しい	難しい
男	13	2	9	2	0
%	100.0	15.4	69.2	15.4	0.0
女	18	4	9	3	2
%	100.0	22.2	50.0	16.7	11.1

笑顔

		簡単	やや簡単	やや難しい	難しい
男	13	3	2	6	2
%	100.0	23.1	15.4	46.2	15.4
女	18	4	8	3	3
%	100.0	22.2	44.4	16.7	16.7

その場にふさわしい声の大きさ,高さで話す

		簡単	やや簡単	やや難しい	難しい
男	13	2	2	7	2
%	100.0	15.4	15.4	53.8	15.4
女	18	3	4	6	5
%	100.0	16.7	22.2	33.3	27.8

わかりやすく話を構成する

		簡単	やや簡単	やや難しい	難しい
男	13	0	11	0	2
%	100.0	0.0	84.6	0.0	15.4
女	18	1	9	7	1
%	100.0	5.6	50.0	38.9	5.6

わかりやすく話をする

		簡単	やや簡単	やや難しい	難しい
男	13	1	7	5	0
%	100.0	7.7	53.8	38.5	0.0
女	18	1	10	4	3
%	100.0	5.6	55.6	22.2	16.7

おもしろく話をする

		簡単	やや簡単	やや難しい	難しい
男	13	5	3	3	2
%	100.0	38.5	23.1	23.1	15.4
女	18	4	9	3	2
%	100.0	22.2	50.0	16.7	11.1

伝えたい内容をしぼる

		簡単	やや簡単	やや難しい	難しい
男	13	1	5	3	4
%	100.0	7.7	38.5	23.1	30.8
女	18	1	7	9	1
%	100.0	5.6	38.9	50.0	5.6

相手に失礼のない言葉を使う

		簡単	やや簡単	やや難しい	難しい
男	13	0	3	6	4
%	100.0	0.0	23.1	46.2	30.8
女	18	1	4	6	7
%	100.0	5.6	22.2	33.3	38.9

適当な間をとる

		簡単	やや簡単	やや難しい	難しい
男	13	2	7	2	2
%	100.0	15.4	53.8	15.4	15.4
女	18	1	4	10	3
%	100.0	5.6	22.2	55.6	16.7

ボディーランゲージを効果的に使う

		簡単	やや簡単	やや難しい	難しい
男	13	5	6	2	0
%	100.0	38.5	46.2	15.4	0.0
女	18	10	7	1	0
%	100.0	55.6	38.9	5.6	0.0

〔注〕
1) 本学のカリキュラムの中で実務能力の育成をめざした専門教育科目としては，ビジネスワーク論，ビジネスワーク演習，キャリアガイダンス，ライフプランニング，ビジネスプレゼンテーションなどがある。
2) 学生を指導する場合にも同じことがいえる。気がついたことを一度に指摘しようとしても指摘される側はすべてを受け止めることができないのである。まず，良い点をほめてから改善すべき点を指摘するほうが相手にとっては意見を受け入れようとする気持ちになる。

〔参考文献〕
・katz, R. L.〔1982〕「スキル・アプローチによる優秀な管理者への道」『DIAMOND ハーバード・ビジネス・レビュー』6月号，ダイヤモンド社。
・中村健壽編著〔2002〕『ケース・メソッドで学ぶビジネス・コミュニケーション・スキル―教育実践事例集―』，西文社。
・中村健壽編著〔2004〕『ワークで学ぶビジネス・コミュニケーション・スキル』，西文社。
・戸田昭直〔2004〕『相手がわかるように教える技術』，中経出版。
・戸田昭直〔2005〕『上手に教えるルール100』，ＰＨＰ研究所。

(戸田　昭直)

第8章

教師のキャリア形成と教育学
―教師の専門的技能形成を支援できる
　　　　教育学（者）の基礎条件―

1　はじめに―小論の課題と方法―

　小論において筆者に与えられた問題は，教師のキャリア形成と教育学とを関係づけて論ぜよというものである。この問題を検討可能なものとしていくには，どのようにすればその両者を関係づけて論じることができるのか，この点がまず問われなければならない。この点の検討を通して以下，小論の課題（研究対象）と方法を明示していくことにしたい。なお小論では「専門的技能を要する職業についていること[1]」という意味規定に基づいて，キャリアの用語を専門的技能の用語と同義として使用しているので，この点予め確認されたい。

　その課題（研究対象）を見出していくためにまず確認したいことは，授業における教育学の次の事実である。それは，教育学（に限らず知識一般）はある特定の教師によるある特定の方法によってある特定の学生に伝達されるという事実である。仮にある教師が知識伝達の方法を考えることができない場合でも，無意図的な「方法」によるある教育学が事実として伝達される。このように教育学そのものではなく"伝達される教育学"の姿に着目するとき，学生と教育学との間には教師（の能力）が介在している。ここで「教師が教育内容・方法を生産する能力の高低は，学生の将来の教師としての専門的技能形成，すなわち授業内容を生産できる技能形成を左右する」という自明の事実を踏まえれば，

その専門的技能形成に教師の能力が関与する事実を認めなければならない。この事実を踏まえればこそ小論は，教育学と教師の専門的技能形成とを関係づけて論じうる途を見出していくために，両者の間に介在する教師が教育学をどのように学生に伝達しているのか，その内容と方法に着目するわけである。そのどのような内容と方法が学生の将来の専門的技能形成を支援できうるのか，この点を小論は，学生の将来の"教師としての"専門的技能形成に限定して検討しようというのである。

　この点を検討可能な課題としていくために小論は，教育学の伝達過程において教師の意識の基底に次の3つの教育想念いずれが敷かれているのかに注目する。その3つの教育想念とは，何（内容）をどのように（方法）教えるかという教授学習過程論に関するもので，形式陶冶の教育想念，実質陶冶の教育想念，形式陶冶と実質陶冶とを関係づける教育想念である。その形式陶冶とは後に詳述するように，思考力は無制限に転移するという無根拠な前提に立つ教育想念である。この教育想念が教師の意識の基底に敷かれているならば，その教師の教育学は学生の将来の専門的技能形成に役立つことはない。なぜなら仮に思考力なるものの存在を認めたとしても，思考力が無制限に転移しないことは経験則だけでもすぐにわかることだからである。同様に他2つの教育想念も専門的技能形成の因子となるのであれば，教師の意識に3つの上記教育想念いずれが敷かれているのかに着目することによって，教育学（ある教師が伝達したある教育学）と専門的技能形成（その教育学を受講した学生の将来の専門的技能形成）とを関係づけて論じることができる。

　ここに可能性を見出して小論は，教師の意識の基底に見られる教育想念に着目して，ある教師のある教育学が学生の将来の専門的技能形成を支援できるか否かを明らかにしていくわけだが，この作業をDewey, J.とBruner, J. S.に依拠して進めるのは次の理由に基づいている。その理由は，形式陶冶と実質陶冶とを関係づける第3の教育想念の中心的課題である知識の転移transferについて，両者がともに詳細に検討していることである。この共通点の下でBrunerは，知識の転移の中でも一般的知識の転移（非特殊的転移）について詳しく検討して

おり[2]，他方Deweyの教授学習過程論には，一般的知識の転移論のみならず，個別的知識の転移をも見出すことができる[3]。このように両者の学習論は転移概念を土台として作られているので，両者に依拠して小論は自らの課題を検討していこうというのである。

　以上の方法に基づいて小論は，専門的技能形成（学生の将来の教師としての専門的技能形成）を支援できる教育学（ある教師のある教育学）のあり方を討究していくが，専門的技能形成と教師教育との関係を問う方法について岩田康之は向山浩子の指摘を踏まえて次のように指摘している。「『何を教えるか』という点での教師の判断力量を付与[4]」していく方策を探るかたちで，既成の教科の枠を越えて「これからの社会人が共有すべき力量とは何か」を検討していく必要があろう[5]。このように教師の専門的技能形成が，教育学を含む教師教育全体において「何を教えるか」という教育内容を軸として改めて問われてきている。この「何を教えるか」という課題を前にして小論は，「何をどのように教えるか」をめぐる3つの上記教育想念に着目して，同教育想念それぞれが専門的技能形成を支援できるか否かを検討する。この小論の作業は教師教育における「何を教えるか」という上記課題に直接応えようとするものではないが，上記教育想念は教師の「何を教えるか」という教授行為を直接規定する点において，教師教育の上記課題に際して必要な作業であると考えられる。

　そこで小論は，以下の手続きを通して自らの課題にひとつの解答を与える。第1節ではまず，第1の教育想念である形式陶冶，第2の教育想念である実質陶冶，両者を関係づける第3の教育想念を明示する。次に第3の教育想念の具体的姿形として，一般的知識の転移を説明するBrunerの非特殊的転移概念を提出する。この非特殊的転移概念に対して，第2節ではまず，個別的知識の転移を説明する「特殊的転移」概念を提出する。次にDeweyの教授学習過程論の検討を通して，「特殊的転移」の具体的姿形を明示する。このように転移概念を基礎として第3の教育想念の具体的姿形を明示した後，第3節ではまず，教師の意識の基底に3つの上記教育想念それぞれが敷かれている場合について，ある教師のある教育学が学生の将来の専門的技能形成に役立ちうるか否かを明

らかにする。次にそれが役立ち得るために教師に要求されるひとつの能力を，前節の転移概念の検討結果に基づいて明示する。以上の検討の補論として第4節ではまず，第1・第2の上記教育想念に基づいた教師の教育学の問題点を潜在的カリキュラム論として検討して，次に，専門的技能形成に役立ち得る教育学を作り出していく上で，その妨げとなる「状態的思考」について論及する。以上の検討を通して小論は，教師の専門的技能形成と教育学とを関係づけて論じていくためのひとつの礎石を作ろうとするものである。

以上の検討に入るに際して，本書第2部の「女性のキャリア形成と教育」の題目と小論の「教師のキャリア形成と教育学」の題目との関係について明示しておきたい。教師という職業は，女性が比較的多く就業する領域である。特に筆者も属する幼児教育科の学生はほとんどが女性であり，したがって幼稚園教諭も女性が多いのが現状である。このような幼稚園教諭を含む教師の現状を予め確認した上で小論は，将来教師につく学生一般を想定して検討を進め，最後に，その検討結果が将来教師につく女性の学生に対しても妥当することを明示する。このような立論に基づいて小論は，「女性のキャリア形成と教育」という本書第2部の課題に対してひとつの解答を与え，女性の教師の専門的技能形成と教育学とを関係づけて論じていくための基礎を用意する。

2　第3の教育想念の具体的姿形―Bruner, J. S. に依拠して―

本節では，教授学習過程論における3つの教育想念を明示する。まず，形式陶冶と実質陶冶の両教育想念について明示して，両者を関係づける第3の教育想念として Bruner, J. S. の学習論が着目されていることを確認する。次に，どのようなかたちで Bruner の学習論は形式陶冶と実質陶冶とを関係づけているのか検討することによって，第3の教育想念の具体的姿形を見定める。

(1) 教授学習過程論における3つの教育想念

本項では，形式陶冶と実質陶冶の両教育想念を明示して，両者を関係づける

第 3 の教育想念として Bruner の学習論が着目されていることを確認する。

まず，第 1 の教育想念である形式陶冶についてである。Dewey によれば，Locke, J. によって古典的形態が示された形式陶冶は次の 2 点を主張した[6]。第 1 点は，人間は思考力・記憶力等の「……力」（一般的諸能力）を，訓練されていないかたちで所有しており，それらは段階的に訓練すれば大きくなるということ，第 2 点は，訓練された「……力」はあらゆる場面において転移可能であるということである。この第一点が示しているように，形式陶冶は現実の教育に何ら影響を及ぼさない教育想念ではなく，教材の難易を段階づけることによって「……力」を訓練すれば，「……力」が成長するというように，現実の教育のあり方を具体的に規定する教育想念であった[7]。ある一組の反復練習をそれに先行するものよりも幾分か難しくすれば，それは完全な教授案となった[8]。このような「合理的」説明を背景として，形式陶冶は例えば「単語の綴り方を勉強している学習者は，単語を綴る能力の他に，観察力・注意力・記憶力もが増大し，それらは必要なときいつでも使用できる」と主張した[9]。

次に，第 2 の教育想念である実質陶冶についてである。「何（内容）をどのように（方法）教えるか」という教授学習過程論の根本的課題を前にして，形式陶冶において内容（授業内容）は，思考力などの「……力」を大きくするための手段とみなされる。この非科学性を直視して，実質陶冶は「具体的・個別的な知識や技能それ自体の習得を主目的とする[10]」教育想念であり，内容をこそ重視する。したがって実質陶冶においては，内容の教授が自己目的となる危険性，いわゆる知識の詰め込みの危険性が伴うことになる。この実質陶冶に立つ教育思想家として教育学では一般に，Herbart, J. F. が「教科内容を重視する実質陶冶の立場をとった[11]」と解釈されてきている。

この形式陶冶と実質陶冶の両教育想念が相互に強調されてきた歴史の後には，両者をどのように関係づけるのかを課題として，第 3 の教育想念が模索されることになる。この場合，形式陶冶が強調する思考力等の「……力」と実質陶冶が強調する内容（知識）との関係をどのように考えるのか，この点が論点となる。小笠原道男によれば，その課題は形式陶冶批判を出発点として，

Thorndike, E. L. らによって最初に着手された[12]。上述のように形式陶冶は「……力」の無制限の転移を無根拠に前提としていたが，Thorndikeはその実験的検証に着手した。この結果「実際の転移は，二つの学習状況に同一のエレメントが含まれており，そのエレメントが刺激—反応—結合として理解される場合にのみ，「形式陶冶」の根拠がみられ」，したがってThorndikeは「無条件に生起するという形式陶冶の「転移」説に反対した」。こうして「……力」は無制限に転移するという形式陶冶の主張は否定され，上述の限定的条件の下でのみ思考力等は発生することが明らかになった。

続けて小笠原によれば，Thorndikeらの上述の転移研究に着目して「現代の教授＝学習理論に新しい方向をひらいたのがブルーナー（Bruner, J. S.）」であるが，形式陶冶と実質陶冶との関係をどのように捉えるのかという課題については，小笠原は「今日，両陶冶説の新たな展開によって，その真の統一の視点が探求されなければならぬであろう」と指摘するにとどまっている[13]。同様の課題を前にして元木健はBrunerの名前をあげて次のように指摘している[14]。「形式陶冶説の理論的根拠について，新しく一般的転移（nonspecific transfer），すなわち原理や態度の転移という概念で説明しようとしたブルーナー（Bruner, J. S.）らの教育内容現代化理論は，この形式陶冶と実質陶冶の対立を止揚する一つの糸口を見い出したといわれている」。このように形式陶冶と実質陶冶とを関係づける課題を前にして，小笠原と元木はともにBrunerをあげながらも，Brunerの学習論に基づけばその課題に"どのように"応えることができるのか，この点を具体的に説明していない。

したがってわれわれは今一度Brunerの学習論に立ち返って，同学習論によれば形式陶冶と実質陶冶との関係，すなわち思考力と知識との関係をどのように具体的に捉えることができるのか，この点を明らかにしなければ，第3の教育想念の具体的姿形を見定めることはできない（この点の検討は，形式陶冶と実質陶冶との「統一」「止揚」といった"便利な"用語で片づけられていると思われる[15]）。その検討作業が次項の課題となる。

（２）第３の教育想念の具体的姿形—非特殊的転移概念—

　本項では，どのようなかたちでBrunerの学習論が形式陶冶と実質陶冶とを関係づけているのかという観点から同学習論を再読する。この作業をBrunerの非特殊的転移概念に着目して進めることによって，形式陶冶と実質陶冶とを関係づける第３の教育想念の具体的姿形を提出する。

　この課題意識の下，Brunerの古典的著書『教育の過程[16]』を読み直してみよう。Brunerは「尺取虫」の事例を提示して，知識と思考との関係について次のように説明している[17]。１枚の板の上にのせた１枚のグラフ用紙を横断する１匹の尺取虫が，一直線に走行することを観察した後，板の勾配を30度にしてみる。この場合尺取虫はまっすぐ登らず，最大傾斜線に対して45度の角度で登る。さらに板を60度に傾けてみた場合，最大傾斜線に対して75度の角度で登る。この２つの実験からわれわれは，尺取虫は15度の傾きで登ることを好むという走行性を抽出できる。さらにこの尺取虫の事例から，動物一般は外的刺激に規定されて運動するという一般的知識（法則）を仮説的に把握すれば，「イナゴが群飛するときには，その群飛の密度は気温によって決定される」等の"事実"をこの一般的法則の"事例"として回収できる。

　このように「単純な」一般的知識を用いて未知の事象を回収（発見・解決）していく思考が，Brunerのいう非特殊的転移（nonspecific transfer）であるが[18]，この転移概念は，形式陶冶が強調する思考力と実質陶冶が強調する知識とを次のように関係づけている。まず，われわれが知識を未知の事象に対して使用できたときに，思考が生起するということである。裏を返せば，未知の事象を前にして思考が生起しないとき，われわれはその思考に必要な知識を持ち合わせていないということである。次に，知識が一般的なものであればそれだけ，思考が生起する場面はより広くなるということである。したがって未知に事象に対してより広く思考できる人は，その人の知識が量的に多いということのみならず，より広い場面に対処可能な一般的知識を持ち合わせているということである。

　このようにBrunerの非特殊的転移を読むならば，非特殊的転移の思考過程

は，形式陶冶と実質陶冶とを関係づける第3の教育想念の具体的姿形と見ることができる。その非特殊的転移と形式陶冶との違いを敷衍しておけば，未知の場面に対して思考が発生したとき，形式陶冶はその発生の理由を説明できないのに対して，非特殊的転移論は，その発生を可能とした知識を証拠として出せる。また形式陶冶が主張する幅広い転移という問題に対して非特殊的転移論は，幅広く使える一般的知識をその転移の必要条件としているので，幅広い転移を現実に可能とするひとつの途を教えている。他方非特殊的転移と実質陶冶との違いを敷衍しておけば，同じく一般的知識を所有しているといっても，われわれが一般的知識を未知の場面に対して使えず，ただただ暗記している場合は，「純粋な」実質陶冶の状況（＝知識の詰め込み状況）であり，この場合非特殊的転移の思考は生まれえない。両者を決定的に分け隔てる点は，未知の場面に対して使用できるように一般的知識をわれわれが所有しているか否かにある。

　以上本節の作業によって，教授学習過程に関する3つの教育想念を揃えることができる。第1の教育想念は，思考力等の「……力」の無制限の転移を無根拠に強調する形式陶冶，第2の教育想念は，知識の教授を強調する実質陶冶である。そしてわれわれは，一般的知識を使って未知の場面について思考する非特殊的転移を，形式陶冶（が強調する思考力）と実質陶冶（が強調する知識）とを関係づける第3の教育想念の具体的姿形として明示してきた。こうして3つの教育想念それぞれが専門的技能形成という問題にどのように関係してくるのか，この点を検討する準備ができたわけだが，この検討の前に次節では個別的知識の転移について考察して，知識の転移について今一歩検討を進める。この検討によって，第3の教育想念のもうひとつの具体的姿形を見定めたい。

3　第3の教育想念のもうひとつの具体的姿形
　　―Dewey, J. に依拠して―

　本節では，知識の転移についての検討をさらに進めて，第3の教育想念の具体的姿形をもうひとつ見定める。まず，個別的知識の転移を説明する「特殊的

転移」概念を提出して，次にDeweyの教授学習過程論の検討を通して，授業過程の中に「特殊的転移」の具体的姿形を見出し明示する。

（1）第3の教育想念のもうひとつの具体的姿形―「特殊的転移」概念―

本項では，一般的知識の転移を説明する非特殊的転移概念とは異なるもうひとつの知識の転移概念として，「特殊的転移」概念を提出する。

Brunerによれば，前に行われた学習が後の学習に転移するには2つの道がある[19]。ひとつは上述の非特殊的転移であり，もうひとつは「われわれがはじめに学習してできるようになった仕事によく似た仕事にだけ特別に適用性をもつ」という，Brunerが「訓練の特殊的転移（specific transfer of training）」と呼ぶ転移である。例えば「釘の打ち方を学習するならば，後になって，鋲の打ち方や木材の割り方をより上手にできる」という場合が特殊的転移である。このようにBrunerは一般的知識の非特殊的転移に対置するかたちで，身体技能の特殊的転移を提示している。ここで身体技能の場合に限らず知識の場合にも，特殊的転移と呼べる転移があるのかどうかが問題となってくる。

この問題に際して参考となるのが西林克彦の研究である。西林はBransford, J.D.による地理の例示を取り上げて，次の検討を行っている[20]。なぜ米国北西海岸のインディアンの家は杉の板材の家なのかという問題は，「(1)米国北西海岸→(2)降水量大→(3)大きい木が育つ→(4)杉の板材の家」というように，(1)(4)の知識間に(2)(3)の知識を挟み込むことによって理解できる。この(2)(3)のような知識の特徴として西林が指摘するのは，その直後の知識に対して転移がきく以外，転移可能性がないことである[21]。この転移可能性において，(2)(3)のような"個別的知識"は，「動物一般は外部刺激に規定されて運動する」（前節）といった一般的知識とは決定的に異なる。

この決定的差異を踏まえて小論では，Brunerの特殊的転移概念を"知識の転移の問題にまで拡張させて"，(2)の知識によって(3)の知識を把握する上述のような思考過程を「特殊的転移」と呼び，個別的知識の「特殊的転移」によって作られる知識の構造は，［知識(1)→知識(2)→知識(3)……］と図式化できるの

で，「事実連結型」と呼ぶことにする。これに対して前節の一般的知識の非特殊的転移によって作られる知識の構造は，[一般的知識—事例(1)(2)(3)……]と図式化できるので，小論では「事実回収型」と呼ぶことにする。

以上のように「特殊的転移」の場合も，われわれが知識を使用する場合に思考（力）が生起するという点において，思考力の訓練を主張する形式陶冶と知識の教授を主張する実質陶冶とを関係づける第3の教育想念のもうひとつの具体的姿形と見ることができる。ただし個別的知識はより広い場面での思考を保障しえないので，この点において，同思考を主張する形式陶冶の要求を満たすものではない。以上の作業では，授業過程の中に「特殊的転移」の具体的姿形を見出してはいないので，この検討を次項の課題とする。

（2）授業過程における「特殊的転移」の具体的姿形

本項では，Dewey実験学校の授業過程の中に「特殊的転移」の具体的姿形を見定める。この課題意識の下，Deweyの次の授業報告に着目してみよう。綿の繊維と羊毛の繊維との比較研究において，学習者は，その両繊維を取り出す直接経験から次の知識を被っている[22]。

- ［知識(1)］綿の繊維をたまざやと種子から離すのに30分かかってようやく1オンス足らずの繊維を得ることができた。
- ［知識(2)］綿の繊維は羊毛の繊維と比べて短い。綿の繊維は3分の1インチであるが，羊毛は3インチにも及ぶ。
- ［知識(3)］綿の繊維はなめらかなのでくっつきあわないが，羊毛はある粗さがあってそれが繊維をくっつけさせた。

これらの知識を土台として学習者は，次のように知識を連結させて思考を展開した[23]。「［知識(1)］—（だから）→羊毛の繊維をとりだす仕事は，綿花の繊維をとりだす仕事より容易なのだ」，「［知識(2)(3)］—（だから）→羊毛の繊維を紡ぐ仕事は，綿花の繊維を紡ぐ仕事より容易なのだ」。これらの知識を基礎と

して，さらに学習者は「—（だから）→羊毛産業と比較して木綿産業の発達は遅れたのだ」という仮説を立てるにまで至っている。このように知識を連結させて未知の事実を理解する思考過程は，この学習事例の他も『Dewey実験学校』の中に随所に読み取ることができる[24]）。

このように授業過程の中にも，個別的知識を用いた「特殊的転移」の思考過程を見出せる。個別的意識である［知識(1)］［知識(2)(3)］を使って学習者は，上記のように未知の事柄について思考している。この思考が生起した理由について形式陶冶は，われわれの中に内蔵されている思考力なるものが転移したからであると説明するが，これが理由とならないことは自明である。また上述の一連の思考は，［知識(1)(2)(3)］がただ記憶されている「純粋な」実質陶冶の状態でも生起しえない。一般的知識の非特殊的転移の場合同様に個別的知識の「特殊的転移」の場合においても，われわれは知識をもち，その知識を未知の事柄に対して使える場合にのみ，そこに思考が生起してくるのである。

以上本項までの作業によって小論は，教科内容の学習過程の中に，一般的知識による非特殊的転移と個別的知識による「特殊的転移」とを見出して，両者を，第1の教育想念である形式陶冶と第2の教育想念である実質陶冶とを関係づける第3の教育想念の具体的姿形として提出できる。これまでの作業を踏まえて小論はいよいよ次節において，教育学の教師の意識の基底にその3つの教育想念それぞれが敷かれている場合について，その教師のその教育学が学生の将来の教師としての専門的技能形成に役立ち得るか否かを明らかにする。

4　専門的技能形成を支援できる教育学

本節ではまず，教育学の教師の意識の基底に上述の3つの教育想念いずれが敷かれているのかに着目して，その教師のその教育学が専門的技能形成（その教育学を受講した学生の将来の教師としての専門的技能形成）に役立ち得るか否かを検討する。この検討を踏まえて次に，それが役立ちうるための教師（教育学の教師）の条件（能力）を明示する。

（1）専門的技能形成と3つの教育想念

　本項では，専門的技能形成と3つの教育想念との関係を明示する。

　まず，第1の教育想念である形式陶冶の教育想念の下で，教師が教育学の授業を行っている場合である。大学における授業のあり方が問われはじめて以来，参加型の授業が強調されてきていると思われる。この場合の授業の目的として，授業内容とは離れて，ディベートによる思考力の形成が掲げられていることがある。こうした授業は，その教師が意識しているか否かにかかわらず，授業内容を手段として思考力を訓練するという形式陶冶の教育想念に立脚している。上述のように思考力が無条件に転移するという形式陶冶の主張には何ら科学的根拠はない。例えばゴミ問題をめぐるディベートによって仮に思考力が訓練されたとしても，その思考力が数学の問題を解くときに役立つはずがない。数学の問題を解くには数学の知識が必要である。この具体的事例を確認するまでもなく，形式陶冶の教育想念が教師の意識の基底に敷かれている場合，その教師のその教育学は，学生の将来の専門的技能形成に役立つことはない。

　次に，第2の教育想念である実質陶冶の教育想念の下で，教師が教育学の授業を行っている場合である。この場合の授業として，教育学のいわゆる「基礎的概念」を項目列挙式に教授する伝統的授業を想起できる。この授業は，その教師が意識しているか否かにかかわりなく，学生の思考とは無関係に知識の伝達を強調する実質陶冶の教育想念に立脚している。この場合，学生が知識を未知の場面に使用して思考できるように，その教師は知識を選択・加工できないので，一層具体的には，学生の既知と反応させることを意図して，その教師は未知を選択・加工できないので，学生がその教師のその教育学の知識を未知に対して使用できる可能性は非常に小さいものとなる。したがって，その教師のその教育学が学生の将来の専門的技能形成に役立ちうる可能性は非常に小さい（仮にその教育学の知識を学生が将来専門的技能形成に（偶然的であれ必然的であれ）役立てることができたとしても，それはその教師の教育能力とは全く関係はなく，その学生の力量に全く属する事柄である）。このように実質陶冶の教育想念が教師の意識の基底に敷かれている場合にも，その教師のその教育学が，学生の将来の専

門的技能形成に役立つことは非常に難しい。

最後に，形式陶冶と実質陶冶とを関係づける第3の教育想念の下で，教師が教育学の授業を行っている場合である。この場合教師は，伝達する教育学の知識を学生が未知の場面で使用できるように，その授業内容（知識）を生産しなければならない。このためには教師は，伝達する教育学の知識を未知の場面で自ら使用できるかたちで，その知識を身につけておくことが基礎条件となる（この必要が満たされていない場合，その教師においてその知識は，上述の実質陶冶の場合同様の知識である）。この第3の教育想念に立つ教師は，知識の使い方（非特殊的転移および「特殊的転移」の思考過程）を含めて，授業内容（知識）を学生に説明できるので，学生はその知識を，"その使い方を含めて"学ぶことができる。したがってその教師のその教育学には，それが学生の将来の専門的技能形成に役立つ可能性を認めることができる。

以上のように，教師の意識の基底に3つの教育想念いずれが敷かれているのかに着目することによって，ある教師の教育学が学生の将来の教師としての専門的技能形成に役立ちうるのか否かを特定できる。これは，教育学がその専門的技能形成に役立ちうるのかを問うたものではなく，"ある教師によるある教育学が"その専門的技能形成に役立ちうるのかを問うたものである。この可能性を小論は，形式陶冶と実質陶冶とを関係づける第3の教育想念に立脚した教師の教育学に見出してきた。ここで誤解を避けるために指摘しておくならば小論は，第3の教育想念に立脚した授業内容ならば"自動的に必然的に"学生の将来の専門的技能形成に役立つ，と結論づけているのではない。ここでの小論の結論は，その授業内容（を作れる教師の能力）が将来の専門的技能形成に役立ちうるための"必要条件"である，ということである。

（2）第3の教育想念に立脚する教育学の生産方法

前項では，形式陶冶と実質陶冶とを関係づける第3の教育想念に立脚する教育学に，学生の将来の教師としての専門的技能形成に役立つ可能性を見出してきた。これまでの検討結果から導き出すかたちで本項では，第3の教育想念に

基づく教育学の生産方法を明示する。これはそのまま，上記可能性を保障するための教育学の教師の条件（能力）を明示する作業である。ここでの作業もこれまで同様に，教育学の中でも教育内容・方法論を意識して進める。

　第3の教育想念に基づく教育学の生産方法は，これまでの小論の検討結果から次のように導き出せる。第3の教育想念の具体的姿形のひとつである非特殊的転移は，一般的知識を使って「事実回収型」の知識の構造を作っていく思考であり，その具体的姿形のもうひとつである「特殊的転移」は，個別的知識を使って「事実連結型」の知識の構造を作っていく思考であった。この検討結果を踏まえれば，その両思考を"意図的に"使用して教師が参考文献を読解して，「事実回収型」と「事実連結型」の知識の構造を作り上げるかたちで，教育学（の授業内容）を生産することが，第3の教育想念に基づく教育学の生産方法である。この生産能力が教師側にあれば，教師は知識を"その使い方をも含めて"教えることができ，その教師の教育学の授業において，学生はその知識をその使い方をも含めて学ぶことができる。したがってその教師の教育学の授業内容（知識）には，学生の将来の専門的技能形成に役立つ可能性を見出せる。

　その第3の教育想念に基づく教育学の生産方法を敷衍するために，まず「事実回収型」に基づく授業内容（教育内容・方法論）の生産方法について，小学校理科の「花と実」の単元を事例として説明してみよう[25]。実の概念について教えようとするとき教育学の教師は，学生が実の用語を未知の場面に対して使えるように，実の用語を定義できなければならない。実の用語を例えば「花が咲いた後にその場所に出来るもの」と定めたならば，教師は次に，この一般的知識を使ってこの知識の事例を回収できなければならない（この思考によって教師においてその知識は一般的知識になるわけである）。この非特殊的転移によって教師は，一般にわれわれにおいて未知であるジャガイモの実やバラの実などを発見・回収できる。このように教師が一般的知識を自ら使用して「事実回収型」の知識の構造を作り上げることが，「事実回収型」の知識の構造に基づく授業内容の生産方法である。

　次に「事実連結型」に基づく授業内容（教育内容・方法論）の生産方法につい

て，総合学習として実践されてきているサトウキビの授業を事例として説明してみよう。サトウキビはC3植物より光合成速度が大きいC4植物であるという個別的知識を思考の出発点とすれば[26]，カリブ海諸島の歴史と現状に関する情報を前にして，次の「特殊的転移」の思考を展開できる。「サトウキビはC4植物である─（だから）→土地を急速に疲弊させる─（だから）→近世において西欧人がカリブ海諸島でサトウキビを大量に作ったとき，作付け地を次々に移動させなければならなかったのだ（一度作付けした土地は次には使いものにならない）─（だから）→奴隷労働による大量のサトウキビ栽培で，カリブ海諸島の土地は壊滅した─（だから）→カリブの島々では現在でも貧困な状態を強いられているのだ（土地は主要な生産手段である）」[27]。このように教師が個別的知識を自ら使用して「事実連結型」の知識の構造を作り上げることが，「事実連結型」の知識の構造に基づく授業内容の生産方法である。

　以上のように非特殊的転移によって「事実回収型」の知識の構造を作り上げていくかたちで，また「特殊的転移」によって「事実連結型」の知識の構造を作り上げていくかたちで，教育学（教育内容・方法論）の授業内容を生産していくことが，第3の教育想念に基づく教育学の生産方法である。この能力が教育学の教師にある場合，上述のように教師は知識を"その使い方をも含めて"教えることができるので，学生はその知識を"その使い方をも含めて"学ぶことができる。したがってその生産方法と教授方法に基づけば，その教師のその教育学が学生の将来の専門的技能形成に役立つ可能性を認めることができる。つまりその学生が将来教師になったとき，その教育学で学んだ授業内容およびその生産方法を自らの授業内容の生産に役立てる可能性を認めることができる。以上本項は，教育学が学生の将来の教師としての専門的技能形成に役立つために，教育学"の教師に"要求される基礎条件（能力）を明確にしてきた。

5　専門的技能形成を妨げるもの

　最後に小論の補論として本節では，まずDeweyに依拠して，形式陶冶ある

いは実質陶冶の教育想念の問題点を潜在的カリキュラム論として検討する。次に丸山真男に依拠して，専門的技能形成に役立ちうる教育学を作り出していく上で，その妨げとなる「状態的思考」について論及する。

（1）第1・第2の教育想念による潜在的カリキュラム

本項では再びDeweyに依拠して，形式陶冶あるいは実質陶冶の教育想念に基づいた教師の教育学が，教師と学生両者の精神の中にどのような潜在的カリキュラムを産出せしめるのか検討する。この検討は，両教育想念に基づく教師の教育学が専門的技能形成に役立つ可能性が非常に小さいという小論のこれまでの結論に対して，その根拠を学習心理の視角から提出するものである。

形式陶冶が「……力」の無制限の転移を主張する教育想念であったことを確認して（第1節・第1項），まず，記憶力の訓練を名目として教師が単語の暗記をやらせている授業場面を観察してみよう。この授業の問題点についてDeweyは，次のように説明する。学習者は単語の形状にのみ観察力を集中させられる結果，単語が有する他の諸刺激，例えば習慣的に使用される文脈・語源・派生語等が学習者の知性から故意に外されていくこととなる[28]。したがって学習者は単語の形状だけに注意し，その記憶に専心すればするほど，その学習が以降の学習場面に転移し役立つ可能性は小さくなる[29]。

この点についてDeweyは次のように敷衍する。

> 彼〔学習者〕は，文字の形状によって与えられる刺激と，口頭または筆記による再生という運動反応とを選び取っているだけなのである。〔……〕生徒が単に文字や単語の形状だけについて練習させられているときは，他の観察や回想（再生作用）において使われる刺激と反応の結合は，"故意に取り除かれる"。それらは，取り去られてしまうのだから，必要なときに回復させることができない。語形を観察し，想起するために獲得された能力は，他の事物を知覚し，想起するためには役に立たない（強調点は引用者）[30]。

ここにDeweyが指摘するように，教師が学生に単語の形状一点に専心させれ

ばさせるほど，両者の精神は，単語を複数の刺激体（例えば単語の接頭語・接尾語は刺激のひとつである）として見ることができなくなる。したがってある未知の単語を前にしたとき両者は，例えば共通の接頭語あるいは接尾語をもつ単語を既知の単語から想起して，未知の単語の意味を推測できなくなる[31]。この単語の記憶の事例が示すように，形式陶冶の名目とは対照的に，知識の単なる記憶は以降の学習場面に転移しない。

この形式陶冶の負の教育作用は，実質陶冶に基づく教師の授業にも容易に見出すことができる。単語記憶の場面において，単語（内容）を手段として形式陶冶が記憶力の訓練を目的とするに対して，実質陶冶は単語（内容）の記憶そのものを目的とする。このように両者は目的こそ異にするが，教師が学習者に単語の記憶に専心させる点は全く同じである。したがって上述の負の事態，すなわち学習者が未知の単語に適応できるように，単語の語根等に着目して単語を記憶できない事態は，実質陶冶に基づいた単語学習においても産出する。この否定的事態は，実質陶冶に基づく授業一般に，具体的には知識のいわゆる棒暗記に終始する受験勉強一般に，あるいは教育学の「基礎的概念」を項目列挙式に教授する授業一般に容易に見て取ることができる。

このような知識の棒暗記による否定的事態は，もうひとつの説明を与えるならば，われわれの精神が知識の指示対象（知識が指し示している実際の事柄）をつかみ取れないまま，その知識を"単なる"記号として獲得する事態である。この否定的事態は，例えば「$y=0$」という知識が指し示している実際の事柄を知らないで，「$y=0$」をグラフに書けるだけの状態である（その逆の肯定的事態は，その実際の事柄をつかんでおり，「$y=0$」の知識を使ってその他の実際の事柄を探し出し回収できる状態である）。また教育学の事例で説明すれば，その否定的事態は，「形式陶冶」「実質陶冶」という用語の指示対象をつかみ取れないまま，その用語あるいはその用語の一般的説明を記憶している状態である。このような「学習」が未知の場面に役立たない根本の要因は，知識の指示対象をつかみ取れていないという点にある。

この否定的事態"の後には"，われわれ人間の精神はどのようになるのであ

ろうか。すなわち，形式陶冶あるいは実質陶冶（に基づく授業）による負の教育作用が作用"し続ければ"，われわれの精神はどのようになるであろうか。この点についてもDeweyが指摘しているように，知識の指示対象を知らないで知識を単なる記号として見るように仕立てあげられた精神は，"次には"，その知識のその現実性（指示対象）を"期待しないようになる"[32]。つまりわれわれの精神は，知識の指示対象を考え探し出そうとさえしなくなり，そもそも知識なんてそんなものなんだと無意識裡に割り切るようになる。上述の「$y = 0$」の事例に戻れば，その指示対象をつかめない自らの事態に対して，"最初のうちは"「わからない」と反応できても，知識の棒暗記を重ねるに応じて，"次第に"その反応さえできなくなるということである。

　このように二段階でわれわれの精神が麻痺していく過程は，形式陶冶あるいは実質陶冶に基づく教師の授業によって，教師と学生両者の意識を超えたところで，"知らず知らずの間に"両者の体内で進行する過程である。したがってこの過程とその結果は潜在的カリキュラムに属する[33]。その授業は，顕在的カリキュラムにおいて，記憶力の訓練あるいは知識の記憶を掲げながら，潜在的カリキュラムにおいて，知識が単なる記号として頭の中に蓄積するだけの「知識の静的な低温貯蔵[34]」状態に学生を仕立てあげる。

　以上の検討結果は，形式陶冶あるいは実質陶冶の教育想念に基づいた教師の教育学は学生の将来の教師としての専門的技能形成を支援できないという前節の結論に対して，次のようにひとつの根拠となる。その教育学の授業において学生は，"まず"，知識の指示対象を知り取ることができないままその知識を獲得する結果，知識を使う思考（非特殊的転移・「特殊的転移」）ができない状態となる。"次に"，知識の指示対象を知り取ろうとさえしなくなる結果，その症状はいっそう深刻化して，知識を使うということ自体どういうことなのかわからなくなる。この負の教育作用を形式陶冶と実質陶冶の両教育想念に見出すことによって本項は，前節の上記結論を裏づけてきたわけである。

（2）第3の教育想念を妨げる「状態的思考」

　本項では丸山真男の「状態的思考」論を用いて,「状態的思考」なるものが第3の教育想念の形成を妨げるということを明示する。結論を先に述べておけば,教育学の教師は「状態的思考」を意識の根底から摘出しない限り,その教育学は学生の将来の教師としての専門的技能形成を支援することはできない。

　第3節・第2項で検討したように,形式陶冶と実質陶冶とを関係づける第3の教育想念は教師に対して,教育内容を生産する能力を要求した。第3の教育想念の具体的姿形のひとつである非特殊的転移は教師に対して,一般的知識を使って「事実回収型」の知識の構造を生産していくことを要求した。またそのもうひとつの具体的姿形である「特殊的転移」は教師に対して,個別的知識を使って「事実連結型」の知識の構造を生産していくことを要求した。この2つの知識の構造を作り上げていく過程は,教師が文献中の知識を"検証しながら"身につけていく過程である。あるいは同過程は,教師が文献中の情報に依拠して一般的知識や個別的知識を生産しながら,そしてそれらを使いこなしながら身につけていく過程である。このように第3の教育想念は教師に対して,文献中の情報を自ら検証できる"厳しい"眼を要求する。

　この検証の眼をもち合わせていない場合,われわれは文献中の知識を使いこなせず,その文献を眺め進めるだけである。このとき,一方の可能性としてその著者への無関心が,他方の可能性としてその著者への信仰が発生する。後者は,丸山真男が指摘する理論信仰の精神である[35]。この理論信仰とは,理論（知識）の意味や機能を反省できないため,理論そのものを信仰する精神である。例えばBrunerの学習論を自ら使いこなせず,その学習論の意味や機能を反省できないとき,その理論は"単なる公式として"われわれの脳中に残る。したがってこの読書形態は,ただ単に舶来物（者）に憧れるBruner信仰が発生する地盤となる。これは,国内の理論であれ国外の理論であれ,理論を"既成品として"受け取る精神である[36]。

　この理論信仰の精神を批判した後,丸山は,その精神が「制度の物神化と精神構造的に対応している」ことを指摘して[37],さらに制度物神化の精神の奥底

に「状態的思考」なるものを洞察している。「状態的思考」とは「善い制度からは必然的に〔自動的に〕善事が，悪い制度から〔は〕必然的に悪事が生み出されるという思考パターン」の背後に存在するもので[38]，「理想的な社会や制度が一つの「模範的」な状態として，いわば青写真のように静止的に想定されている」と無意識裡に想定している思考である[39]。例えば「日本は民主主義の国"である"以上（強調点は丸山）」といった言い回しには，丸山が指摘するように，「状態的思考」を確かに看取できる[40]。つまりその発言者の体内には，民主主義を"作るもの"としてではなく，"あるもの"として静止的に想定している「状態的思考」を見て取ることができる。

この「状態的思考」は，社会・制度を見る目の奥に限らず，理論・思想を見る目の奥にも見出すことができる[41]。例えば「経験主義教育は"万能"ではない（強調点は引用者，以下同）[42]」という指摘者や「世界史上における最高の諸思想も決して"完璧"ではなかったように，デューイのすぐれた教育理論ももとより"完全"ではない[43]」という指摘者の目の奥には，万能なる理論を無意識裡に想定している「状態的思考」を看取できる[44]。この「状態的思考」がわれわれの体内に巣食っている場合，「Deweyの学習論には限界がある」という「学界」の噂が流れたとき，われわれはその噂を無条件に正論として受け取り，Deweyの学習論にためらいなく見切りをつけ，up to dateな他の著者（書）に完璧・完全なる理論を求めて飛びついていくと予想できる[45]。

以上の「状態的思考」が教育学の教師の体内で無意識の風土となっている場合，その教師は，形式陶冶と実質陶冶とを関係づける第3の教育想念に基づく教育学，すなわち，学生の将来の教師としての専門的技能形成に役立ちうる教育学を作り出していくことはできない。なぜなら第3の教育想念は，「状態的思考」に規制されている理論信仰（理論を既成品として受け取る精神）とは真逆の実験的思考によって，すなわち上述の「文献中の情報を自ら検証できる"厳しい"眼」によって，はじめて形成されるものだからである。したがってその教師は，万能な理論を無意識裡に想定する「状態的思考」を意識の根底から摘出しない限り，学生の将来の専門的技能形成を支援することはできない。このよ

うに専門的技能形成にかかわる問題であればこそ小論は,「状態的思考」なる精神について最後に論及してきたわけである。

6　おわりに—小論の総括—

　専門的技能形成"と"教育学という課題を前にして，以下のように小論は検討を進めてきた。多くの場合教育学の授業は，将来教師となることを志望する学生を相手として，教育学の教師によって行われる。ある特定の教師によってある特定の教育学がある特定の学生に対して伝達される。その伝達された教育学が，その学生の将来の教師としての専門的技能形成に役立ちうるかどうか（全く役立たないとすれば，その教育学の受講は無駄であるという結論か，余暇にすぎないという結論になる），この点を検討するために小論は次の途を見出してきた。それは，形式陶冶の教育想念，実質陶冶の教育想念，両者を関係づける教育想念それぞれが，学生の将来の専門的技能形成に役立ちうるかどうかを判定するという途である。この点を判定できれば，ある教師の教育学がその3つの教育想念いずれに基づいているのかを場合分けして，その教育学が学生の将来の専門的技能形成に役立ちうるかどうかを明らかにできる。この方法によって小論は，専門的技能形成と教育学という課題にひとつの解答を与えて，同課題の今後の研究に対してひとつの礎石を作ってきた。

　以上の方法に基づいて小論が専門的技能形成と教育学という課題を検討してきたのは，教育学の中に次の実情を観察できるからである。それは教育学の教師が小学校・中学校・高校の教育内容を加工・生産する中で，教育学を作ることができていない実情である。教育学の教師の中で，例えばブルーナーの非特殊的転移論を紹介するにとどまらないで，同論に基づいてその教育内容を加工・生産できている教師がどれだけいるであろうか[46]。その教育内容の加工・生産なしに教師が教育学を学生に伝達している場合，小論が論証してきたように，その教育学が学生の将来の教師としての専門的技能形成に役立つ可能性は非常に小さい。その理由を端的に振り返っておけば，その教育内容を加工・生

産する方法（思考過程）を教育学の教師が学生に伝達していない場合，将来においても学生は教育内容を加工・生産する指針を持つことができないからである。このように学校の教育内容を加工・生産をする中で教師が教育学を作れることが，専門的技能形成を支援できる教育学の基礎条件となる。

最後に小論は，本書第2部の「女性のキャリア形成と教育」の題目に立ち返って，自らの検討結果を総括しておかなければならない。キャリアの用語を専門的技能形成という基礎的意味に限定して，さらに専門的技能の中身を授業生産能力に限定して，学生の将来の教師としてのキャリア形成を支援できる教育学（者）の基礎条件について小論は検討してきた。この検討を小論は将来教師を志望する学生一般を想定して進めてきた。この想定の下で進めてきた小論の検討結果は，将来教師となる女性の学生に対しても，ほとんどが女性で占める幼児教育科の学生に対してもそのまま妥当する。幼児教育学を教師が作る場合にも，形式陶冶と実質陶冶とを関係づける第3の教育想念に基づくことが，その学生の将来の教師としての専門的技能を支援できるための基礎条件であることに変わりはない。この基礎条件は教育学一般におけるそれである。この点を確認して，小論の検討作業を終えることにする。

〔注〕
1）「キャリア」…新村出編〔1998〕『広辞苑（第五版）』，岩波書店。
2）Bruner, J. S.（佐藤三郎訳）〔1963〕『教育の過程』，岩波書店，pp. 21-41。
3）Dewey, J. 〔1976〕*The School and Society*, Southern Illinonis University Press, 1976, pp. 13-14. なお小論は同書を訳出する際，宮原誠一訳〔1957〕『学校と社会』（岩波書店）を参照している。
4）向山浩子〔1987〕『教職の専門性―戦後教員養成論の再検討―』，明治図書，p. 87。
5）岩田康之〔2001〕「『教師の専門性』研究の方法論的課題」『日本教師教育学会年報』第10号，p. 70。この論稿において岩田は，個々の教師の資質・力量形成の過程に焦点づけた（＝「個還元的な」）「教師教育研究」と，マスとしての教員の資質・力量を確保する手だてに焦点づけた（＝「全体還元的な」）「教員養成研究」との結節点を見出していくためには，教師教育における「何を教えるか」という課題を，その内容の公

的側面を明らかにしつつ見据えていく必要があろうと指摘している。このように教師の専門的技能形成との関連で教育学のあり方を見直す作業は，その方法こそ異なるものの，Fleming, S. の研究（Fleming, S. other〔2004〕"Continuing Professional Development：Suggestions for Effective Practice", *Journal of Further and Higher Education,* vol. 28-2., pp. 165-177）などに見ることができるように，近年国外でも広く問われてきている。

6) Dewey, J.〔1966〕*Democracy and Education*（以下，*Democracy*）, A Free Press, pp. 61, 64. なお小論は同書を訳出する際，松野安男訳〔1975〕『民主主義と教育』（岩波書店）を参照している。

7) Dewey, J. *op. cit., Democracy,* pp. 62, 64-65.

8) *Ibid.,* p. 62.

9) *Ibid.,* p. 64.

10) 小笠原道雄〔1990〕「形式陶冶・実質陶冶」『新教育学大事典』，第一法規。

11) 元木健〔1978〕「陶冶」『教育学大事典』，第一法規。Herbart を実質陶冶の立場とみる解釈は，小笠原道雄（前掲「形式陶冶・実質陶冶」），山田栄〔1954〕（「実質陶冶」『教育学事典』，平凡社）にも見ることができる。この Herbart 解釈には筆者は同意していない。拙稿〔2004〕「J. デューイにおける J. ヘルバルト表象心理学の批判・継承―進歩主義社会を意図する経験主義の構想手続き―」（『東北大学大学院教育学研究科研究年報』第52集）において筆者は Dewey に依拠して，われわれ人間の脳中で既知の知識と未知の知識とが関係づけられるときに思考（力）が発生するという精神のメカニズムを，Herbart の表象心理学の根幹として理解している。これは，Herbart は Dewey や Bruner に先だって，形式陶冶と実質陶冶との関係づける方法をすでに提出しているという見方である。

12) 小笠原，前掲「形式陶冶・実質陶冶」。

13) 同上。

14) 元木，前掲「陶冶」。

15) この他にも経験と教科との「統一」「止揚」といったかたちで，教育学ではその用語が用いられることがあるが，この用語の使用は次の根深い問題を孕んでいると思われる。その用語の使用によって，その使用者が経験と教科との"間"を思考することを一切止めてしまうという問題（思索の怠惰）である。さらには，その使用者が例えば「Dewey の学習論は経験と教科とを統一・止揚した学習論である」という文章で Dewey「研究」を総括した場合，この文章の読み手までが，その統一・止揚は"どのようなかたちで"なされているのか一切問わなくなる危険性が，読者側にも生まれてくると思われる。以上の意味において"われわれの"統一・止揚という用語には，わ

れわれに思考を放棄させる作用がある思われる。
16) Bruner, J. S., 前掲書。
17) 同上書, pp. 7 - 9。
18) Bruner, J. S., 前掲書, pp. 21 - 22。
19) 同上書, p. 22。
20) 西林克彦〔1994〕『間違いだらけの学習論』, 新曜社, pp. 81 - 83。
21) 同上書, pp. 93 - 94。
22) Dewey, J. *op. cit.*, *The School and Society*, pp. 13 - 14.
23) *Ibid.*, pp. 13 - 14.
24) Mayhew, K. C. Edwards, A. D.〔1936〕*The Dewey School*, Reprinted by Atherton Press, 1965.
25) この実践の一例として, 鈴木賀子〔1973〕「花と実（小3）」（極地方式研究会編『極地方式の授業71』評論社）を参照されたい。
26) 石井龍一〔2000〕「高い光合成能力で砂糖を作る―サトウキビ―」『役に立つ植物の話』, 岩波書店, pp. 136 - 141。
27) 川北稔〔1996〕『砂糖の世界史』岩波書店, pp. 28, 205 - 206, 198 - 199。
28) Dewey, J. *op. cit.*, *Democracy*, p. 64.
29) *Ibid.*, p. 65.
30) *Ibid.*, p. 65.
31) 拙稿〔2002〕「J. デューイの形式陶冶批判―〔進歩主義―経験主義〕の認識論的関係の構成手続き―」（『日本デューイ学会紀要』第43号）参照。
32) Dewey, J. *op. cit.*, *Democracy*, p. 161.
33) 潜在的カリキュラム論とは, 学校教育の中で無意識裡に学習者が獲得している内容, および学校教育のその無意図的な形成作用を解明する研究領域である（佐藤郡衛「潜在的・顕在的カリキュラム」『新教育学大事典』, 第一法規）。
34) Dewey, J. *op. cit.*, *Democracy*, p. 158.
35) 丸山真男〔1961〕『日本の思想』岩波書店, p. 58。
36) 同上書, p. 58。
37) 同上書, p. 58。理論信仰と制度物神化との対応関係の一例として, 上述のBruner理論の信仰者が, 系統学習を強調する学習指導要領（制度）に対して, 無条件に完全同調する姿をあげることができる。その信仰者は, Bruner理論の意味や機能を認識できないで同理論を信仰しているので, 学習指導要領の系統学習とBrunerの系統学習との質的相違を認識できない。したがってその信仰者は, 学習指導要領が系統学習という名称を掲げているだけで, 学習指導要領を是とすると予想できる。

第 2 部　女性のキャリア形成と教育

38) 同上書, p.167。
39) 同上書, p.168。
40) 同上書, p.169。
41) この点に関連することとして丸山は,「状態的思考」の用語こそ用いてないが, 次のように指摘している。「憲法その他の法的＝政治的制度を, 制度を"つくる"主体の問題からきり離して, "完結したもの"として論じる思考様式は, 思想や理論を既成品として取り扱う考え方とふかく連なっている（強調点は丸山)」(同上書, p.42)。
42) 船山謙次〔1958〕『戦後日本教育論争史』東洋館出版社, p.106。
43) 広岡亮蔵〔1968〕「ブルーナー研究」『授業研究』第54号, 明治図書, p.5。
44) このように完全・完璧な"万能薬"を意識の彼方に想定する「状態的思考」は, 例えば"どこから"発生してくるのだろうか。教育学の「古典的」課題となっている, 経験主義学習か系統主義学習かという課題を問うとき, われわれはまず次の点を認識しておかなければならない。それは, 経験主義学習は児童の経験に重心を置くため児童中心主義になる危険性を, 系統主義学習は知識の体系に重心を置くため知識注入主義になる危険性を"予め内在させている", ということである。この危険性はいずれも摘出"不可能"なものである（したがって教師は, 教える過程でその危険性が現われてきていないかどうかを随時自らに尋ねつつ, 教えるという営みを行う他に途はない)。それらの危険性が摘出"可能"であると無意識裡に勘違いしているところから, 万能な学習論を彼方に想定する「状態的思考」が発生してくると考えられる。
45) 誤解を避けるために指摘しておけば,「状態的思考」という思想的病の根っこは, 既存の理論の中に当人自らが課題を見出しその理論を少しずつ"完全な方向へ"近づけていく思考を放棄して, "完全な"理論を現実の彼方に無意識裡に想定している点にある。その無意識裡の思考放棄が「状態的思考」の病根であり,「状態的思考」は, 既存の理論を完全な方向へ近づけようとする思考を否定する用語では全くない。
46) この数が少ない実情は, 池野範男の次の指摘からもわかる。「我が国の発見学習は学習方法ととらえられたためか, 学習指導法に特化し, 学習指導要領の内容に従った単元を開発するにとどまり, 内容の改革や開発と結びつくことがなかった。そのために, 発見学習にもとづいた多くの社会科授業はブルーナーの主張した学問の構造の学習という質の高い知識生成学習も, 本来意図した知性の育成も果たすことはなかった」(池野範男〔2000〕「発見学習」日本社会科教育学会編『社会科教育事典』ぎょうせい)。

(梶原　郁郎)

第9章

キャリア形成における商業教育

1 はじめに

　地方における企業内での経済活動や地域の商業活動を担う人材を育成してきたのは，商業教育を実践している教育機関，特に高等学校である。とりわけ女性は家族と一緒に住んでいる地域の学校に通学し，就職するという傾向にある。したがって戦前から戦後にかけて女性が職業をもつ過程は，職業教育があって，働く場が開拓されていく過程そのものであると考えられる。

　ここでは商業高校の教育課程の科目変遷を軸に，キャリア形成としての商業教育を考察する。具体例として，戦前に設立され戦後にかけて商業教育を実践してきた3校を紹介する。浜松で最初に設立された男子校の浜松町立浜松簡易商業学校（現静岡県立浜松商業高校），法人立（後に私立）で創立された男子校の興誠商業学校（現興誠高校），法人立で女子校の浜松女子商業学校（現芥田学園高校）である。

2 教育改革と商業高校

　明治期の初め，産業の発達とともに産業教育の必要に迫られた。近世の徒弟制度に代わって，商人の子弟の教育つまり後継者養成の機関として実業界から

望まれたのである。商業学校のはじまりは，商法講習所など官省や民間からの出発であった。近代学校制度として文部省管轄の制度が整えられるのは，明治32年実業学校令からである。以後全国で自治体が設立した商業学校（市立），商業会議所の商業学校（法人立），実業家による私立商業学校が設立され，職業人の教育をめざしていく。

第2次世界大戦後，新制度の教育が始まり，昭和22年文部省通達「新制高等学校の教科課程等に関する件」で「高等普通教育を主とする高等学校」と「実業を主とする高等学校」と2大別し，商業高校は後者として職業人の早期育成を図ることになった。

また，職業教育のうち工業教育は，科学技術の革新による高度経済成長，産業構造の高度化を予想し，技術者養成のため昭和30年代初めから充実が図られたが，商業教育は後追いする傾向にあった。

一方国民の教育への関心は高度経済成長の下で高まり，昭和25年には約43%であった高校進学率が，昭和29年に50%を超えた。さらに昭和40年に70%を，昭和49年には90%を超えるようになり，現在は95%前後にとどまっている。まさに高校の準義務教育化という実態になってきている。

高校就職率は昭和49年で48%と高い水準であった。また，昭和48年では高卒に対する求人倍率は8倍に達していたという[1]。この理由は，高度経済成長のなかで企業が拡張を続けるため，新規学卒一括採用，終身雇用，年功序列制の仕組みが定着していった時代背景とも合っていたことにある。

高校は就職希望者に対し1人1社を紹介して，企業は学校からの紹介をもとに採用を決定していた。高校では，職業に就くためのマナーを含めた教科指導，職業を選ぶための指導などをきめ細かく行うことで企業に高質の人材を送り出し，企業はその教育の成果を認めて実績に基づいて採用する方式である。この方式は高校と企業の実績に基づく信頼関係を築き，企業への安定した人材の供給に一役買っていた。日本経済や企業が連続的にある程度の成長を遂げているうちは，新規学卒一括採用で企業が社内教育をし，そのまま長期的に勤めることが，企業側にも職業指導を行う高校にも，さらに就職する高校生にも都合が

よかった。

　ところが企業の成長そのものが望めない状況下では，日本経済や企業の構造そのものが変化し，また職業に対する高校生の考え方も多様化する中で，今まで安定した供給源であった高校の1人1社方式はかえって足かせになり，廃止されていく傾向にある。

　また，経済成長による所得増は，国民の関心を高等教育へ向かわせ，大学進学率も昭和30年18%から昭和49年32%，平成13年45%と上昇する。高校への進学率と大学等への進学率の増加は，必然的に高校，大学等高等教育の質の変化を招く。

　量の変化を受けて，昭和46年中央審議会が出した「今後における学校教育の総合的な拡充整備のための基本的施策について」の答申，いわゆる「四六答申」が大きな改革の第1段階である。「四六答申」では，初等中等教育会の基本構想として，発達課程に応じた学校体系の開発とその先導的試行，学校段階の特質に応じた教育方法の改善，公教育の質的水準の維持向上と教育の機会均等の保障などさまざまな提言が行われた[2]。このうち学校体系の先導的試行，高等学校の種別化等は実施されなかった。

　さらに，昭和50年代の教育課程の改訂は学校生活でのゆとりをめざすもの，昭和60年代は個性重視，生涯学習への対応を踏まえ，国際社会に生きる日本人の育成と，社会の変化に対して主体的に対応できる心豊かな人間の育成をめざした。ここでは社会の成熟と呼応し，画一主義と学校中心主義からの脱却をも求めている。平成10年教育課程審議会答申では，その傾向をますます強め，豊かな人間性や自ら学び自ら考える力などの生きる力を育成することをめざしている。

　商業高校での教育課程の変遷を学習指導要領①昭和22年版，②昭和25年版，③昭和31年版，④昭和35年版，⑤昭和47年版，⑥昭和54年版，⑦平成元年版，⑧平成11年版でみる[3]。このうち⑤昭和47年版では，高度経済成長下の企業規模拡大と職務の多様化の要請を受け，情報処理科，営業科，秘書科などの小学科が設けられた。ところが⑥昭和54年版では，高校進学率と大学等への進学率

の増加から，基礎教育の重視，専門教科・科目の最低必要単位数の引下げ，過度の専門分化傾向の是正が求められ，秘書科，貿易科は高等教育に移されるものとして廃止されている。さらに昭和60年理科教育および産業教育審議会の答申「高等学校における今後の職業教育の在り方」では，情報化，サービス経済化への対応，教育課程の弾力化，多様化，職業教育にあたっての学校間，地域社会との結びつき等を提言し，それは⑦平成元年版に反映されている。

商業教育における高校の教育課程改革は，社会の要請で一時期多段階に分化されたものの，高学歴化に伴う社会構造の変化が，専門教育機関としての地位を奪い，商業高校は高等教育への通過点になりつつある。そこが専門教育機関として早くから整えられた経緯がある理工系高校教育との違いである。

就職での企業と高校の実績採用，生徒と学校の1人1社推薦方式は，すでに産業構造の変化で機能しなくなっているが，長年にわたり地域社会，企業への安定した職業人供給に役立っていたと考えられる。

3　女子の商業教育と事務職

明治以降の女子教育は，明治30年に女学校が広く認知され，進学率も上がってきた。しかし，教育内容は，その頃から台頭してきた「良妻賢母思想」に影響され，家政重視の教育であった。明治34年高等女学校令施行規則では，一般教養科目は全体の6割，家事・裁縫は週あたり46時間で全体の2割とする旨を定めた[4]。ところが，高等女学校は良妻賢母育成に寄与していない，という世の批判から，文部省は明治43年「高等女学校令」を改正し，家政科を学ぶ実科高等女学校を設置した。他に実技を学ぶ学校として裁縫補修女学校，技芸女学校，裁縫塾などが多数あった。

最初の女子商業学校は，明治41年名古屋女子商業学校である。その後明治43年東京女子商業学校が設立されたが，大正10年に「商業学校規定」改正後，昭和初期にかけて全国で多数設立されている。そのころは女性が百貨店，銀行などに勤め始め，女子が商業を修めることを社会が認め始めた。しかし，女性が

職業をもつようになったからといって,職業の専門性を求めていたわけではない。あくまでも良妻賢母主義に立脚した職業教育である。大正6年内閣に設置された臨時教育会議の答申では,「女子ノ職業ハ漸次発達スヘシト雖,一面ニ於イテハ之カ為往々家族制度ノ破壊セラルルノ傾向ヲ来スヘキヲ以テ,教育上大ニ注意スル所ナカルヘカラス」とあった[5]。

女子教育に対する文部省の考えをみると,明治以降昭和初期まで「女性は家庭に」という方針に変わりがなかった。

戦後は新教育制度の下,男女平等の教育を受け,女性が職業をもつことは普通になった。そして,大学等への進学率増加とともに,高校での商業教育の役割は,商業実務系の各種学校・専修学校,短大に引き継がれることになる。

さて,職業と教育は密接な関係をもつが,「女性事務職」という職種はいつごろ現れたのであろうか。

「一般事務職」は,現在では女性が主に携わる仕事とされている。しかし,明治時代は主に男性が従事する仕事であった。女性事務職の採用は明治20年代後半からである。昭和5年には事務職の4人に1人が女性であった[6]。事務職の中でも,事務員,タイピスト,雑務を引き受ける給仕などに分かれていたとみられる。戦後は秘書がもてはやされ,事務機械化が進むとキーパンチャーが現れた。

女性が企業で働くようになると,女性に要求する能力として,特に「接遇」があげられる。「接遇」は顧客に接する業務で「感じのよさ」を求める。商業学校ではこの能力を育成してきたと考えられる。

4 浜松市における商業の状況と商業学校

地方都市における商業の状況と商業学校の変遷を,浜松を例に検証する。

明治後期から大正時代には,工業の発展とともに商業も躍進している。浜松市の商店数は,大正4年約2,000店で全戸数の25%,昭和4年約5,800店,松菱百貨店が開店した昭和12年には約9,500店となり,商店街が整備され,商業地域

の指定が拡大された。

戦後，昭和20年代の浜松は，工業だけでなく商業もめざましく回復し，終戦直後の露店から始まったり，次に雑貨金物等の店が，やがて衣料，飲食店等の商店ができてきた。昭和24年7月末の商店は7,356軒で，総戸数の27％を占めるようになった。

浜松に商業学校が要望されたのは，明治期である。養蚕が盛んになり特産品の商取引が多くなるにつれて，商業に詳しい人材の養成が急務となり，浜松町立浜松簡易商業学校（現静岡県立浜松商業高校）が浜松商工会の要請で明治32年4月開校し，現在に至るまで多くの人材を送り出してきた。以後大正10年浜松市立女子商業補修学校（校名変更，併合を経て昭和26年廃止），大正13年遠江商業学校（昭和8年廃止），昭和5年浜松女子商業学校（現芹田学園高校），昭和8年興誠商業学校（現興誠高校）が開校された。

浜松市内の女性の職業は，大正時代に繊維や楽器工場に勤める女性が多く，また電話交換手が花形であった。昭和初期には乗合自動車の車掌，運転手，タイピストが新しい職業としてもてはやされた。昭和10年代には浜松駅近辺で織物を中心とする商業地域が発達した。百貨店も開店し，多くの女性が職場として憧れていた。昭和11年，男性ばかりの職場である浜松倉庫に，ただ1人の事務員として入社した女性の記録がある。この頃より浜松でも女子事務員が出てきたものと思われる。

5　浜松商業学校

先に述べたように，浜松で最初の商業学校は，浜松町立浜松簡易商業学校（現静岡県立浜松商業高校）で，明治32年4月開校した。また昭和4年に静岡県立浜松第二商業学校が開校している。現在の定時制課程の前身である。本論では主に浜松商業学校について述べる。

開校当時の資料が不足しており，科目等について不明であるが，昭和18年6月1日付の学校一覧によれば，初の卒業生（明治35年度）は4名で，浜松市内2

第 9 章　キャリア形成における商業教育

名，浜名郡 1 名，他県 1 名である。明治35年度から昭和17年度までの卒業生は，3,711名で，職業別にみると銀行・会社が859名と最も多く，軍務438名，商店392名，自営312名，海外在留129名となっている。この資料では卒業時点での職業だけではなく，その後の変更も加えられているものと考えられる。

　昭和18年度の在校生は各学年170名前後で 5 学年，約850名であった。職員名簿の受持教科から商業関係の科目は，「簿記」，「商業簿記」，「商業英語」，「会計」，「商品」，「経済」などがあったことがわかる。

　昭和23年新制度になった学校一覧では，旧浜松商業学校卒業生の状況として，昭和20年度82名うち商業28名，工業25名，昭和21年度100名うち商業28名，工業15名，昭和22年度148名うち商業55名，工業15名が就職している。商業関係の科目は「速記」，「職業」など新しい科目もある。

　昭和25年度の学校一覧では，学校経営方針として「中学校の教育の基礎の上に高等普通教育及び専門教育を施し国家及び社会の有為なる形成者としての個人の育成に努力する」とある。教科は「金融」，「銀・工簿記」，「タイプライター」が入っている。昭和25年度，26年度の資料では，学校経営方針，科目目標の記載が充実しており，また昭和26年度の学校計画から校訓として「誠実，勤勉，敬愛」が記載されていることから，浜松商業高校として戦後の基礎はこのあたりで固められてきたことがわかる。学校の体制が整ってきた昭和31年度卒業生は376名で，うち211名が商業に就職をしている。

　戦後，男女共学になってから，学校要覧で女子の人数に関する記述がみられるのは，昭和26年度が初めてである。全日制 1 年359名中 5 名， 2 年289名中 1 名， 3 年259名中 1 名，定時制 1 年125名中 1 名であった。しかし，昭和20年代は全校合わせて10名以内である。昭和32年度から女子の占める割合が増加し，昭和32年度全日制 3 学年合わせて 2 ％であったものが，昭和36年度 8 ％，昭和37年度12％，昭和38年度19％，昭和39年度24％と急増していった。1,561名中407名（26％）になった昭和40年度には，教師の校務分掌で「女子指導課」というものが設置されている。それは， 1 年で生徒指導課の一部に繰り入れられたが，急増する女子への指導に配慮したものとみられる。

昭和46年度には女子の占める割合が30％を，昭和51年には40％を超えた。一時期40％を切ることはあったものの，平成10年度から50％台で定着している。

学校の体制が整ってきた昭和31年度以降の教育課程の科目と進路について記す。学校要覧では，進路の統計が男女別人数ではないので，女子の動向は捉えられない。

昭和32年度の教育課程では，普通商業，金融，経営とコースが分かれているが，昭和39年度には，経営，経理，事務のコースに変更されている。昭和42年度には教育課程が改訂され，「英文タイプ」，「商業英語」がなくなり，「事務機械」，「税務会計」，「意匠製図」が加えられている。昭和43年には商業科のほかに貿易科が設置されている。新課程での卒業生（昭和44年度）は438名で，就職の内訳は商業224名，工業102名，家事従事39名，また進学60名であった。

昭和46年度には経理科，事務管理科，貿易科の3科となった。事務管理科の目標は「事務および電子計算機の利用に関する知識と技術を習得させ，事務ならびに情報処理に関する業務に従事する物を養成する」ことで，電子計算機の需要の高まりを示唆している。「経営数学」や「プログラミング」の科目もあった。昭和48年度には情報処理科と名称変更し，現在に至っている。新しい科で教育を受けた最初の卒業生（昭和48年度）は406名，就職内訳は商業140名，工業49名，また進学145名と進学が5年前に比べ，倍以上になっている。進学が100名を超えたのは昭和46年度の卒業生からで，この頃から進学が多くなったことがわかる。

昭和57年度には「英文タイプ」，「和文タイプ」，「プログラミング」の科目がなくなり，「総合実践」の科目が設定された。新しい教育課程での卒業生（昭和60年度）は411名で，就職は273名，うち産業別では製造115名，卸・小売・飲食63名，金融・保険・証券27名であった。また進学は133名である。

昭和62年度には会計科が設置され，経理科，情報処理科，貿易科の4科となった。この教育課程での卒業生（平成元年度）は452名，就職289名，うち産業別でみると製造108名，卸・小売・飲食64名，金融・保険・証券41名であった。進学は171名である。

平成2年度には貿易科を閉科し，新たに国際経済科が設置され，経理科，会計科，情報処理科と合わせ4科となった。この体制での卒業生（平成4年度）は442名，就職251名，うち産業別でみると製造99名，卸・小売・飲食50名，サービス33名，金融・保険・証券28名であった。進学は184名である。

平成6年度には科目の一部が変更され，「流通経済」，「英語実務」，「国際経済」，「課題研究」の科目が設定されている。この体制での卒業生（平成9年度）は399名，就職169名，うち産業別でみると製造69名，卸・小売・飲食37名，サービス27名，金融・保険・証券5名であった。金融関係の落ち込みが激しい。進学は222名である。初めて進学が200名を超え，就職が200名を下回ったのは平成8年度卒業生である。

平成10年度には新課程となり，学科も会計科を閉科し，経理科，情報処理科，国際経済科の3学科に改編された。新課程での卒業生（平成12年度）は356名，就職155名，うち産業別でみると製造82名，卸・小売・飲食25名，サービス22名，金融・保険・証券1名であった。進学は198名である。

平成14年度の卒業生は360名，就職147名，うち産業別でみると製造63名，卸・小売・飲食38名，サービス24名であった。進学は210名である。最近の進学者が多い理由は，進学に対する意識の高まりもあるが，高校からの就職が厳しい事情によることが大きい。

浜松商業高校の場合，就職先についての聞き取りによれば，ほとんどが浜松を中心とする地域の企業であり，地域に必要な人材の育成を行ってきているといえる。

6　興誠商業学校

興誠商業学校は昭和8年に遠江商業学校から分離・独立して開校した。第1回の卒業生は昭和9年3月，71名である。創立10周年を迎えた昭和18年頃の資料には，校舎に簿記珠算教室があり，またクラブ活動では昭和14年珠算部が各競技大会で好成績であった記録も残っており，当時，珠算に力を入れていたこ

とがわかる。昭和18年頃の生徒数は、第5学年まで18学級合わせて1,089名であった。戦後は、昭和27年興誠商業高等学校と改称し、昭和26年浜松商科短期大学を開校して、高等教育での商業教育も行うことになる。

昭和44年度卒業生で、商科の進学は36名、就職は221名である。就職先の業種は製造業が84名と最も多く、次いで卸・小売業の71名でこの2業種で71％を占める。具体的な就職先には、日本楽器製造、鈴木自動車工業など地元の大企業もあるが、地元の卸・小売業の中小企業を含め160社余りが名を連ねる。

昭和45年の学校要覧では、商業科と普通科の2学科で、商業科はA（一般事務型）、B（実務型）、普通科はA（文科）、B（文理科）の2コースに分かれていた。商業科A・Bでは、科目に違いがあり、Aでは工業簿記や会計の科目はあるが、Bにはなかった。この当時商業科と普通科は在籍数では第3学年は同数であるが、第1学年、第2学年とも普通科が上回っている。しかし、商業科と普通科の人数は、昭和47年度入学時まで拮抗した状態である。

昭和48年興誠高校と名称変更する。商業科と普通科の人数は、普通科が1クラス分多くなる。同時に、昭和48年度以降新教育課程実施によって、第2学年から各科3類型（コース）に分けて履修する。普通科はA（文科）、B（文理科）、C（職業）、商業科はA（営業）、B（経理事務）、C（進学）である。高校進学率が上がり、さらに高等教育進学の希望に合わせたものである。

商業科目では、前課程での「商業簿記」「工業簿記」が廃止され、「簿記会計」ⅠからⅢまでを設けている。

新課程教育を受けた昭和50年度卒業生185名のうち、就職94名、進学等66名、自営9名である。就職先の業種は製造業が23名、卸・小売業の41名、サービス業15名で、この3業種で84％を占める。具体的な就職先には、製造業で日本楽器製造、鈴木自動車工業など、この年はいないが、翌年には就職している。

昭和52年度からは、コースを変更し、普通科4コース（私立文型、公立文型、公私立理型、就職型）、商業科2コース（就職型、進学型）となる。昭和54年度卒業生は、普通科271名、商業科180名で、商業科のうち、就職119名、進学等38名、自営17名である。就職先の業種は製造業が69名、卸・小売業の36名、サー

ビス業21でこの3業種で70%を占める。このころにはスーパー，自動車販売会社への就職が多くなっている。

昭和56年普通科に全寮制の文理科特進コースを設置する。商業科は進学コースがなくなり，2年次より営業・経理事務コースに分けられることになった。昭和57年度改訂の商業科教育課程では，「マーケティング」「情報処理」の科目が設けられている。

昭和60年度普通科に通学制の文理科特進コースが設置される。商業科はコース別編成がなくなり，進路希望によって営業や経理事務に対応できる科目を選択するようになった。この教育課程での平成元年度卒業生は177名，就職135名，進学46名であった。

平成2年度商業科は情報会計コースと流通経済コースを設置した。教育課程では，プログラミング，流通経済，国際経済，課題研究など新しい科目が設定されている。

平成2年度新課程での教育を受けた平成4年度卒業生では，商業科129名中，就職内定者77名，進学希望者44名であった。

平成8年度商業科は生徒募集を停止し，平成10年度3月商業科を閉科した。ここに興誠高等学校での商業科の役割は終え，高等教育に職業人育成としての専門教育を委ねることになった。

学校要覧を歴年で追っていくと，普通科も含めて，地域の大企業，中小企業が常時就職先となっている。これは前述したように企業が安定的に人材の確保をしていたことによる。

また資料が手に入った昭和45年以降は，社会の情勢変化により，コース変更等弾力的に運営されていることがわかる。

7　浜松女子商業学校

浜松女子商業高校は，昭和4年認可，昭和5年職業的自立と社会参加を促す女子教育を理念として創立された。静岡県内で，正規の女子職業中等教育とし

ては,静岡女子商業学校に次いで2校目である。創設者・芥田菊太郎は,教師の経験があり,その後実業界に転進し勤務する中で「先進欧米諸国の実情を見ればわかる。男子は会社の外に出て働き,女子は会社の内にあって働く。日本もこうなるのだ。ならざるを得ないのだ[7]」と考え,女子に対する商業教育の必要性を痛感していた。周囲から学校設立は時期尚早との声が上がり,実際に創立したのは,志して10年以上経ってからである。

創立当時の社会情勢は,世界大恐慌の最中であった。女子の働く場は少なく,経済的余裕がある場合には高等女学校で花嫁修業という時代である。当時の教員が社会での女子の職業の考え方について次のように述懐している。「現在は全く一般的になっている事務・経理を担当する女子の事務職員の数などは当時は微々たるものだった。卒業生の就職斡旋のため,どの会社を訪問しても事務室は男性独占の状態で,大部分は当時の県公立商業学校の卒業生で占められ」ていた。その状態は,女子の職業教育が「かたくなに閉ざされていたので,事務・経理についての知識も技術も与えられず,この社会に割り込む余地はなかった[8]」と,女子の職業教育の不備が原因であるとしている。

このような環境の中,男子と同じ甲種四年制の女子商業教育を立ち上げた。入学案内書には「清楚ナ下町向商店ノ嫁サン又ハ銀行会社等ノ事務員ニ必要ナル商業上及ビ家政上ノ経済的知識技能ヲ授ケルノガ本旨[9]」とある。つまり,当時の良妻賢母主義に立脚した職業教育である。目標は「みっちり実務を身につける」「テストの点数にこだわらず本当の学問を修得する」「円満な人格の持ち主になる」「健康で立派な身体をつくる」であったと卒業生は回想している[10]。

創立当時は,通常の科目の他に「家事」「裁縫」のように家政的な科目と,「法制経済」「商事要項」「簿記」「球算」「商算」「商作」「実践」「タイプライター」のような商業科目が並んでいた。男子商業高校と同じ甲種四年であっても,家政科目を重視していることが異なっている。特色は①夏休みがないこと,②現在のインターンシップと同様の「店頭実務」,③職員室で電話応対などを行う「職員室当番」,④炊事実習である。

夏休みがないのは,芥田菊太郎の「社会に出れば夏休みはない。だから学校

でも夏休みは廃止する」という信念に基づくものであった。学校設立に際し文部省と議論をし，文部省が根負けして認めたという。卒業生も「夏休みがほとんどなかったということです。夏休みに相当する期間はあったのですが，その期間は洗濯とか張りものの実習にあてられていました。それに水泳訓練もありました。そんなことで休みは終ってしまいました。[11]」と回想している。

　現在のインターンシップと同様の「店頭実務」は7月の盆，12月末の暮と商店の忙しい時期に年2回行われる。生徒は浜松市内の商店に割り当てられ，店頭で客の応対をするのである。授業の1つとして行われるため当然無報酬で，暮には朝早くから夜中まで働くこともあり，先生が一人ひとり毎夜送り届けたといわれる。受け入れ先は，個人の商店，デパート，大手の衣料品店などである。卒業生は「1回行きますと，その店から指名がくるんですよ。それで夏なり冬なり，またその店で実習することになるんです。そうなると店の方も親切になり」と何回も同じ店に実習に行ったこともある。「その日の売り上げによって店主の顔色がちがいましてね。(略) かといって，いくら売り上げを多くしたくても，お客様が相手ですから，思うようにはなりませんしね。一生懸命にやりましても店主のご機嫌の悪いときがあり，つらかったのを覚えています。」，「今考えても，とてもいいことだったと思います。自分も商店に嫁いだものですから，そういう実習は大変プラスになりましたし，また強く印象に残っていますね。」，「あのときの母校の厳しい授業は後年，ほんとうに役に立っています。」と述べている[12]。実習先によっては大変であったが，「働く」ことを実際に体験し，職業人として即戦力になる力を養っていたことが卒業生の回想からわかる。

　「職員室当番」とは，半日職員室で，電話応対，来客の応接をする当番であった。これも実務に即した実習である。卒業生は「外からの電話の取りつぎや応対なども職員室当番の仕事ですけれど，今考えますと，いい勉強をさせていただいたと思いますね。[13]」と語っている。

　「炊事実習」とは，今の給食である。当番は1時間早く登校し，全校生徒分の昼食の支度をするのである。現在のような給食制度がなかった時代に，画期

的なことであった。

　また校長である芥田は，受け持ったクラスのテストに新聞から出題したようである。卒業生は「校長先生は，テストの時いつも新聞から出題したのですよ。だから校長先生のテストの時はもちろん，講義のある日にも，朝から新聞ばかり読みましたね。[14]」と回想している。現在ならば社会に出て働くための知識を身につける方法として当たり前のことであるが，当時は珍しかったと思われる。

　このように生徒は事務として商業の理論やそろばんなどの技術のみならず，商店に勤めてもよいように電話や来客応対を実務に近いかたちで学んでいった。その結果，学校名と教育が次第に知れわたり，入学者も多くなった。また世の中の女子に対する職業観も，設立約10年経った昭和15年前後になると変化し，社会に受け入れられるようになってきた。

　戦後は学制変更に伴って，昭和23年4月新学制による浜松女子商業高等学校認可，同年7月新学制による浜松女子商業学校併設中学校認可がおりた。教育目標は，「1．本校は女子に対して国家，社会の有為な形成者として必要な資質を養うことに努める，2．社会的使命の自覚に基き一般教養を高めると共に商業上，家政上必要なる専門的知識，技能を体得させることに努める。」とある。昭和44年度の学校要覧によると，教育課程の専門科目は「商品」「計算実務」「文書実務」「和文タイプ」など11科目である。教育課程作成の方針として，「女子のみを収容し卒業後の動向についても八十％以上が当市商工業に就職する現況にかんがみて，所謂類型制を採用しない」としている。当時の就職，進学に関する資料は公表されていないが，この記述より卒業生の大部分が浜松市で就職していることがわかる。

　同校の戦前の特色のうち，「店頭実務」，「職員室当番」は，しばらく続けられたが，やがて廃止されていった。

　教育課程の専門科目の変遷をたどると，昭和49年度から「銀行簿記」「秘書実務」「商業美術」の3科目が入り，14科目となっている。昭和52年度には，大きな科目変動があった。「経済」「商品」「文書実務」科目がなくなり，前年

度までの「商業簿記」が「簿記会計Ⅰ」「簿記会計Ⅱ」「簿記会計Ⅲ」に分けられた。「会計」が「税務会計」になり，「和文タイプ」を残しながら「事務機械」の科目が入った14科目となる。

昭和57年度には，「秘書実務」「銀行簿記」「商業美術」の3科目がなくなり，14科目から11科目になった。「商業一般」が「商業経済Ⅰ」に，「計算実務」が「計算事務」に名称変更している。

昭和59年度は，「簿記会計Ⅲ」「事務」「事務機械」「和文タイプ」の4科目がなくなり，新たに「総合実践」「情報処理Ⅰ」「タイプライティング」の3科目が追加され10科目となった。

昭和61年度には「会計事務」「商業A」「商業B」のコース別とし，「文書事務」を増やし，11科目となる。平成元年度は「原価計算」「財務諸表」の2科目が追加され13科目となる。

平成2年度校名を「浜松女子高等学校」に変更し，商業科の他に普通科と会計事務科を設置した。商業科目は「文書事務」「タイプライティング」がなくなり，「マーケティング」「ワープロ」が追加された。

平成6年度には会計事務科を募集停止し，普通科国際教養コースを新設した。科目も大幅変動があった。「商業経済Ⅰ」が「商業経済」に，「簿記会計Ⅰ」「簿記会計Ⅱ」が「簿記」にまとめられた。「原価計算論」「財務諸表論」「ワープロ」がなくなり，「流通経済」「文書処理」「課題研究」が追加され，12科目となった。

平成9年度には「芥田学園高等学校」と名称変更し，男女共学となった。平成17年度は普通科，福祉科，ビジネス科と3科になり，ビジネス科はIT系列とサービス系列の2コースに分けられた。

卒業生の進路記録は少ないが，1980年発行の『創立50周年記念誌』によれば，昭和50年度から昭和54年度の卒業生の進路は，金融会社17社，証券会社11社，保険会社5社，小売業約230社，製造業約100社，会計事務所9所，その他病医院も含めさまざまな業種約50社に就職している。また，昭和54年度卒業生は260名，うち就職が235名である。

昭和58年浜松女子商業高校は，静岡県私学教育振興会の委託研究として，生徒，企業，保護者にアンケートを行い『生徒指導研究　女子職業人の育成』としてまとめている。その中から卒業生を雇用している企業265社，昭和56年度卒業生132名に対する調査結果を紹介する。

企業に対するアンケートでは「商業高校卒業女子社員の専門分野に関する知識・技能」について，基礎的知識はおおむね満足しているようだが，情報処理分野の知識が不足しているとみる企業が11.7％ある。これは事務機器（オフコン）を導入する企業が増え，「商業教育を充実してほしい科目」でも圧倒的に「情報処理」が多い（66.4％）ことによる。科目で「事務機械」はあるが，「情報処理」が入るのは，この調査の翌年である。企業は「今後の商業教育」について，基礎的知識・技能，情報処理分野を充実してほしいと望んでいる。

卒業生への科目に対するアンケートでも「学校で勉強して役立った専門科目」では，「計算事務」（56.1％），「事務機械」（48.5％），「事務」（43.9％）と事務機器関係が占めていることがわかる。「学校で今後もっと教えるべき専門科目」では「事務機械」（68.2％）が第1位である。情報処理分野の必要性が企業，卒業生とも認識していた。

企業における女子社員教育を問うと，礼儀，言葉使い，挨拶の3点がそれぞれ50％以上を占め，マナーを重視している。卒業生の「新入社員の時教えられたもの」として，上位3つは，電話応対（59.1％），挨拶（46.2％），言葉使い（37.3％）であった。企業としては，マナーがよく，入社前に情報処理を勉強し使いこなす能力を女子商業高校の卒業生に求めていたことがわかる。

現在ビジネス科は平成16年度卒業生の60％が就職をしており，地元企業の就職が大部分である。地元企業への人材供給という役割は今も果たされている。

8　おわりに

最初に述べたとおり，地方における企業内での経済活動や地域の商業活動を担う人材を育成してきたのは，商業教育を実践している教育機関，特に高等学

校である。商業高校は，近世の徒弟制度に代わる商業専門教育機関として発足した。女性にとっては，教育が女性の働く場を開拓してきた。商業教育を受けた女性は，企業で，商店で働くことによって存在意義があった。戦前，男子校であった商業学校は商業理論の科目が多く，女子商業学校は家政技能も求められ，実践的であったといえる。

戦後は企業の拡大とともに，商業高校は企業の中で働く実務型人材の安定した供給機関として，地域企業に貢献している。商業高校に学んだ者は，卒業後ほとんどが地域の企業等に就職している。それはまた地域に人材を受け入れることができる豊富な企業の存在があってこそ，成り立つものといえる。

社会構造の変化は，高等教育への期待と進学率の増加をもたらした。同時に商業高校教育の質を変化させている。専門教育より基礎教育が重視され，教育課程の多様化，弾力的な運用が望まれている。私立は求められる高校教育の変化に柔軟に対応する。公立高校でも全国的に学科の変更，統廃合が進んでいる。

高校での専門的職業教育に転機が訪れているのは確かであるが，これからは小学校から大学まですべての課程で職業に対する教育が行われていく傾向にある。基礎的な商業の知識は，誰でも働く能力として必要不可欠なものだからである。今までの教育の積み重ねを，その新しい教育に応用することが望まれる。

〔注〕
1）岩木秀夫〔2004〕『ゆとり教育から個性浪費社会へ』，筑摩書房，p.88。
2）文部省〔1993〕『学制百二十年史』，ぎょうせい，p.297。
3）榊原省吾〔1999〕「商業教育に関する一考察（第一部）」『浜松短期大学研究論集』第54号，浜松短期大学，榊原省吾〔1999〕「商業教育に関する一考察（第二部）」『浜松短期大学研究論集』第55号，浜松短期大学。
4）仲新監修，内田糺・森隆夫編〔1979〕『学校の歴史〔第3巻〕中学校・高等学校の歴史』，第一法規，p.96。
5）同上書，p.127
6）金野美奈子〔2000〕『ＯＬの創造』，勁草書房，p.51。
7）浜松女子商業高等学校〔1980〕『創立50周年記念誌』，p.43。
8）同上書，p.45。

9）芥田学園〔2000〕『創立50周年記念誌』，p.9。
10）浜松女子商業高等学校〔1980〕『創立50周年記念誌』，p.11。
11）同上書，p.29。
12）同上書，pp.30-31。
13）同上書，p.38。
14）同上書，p.31。

〔参考文献〕
・芥田学園高等学校『学校要覧』昭和9年度～平成17年度。
・芥田学園〔2000〕『創立50周年記念誌』。
・岩木秀夫〔2004〕『ゆとり教育から個性浪費社会へ』，筑摩書房。
・興誠学園創立50周年記念誌委員会編〔1983〕『興誠―創立50周年記念誌―』興誠学園。
・興誠高等学校『学校要覧』昭和45年度～平成15年度（昭和48年度を除く）。
・金野美奈子〔2000〕『ＯＬの創造』，勁草書房。
・財団法人機械振興協会経済研究所・社団法人浜松史跡調査顕彰会編〔1977〕『遠州産業文化史』。
・榊原省吾〔1999〕「商業教育に関する一考察（第一部）」『浜松短期大学研究論集』第54号，浜松短期大学。
・榊原省吾〔1999〕「商業教育に関する一考察（第二部）」『浜松短期大学研究論集』第55号，浜松短期大学。
・仲新監修，持田栄一編〔1979〕『学校の歴史〔第1巻〕学校史要説』，第一法規。
・仲新監修，内田糺・森隆夫編〔1979〕『学校の歴史〔第3巻〕中学校・高等学校の歴史』，第一法規。
・浜松市役所〔2003〕『浜松の商工業』。
・浜松商業高等学校『学校要覧』昭和18年度～平成15年度。
・浜松女子商業高等学校〔1980〕『創立50周年記念誌』。
・浜松女子商業高等学校『学校要覧』昭和44年度～平成元年度。
・浜松女子高等学校『学校要覧』昭和2年度～平成8年度。
・浜松女子高等学校〔1983〕『生徒指導研究　女子職業人の育成』。
・浜松女性史グループすずかけのき編〔1997〕『浜松の女性史　はぎのはな』，浜松市文化振興部女性施策課。
・三好信浩〔2000〕『日本の女性と産業教育』，東信堂。
・文部省〔1993〕『学制百二十年史』，ぎょうせい。
・文部省編〔1999〕『平成11年度我が国の文教政策―進む「教育改革」』，大蔵省印刷局。

（笹瀬　佐代子）

第 3 部

男女共同参画に関する実態調査
―浜松市における調査の分析と考察―

第3部では，男女共同参画に関する実態調査として，平成15年浜松市で実施の「浜松市の男女共同参画に関する市民意識調査」の分析と考察を行っている。

　静岡県浜松市は，男女が性別により差別されることなく，個性と能力を活かしていきいきと暮らす「男女共同参画社会」の実現をめざし，平成15年4月1日に「浜松市男女共同参画推進条例」を施行している[1]。これにより，浜松市は，男女共同参画推進の基本理念を定め，市，市民，事業主および市民団体の責務を明らかにし，市の施策について基本的な事項を定めることにより，あらゆる分野において平等な男女共同参画社会を形成することをめざしている。

　「浜松市の男女共同参画に関する市民意識調査」は，浜松市が進める男女共同参画社会形成に対する意見と現状把握を目的として，平成15年に浜松市内に在住する市民一般，所在する事業所，事業所に勤務する従業員に対して，「浜松市の男女共同参画に関する市民意識調査委員会[2]」のもとで行われた。

＜「浜松市の男女共同参画に関する市民意識調査」の概要＞
　① 調査目的
　「浜松市男女共同参画計画（平成13～22年）」の見直しと修正を行い男女共同参画社会形成を促進させる施策推進のための基礎資料として活用すること。

　② 調査区分
　市民一般，事業所，従業員。
　(1) 市民一般
　　①あなたのことについて
　　②社会における男女平等について
　　③性別による役割分担について
　　④男女の社会参加について
　　⑤男女間の暴力について
　　⑥男女共同参画についての意見等

(2) 事　業　所
　①貴事業所・貴店舗について
　②女性の雇用状況について
　③就業環境について
　④セクシュアル・ハラスメント（セクハラ）について
　⑤男女平等に関しての意見等
(3) 従　業　員
　①あなたのことについて
　②職場内での男女平等意識について
　③育児・介護休暇等制度の利用について
　④仕事と家庭生活の両立について
　⑤仕事に対する考え方について
　⑥男女平等に関しての意見等

③　調査実施概要
(1)　調　査　地　域
　　静岡県浜松市全域
(2)　調　査　対　象
　　①市民一般：浜松市内に在住する満20～70歳の男女各2,000人合計4,000人
　　②事　業　所：浜松市内に所在する事業所500事業所
　　③従　業　員：浜松市内に勤務する従業員2,000人（②の事業所に勤務する者）
(3)　調　査　方　法
　　①市民一般：郵送回収方式
　　②事　業　所：訪問留置方式
　　③従　業　員：訪問留置方式
(4)　調査実施期間
　　①市民一般：平成15年7月28日～10月31日　調査票発送および回収
　　②事　業　所：平成15年8月1日～10月31日　調査票配布および回収

③従 業 員：平成15年8月1日～10月31日　調査票配布および回収

④　回 収 結 果

	対　象　数	回　収　数	回収率	浜松市全体[3]
市 民 一 般	4,000人 （男女各2,000人）	1,755人	43.9%	598,162人 （平成15年3月末時点）
事 業 所	500事業所	404事業所	80.8%	30,527事業所 （平成13年10月1日時点）
従 業 員	2,000人	1,430人	71.5%	309,137人 （平成13年10月1日時点）

〔注〕
1）「浜松市男女共同参画推進条例」の制定は平成14年12月。
2）委員構成は，櫻木晃裕（浜松短期大学助教授），笹原恵（静岡大学情報学部助教授），壽山和子（浜松女性のためのカウンセリングルーム代表）（肩書は平成15年時点）。
3）市民一般（人口）については「浜松市ＨＰ」より，事業所および従業員については浜松市〔2003〕「平成13年産業大分類別の事業所数，従業者数の推移」から引用。

〔参考文献〕
・浜松市「平成13年産業大分類別の事業所数，従業者数の推移」，2003年4月30日公開。
・浜松市〔2004〕「浜松市の男女共同参画に関する市民意識調査報告書」浜松市男女共同参画課。
・浜松市ＨＰ：http://www.city.hamamatsu.shizuoka.jp/index.htm，2005年10月DL。

第3部　男女共同参画に関する実態調査

第10章
男女共同参画における市民の意識

1　はじめに

　本章では，静岡県浜松市の男女共同参画に対する市民の意識についてみる。
　浜松市は，1986年の「第3次浜松市総合計画」以降，女性に対するあらゆる差別の撤廃に向けた施策を積極的に推進しており，1990年に「浜松市婦人行動計画」を策定している。1995年には，その改定にあたり，男性の意識改革の視点を取り入れるなどの対応を行っている。1999年6月23日に「男女共同参画社会基本法」が公布・施行された。その基本理念は，「男女共同参画社会をつくっていくための5本の柱」としてまとめられている。その5つとは，①男女の人権の尊重，②社会における制度又は慣行についての配慮，③政策等の立案および決定への共同参画，④家庭生活における活動と他の活動の両立，⑤国際的協調，である。この理念に基づいて「地方公共団体は，国と同様に，基本理念に基づき，男女共同参画社会づくりのための施策に取り組むとともに，地域の特性をいかした施策を展開[1]」することが求められている。
　浜松市は，「男女共同参画社会基本法」に基づき，2001年3月に「浜松市男女共同参画計画」を策定し，この計画を推進するために浜松市と浜松市民で組織される「浜松市男女共同参画計画推進協議会」を設立している。浜松市における男女共同参画計画を総合的かつ計画的に実効性のあるかたちで推進してい

くための仕組みとして「男女共同参画推進条例」を制定する必要性があることが「浜松市男女共同参画計画推進協議会」から提案された。この提案に基づいて，2002年12月に「浜松市男女共同参画推進条例」が制定された[2]。本条例は，男女共同参画を推進にあたっての基本理念を定めたものであり，市，市民，事業主および市民団体の責務を明らかにするとともに，市の基本的施策を定め，これを総合的かつ計画的に推進し，あらゆる分野において平等な男女共同参画社会を実現することを目的としている。浜松市は，男女が性別により差別されることなく，個性と能力を活かしていきいきと暮らす「男女共同参画社会」の実現をめざしている。

ここでは，浜松市がめざす「男女共同参画社会の実現」に対する市民意識の現状と，実現するための施策について分析し，考察する。

2　調査対象概要（n＝1,755）

対　　象：浜松市内在住の満20～70歳の4,000人（男女各2,000人）の市民

回 収 数：1,755人（女性1,050人，男性705人）

回 収 率：43.9％（女性59.8％，男性40.2％）

年齢構成：20～29歳225人（12.8％），30～39歳339人（19.3％），40～49歳331人（18.9％），50～59歳450人（25.6％），60～70歳409人（23.3％），無回答1人（0.1％）

3　性別と職業からみた回答者の実態

図表10－1　年齢別回答数と女性比率（n＝1,755）

年　齢	20～29歳	30～39歳	40～49歳	50～59歳	60～70歳	無回答
回答数（全体）	225	339	331	450	409	1
全　体	12.8%	19.3%	18.9%	25.6%	23.3%	0.1%
女　性	12.7%	20.3%	18.0%	28.3%	20.8%	0 %
男　性	13.0%	17.9%	20.1%	21.7%	27.1%	0.1%

　回答者の性別による状況をみてみると，女性が59.8％，男性40.2％と女性からの回答が2割近く多い。このことは，「男女共同参画」に対する女性の関心の高さを反映しているともいえる。しかし，本当に関心の高さを反映しているのだろうか。年齢別でみてみると，女性では「50～59歳」が28.3％と最も多いのに対し，男性では「60～70歳」が27.1％と最も多い。性別ごとの職業比率をみてみると，男性全体では「会社員（正社員）」が45.5％と最も多く，続いて「無職」が15.6％，「自営業（農林水産業を除く）」が9.8％となっている。このうち，「60～70歳」男性の50％弱が「無職」との回答結果が出ている。さらに，「60～70歳」を除く男性のすべての年代において「会社員（正社員）」の割合が最も高い割合となっている。女性全体では，「専業主婦」が27.2％と最も多く，「アルバイト・パートタイム，派遣，契約社員等（期間あり）」が14.5％，「会社員（正社員）」が14.1％となっている。今回のアンケート調査は，郵送回収形式のため「専業主婦」や「無職」のように比較的時間の余裕のある方々からの回答が多く，それに対して男性では「会社員（正社員）」の比率が半数近く占めており，仕事のため回答する時間的余裕があまりなかったのではないかとも考えられる。このことは，女性における「会社員（正社員）」の比率が約30％と最も高い「20～29歳」の回収率が12.7％と男性「20～29歳」の13.0％よりも低いことからもうかがえる。女性全体としては，「男女共同参画」への関心が高いことも事実であろうが，アンケート調査の状況も考慮する必要がある。

第10章　男女共同参画における市民の意識

図表10－2　性別による職業比率

職　業　分　野	女性	男性
自営業（農林水産業）	1.0%	3.1%
自営業（農林水産業を除く）	3.0%	9.8%
家族従事者（家業を手伝う者）	6.6%	0.3%
内職に従事する者	1.4%	0.1%
会社・団体役員	0.7%	4.4%
公務員・教員・団体職員	5.0%	7.8%
会社員（正社員）	14.1%	45.5%
アルバイト・パートタイム，派遣，契約社員等（期間あり）	14.5%	3.8%
アルバイト・パートタイム，派遣，契約社員等（期間なし）	12.7%	2.7%
専業主婦（夫）	27.2%	0.0%
学生	1.0%	3.0%
無職	10.2%	15.6%
その他	2.3%	3.1%
無回答	0.4%	0.7%

4　年間収入

　男女共同参画社会の形成のためには，女性が就業を通じて経済的自立を達成し，自律的に社会に参加することができるようになるのかも重要な要素の1つであると考えられる。それでは，女性の経済的自立に関してみてみたい。

　まず，女性の職業比率であるが，「専業主婦」が27.2％と最も多く，「アルバイト・パートタイム，派遣，契約社員等（期間あり）」14.5％，「会社員（正社員）」14.1％，「アルバイト・パートタイム，派遣，契約社員等（期間なし）」12.7％と続く，「アルバイト・パートタイム，派遣，契約社員等」を合わせれば27.2％となり「会社員（正社員）」14.1％を大きく上回る。男性では「会社員（正社員）」が45.5％であることに対して「アルバイト・パートタイム，派遣，契約社員等」は合わせて6.5％と非常に低い水準にある。女性の雇用では正規従業員以外の雇用形態が多いことがわかる。

図表10－3　性別にみた年間収入

	女性	男性
収入はない	23.2%	3.7%
100万円未満	25.6%	3.5%
100万円～200万円未満	20.5%	6.7%
200万円～300万円未満	12.4%	13.9%
300万円～500万円未満	9.8%	32.2%
500万円～700万円未満	3.4%	17.6%
700万円～1,000万円未満	1.3%	14.5%
1,000万円～1,500万円未満	0.3%	4.4%
1,500万円以上	0.4%	1.8%
わからない	1.6%	0.7%
無回答	1.4%	1.0%

　年間収入については，女性では「100万円未満」が25.6%，「収入はない」が23.2%，「100万円～200万円未満」が20.5%であり，200万円未満が69.3%と約7割を占めている。それに対し，男性では，「300万円～500万円未満」が32.2%，「500万円～700万円未満」が17.6%，「700万円～1,000万円未満」が14.5%，「700万円～1,000万円未満」が4.4%，「1,500万円以上」が1.8%と300万円以上が70.5%を占めている。女性に比べ，男性のほうが，就業による収入が多く，経済的に自立していることがわかる。なお，男女合わせた全体の年間収入では，「300万円～500万円未満」が18.8%と最も多い結果となっている。これは，厚生労働省が行った「平成16年国民生活基礎調査」の所得金額階級別世帯数分布における「300万円～500万円未満」が23.4%（「300～400万円未満」12.2%，「400～500万円未満」11.2%）と最も多くなっていることとも符合する。しかし，全国平均が「100万円未満」が5.9%，「100万円～200万円未満」が11.6%であるのに対し，浜松市は「100万円未満」が16.8%，「100万円～200万円未満」が14.9%と「100万円未満」の割合が多く，全国平均と逆の結果が出ている。これは，女性の年間収入の低さが反映されていると考えられる。

5 社会における男女平等について

図表10－4　分野別男女平等について（n＝1,755）

	男性優遇 （「男性優遇」 または「どち らかといえば 男性優遇」）	男女平等	女性優遇 （「女性優遇」 または「どち らかといえば 女性優遇」）	その他 （「わからない」 または 「無回答」）
①家庭生活	1,077（61.4％）	439（25 ％）	100（5.7％）	139（ 7.9％）
②職場	1,143（65.1％）	301（17.2％）	100（5.7％）	211（12.0％）
③学校教育の場	275（15.7％）	1,005（57.3％）	74（4.2％）	401（22.8％）
④地域活動	706（40.2％）	592（33.7％）	128（7.3％）	329（18.7％）
⑤政治の場	1,296（73.9％）	195（11.1％）	21（1.2％）	243（11.2％）
⑥法律や制度の上	859（49.0％）	475（27.1％）	110（6.3％）	311（17.7％）
⑦社会通念・慣習・しきたり	1,371（78.1％）	156（ 8.9％）	44（2.5％）	184（10.5％）

　社会における男女平等に関して，「家庭生活」「職場」「学校教育の場」「地域活動」「政治の場」「法律や制度の上」「社会通念・慣習・しきたり」の7項目について，「男性優遇（「男性のほうが非常に優遇されている」「どちらかといえば男性のほうが優遇されている」）」「男女平等（平等）」「女性優遇（「女性のほうが非常に優遇されている」「どちらかといえば女性のほうが優遇されている」）」のいずれに該当するのかを調査した。「学校教育の場」を除く6項目おいて「男性優遇」であると4割以上が答えている。特に，「社会通念・慣習・しきたり」が78.1％と最も多く，「政治の場」が73.9％と7割を超えており，続いて「職場」が65.1％，「家庭生活」が61.4％である。一方，「平等」であると答えたのは，「学校教育の場」が57.3％，「地域活動」が33.7％であり，「女性優遇」はどの項目においても少なく，「政治の場」の1.2％を最低として最高が「地域活動」の7.3％と1割以上の項目は1つとしてなかった。このことから，学校教育の場では男女平等であるが，政治の場や職場では，まだまだ男性が優遇されており女性が差別されているとの認識が高いことがわかる。また，「男女平等」と答えた男女別の割合を

みてみると,「政治の場」女性5.7％,男性19.1％,「社会通念・慣習・しきたり」女性4.7％,男性15.2％と両項目とも約4倍の格差であり,「法律や制度」女性18.6％,男性39.7％,「家庭生活」女性18.3％,男性35.0％と両項目とも約2倍の格差となっている。さらに,「男性優遇」との回答については,7項目すべてについて女性の回答が男性の回答を上回っている。このことから,制度としては男女平等になってきているが,実際の公式的な社会への女性の進出や家庭における女性の立場は男女平等への途上であり,男女平等の達成度について女性と男性では感覚に差があることをあらわしていると考えられる。

6 就業における機会均等の達成に向けて

図表10－5 仕事と家庭の役割分担について （n＝1,755）

調査数	同感（「同感」「どちらかといえば同感」）	反対（「反対」「どちらかといえば反対」）	「どちらともいえない」
回答数	444	578	713
全体	25.3％	32.9％	40.6％
女性	18.4％	38.1％	42.4％
男性	35.6％	25.2％	38.0％

注：「無回答」は,回答数20,全体比率1.1％,女性比率1.1％,男性比率1.1％。

「男は仕事,女は家庭」という質問項目については,男性と女性では対照的な結果が出ている。男性の35.6％が「同感」であるのに対し女性は18.4％,女性の38.1％が「反対」であるのに対し男性は25.2％である。そして,「どちらともいえない」が女性43.5％,男性39.1％,となっている。男女共同参画の取組みが始まったばかりの現在では,この場合の女性における「どちらともいえない」という回答は,消極的な反対意見の表明であると考えてもよいだろう。そう捉えると,女性の「反対」比率は80.5％という過半数に達する。このことからも女性が就業機会を望んでいることが感じ取れる。

第10章　男女共同参画における市民の意識

図表10－6　望ましいと考える家族の役割分担について　（n＝1,755）

調査数	夫も妻も働き両方で家事・育児をするのがよい	夫も妻も働き家事・育児は妻がするのがよい	夫が働き妻は家事・育児をするのがよい
回答数	1,081	44	350
全体	61.6%	2.5%	19.9%
女性	68.6%	1.4%	15.0%
男性	51.2%	4.1%	27.2%

注：「夫も妻も働き家事・育児は夫がするのがよい」「妻が働き夫は家事・育児をするのがよい」「その他」「わからない」「無回答」の合計が，全体で16.0%ある。

　これは，家庭を持った女性についても同様の傾向があることが「望ましいと考える家族の役割分担について」の回答からも見受けられる。「夫も妻も働き両方で家事・育児をするのがよい」女性68.6%，男性51.2%ともに，夫と妻の両方で仕事も家事・育児も協力して行うことに対する意識が最も高い。「夫も妻も働き家事・育児は妻がするのがよい」女性1.4%，男性4.1%と，妻が仕事をすることに対しての理解は男性側にも見受けられる。しかし，「夫が働き妻は家事・育児をするのがよい」という妻が仕事をすることについての反対意見は，女性15.0%，男性27.2%と，女性が男性を12.2ポイント下回っている。このことからも，妻が労働の場においても活動することを望んでいることがわかる。
　それでは，このような女性の就業支援について，採用する側である企業側の意識やその対応はどのようになっているだろうか。

7　企業における女性の就業支援

　近年，男女平等への意識が高い先進的な企業において，女性の就業支援の仕組みと体制が整えられてきている。これにより，女性は，これまでよりも私生活や家庭生活と仕事との両立あるいは調和をはかることが可能になりつつある。育児休暇への支援は出産後の女性が労働することを助け，また同様に，介護休暇への支援や配慮も意欲があり優秀な人材が働くことを可能にする。このよう

に，少子化および高齢化が進行しているわが国の現状では，女性を含め従業員全般に対して育児や介護における就業支援を積極的に行うことは企業にとってもメリットは大きいと考えられる。

このような状況から，1991年に「育児休業，介護休業等育児又は家族介護を行う労働者の福祉に関する法律」，いわゆる「育児・介護休業法」が成立した。これは「育児及び家族の介護を行う労働者の職業生活と家庭生活との両立が図られるよう支援することによって，その福祉を増進するとともに，あわせて，我が国の経済及び社会の発展に資することを目的[3]」としている。さらに，次世代育成支援を進めるにあたり，育児や介護を行う労働者の仕事と家庭との両立をよりいっそう推進するために，2005年4月1日からは育児休業・介護休業の対象労働者の拡大等の項目を改正した「育児・介護休業法」が施行されている。育児・介護への配慮が企業にさらに強く求められるようになってきている。

8　格付評価にみる女性の社会進出への企業における支援

企業における女性の就業支援の実態について，筆者が格付評価委員として参加している環境経営格付機構が行っている「環境経営格付」のデータをもとにみてみたい。当格付は，2002年より毎年，全国の一部上場企業から環境および持続可能性について先進的な取組みをしている数10社を選び，格付評価指標と経営トップへのインタビューにより格付評価を行っている。2003年の格付評価から女性の就業支援についての項目が格付評価指標に組み入れられるようになった。

格付評価指標は，「戦略」「仕組み」「成果」の3つの領域から構成されている。2003年の「女性の社会進出・就業支援」における指標は，「戦略」領域が，①**「チャレンジの機会」**であり，意欲と能力のある女性従業員がチャレンジできる就業環境を整備する方針があるか，②**「教育と昇進の機会」**であり，意欲と能力のある女性従業員に男性と同等の教育・昇進・昇格の機会を与える方針が

あるか，③**「仕事と家事の両立」**であり，従業員の仕事と育児・介護等との両立を配慮した就業環境を整備する方針および目標・計画があるか，を問う。「仕組み」は，①**「女性の就業支援」**であり，意欲と能力のある女性従業員が，チャレンジでき，かつ男性と同等の教育・昇進・昇格の機会が与えられる制度があるか，②**「柔軟な勤務形態」**であり，勤務形態変更等，柔軟な対応手段によって従業員の仕事と育児・介護の両立を容易にする制度があるか，③**「復職および再就業」**であり，育児・介護を目的とする休職後，従前職等に復帰する制度があり，育児・介護のために退職した意欲と能力のある従業員に，再就業の機会を与える制度があるか，を問う。「成果」は，①**「就業支援制度の活用」**であり，就業支援制度を活用し，教育，昇進，昇格などにチャレンジした女性従業員数が増加しているか，②**「育児・介護休業への対応」**であり，育児・介護休業制度が確実に利用でき，また制度を利用したことによる配置・昇格・昇給等における差別はないか，③**「育児・介護休業取得実績」**であり，育児・介護休業制度について，利用希望者数（または対象者数）に対する制度利用者数の比率が上昇しているか，を問うている。

9　格付評価にみる育児・介護への支援

　2004年度の格付評価では，「女性の社会進出・就業支援」から「機会均等の徹底」「仕事と私的生活の調和」項目へと，社会変化に対応するかたちで格付評価指標に修正が加えられている。これは，「女性の社会進出・就業支援」に加え，育児・介護に対する支援の増加や家庭やプライベートを充実させることができる柔軟な勤務形態等について企業に意識してもらうために修正している。環境経営格付機構の格付評価は，評価結果も重要であるが，格付評価作業を通じて企業の方々と格付評価委員が話し合いを通じて情報交換しお互いが社会からの要請についての理解を深め，啓発しあうことも大きな目的としている。

　「機会均等の徹底」項目の「戦略」では，①**「募集・採用時の差別禁止」**であり，募集・採用に関して，人種，性別，年齢，学歴等による差別や障害者に

対する差別を排除する方針があるか，②**「就業後の処遇差別廃止」**であり，就業後の配置，昇進，教育訓練，福利厚生，定年，退職，解雇で人種，性別，年齢，学歴等による差別を廃止する方針があるか，③**「処遇の透明性確保，納得性向上」**であり，就業後の処遇について，社員に対する透明性を確保し納得性を向上する方針があるか，を問う。「仕組み」では，①**「募集・採用時の仕組み」**であり，募集・採用時における差別を排除するための仕組みがあるか，②**「就業後の仕組み」**であり，就業後の差別を排除する仕組みが整っているか，③**「処遇の透明性確保の仕組み」**であり，就業後の処遇について，社員との間で透明性を確保する仕組みが整い納得性の向上を図っているか，を問う。「成果」では，①**「透明性確保の仕組みの有効性」**であり，処遇についての透明性を確保し納得性を向上する仕組みが有効に機能しているか，②**「女性の処遇に関する実績」**であり，意欲と能力のある女性従業員は，男性従業員と同等に教育訓練に参加し，同等の配置，昇進・昇格・昇給をして処遇についての満足度が高いか，③**「障害者の雇用実績」**であり，障害者の実雇用率が法定基準を満たしており，配置，就労条件，就業環境に配慮がなされているか，を問うている。

　「仕事と私的生活の調和」項目の「戦略」では，①**「仕事と私的生活の調和」**であり，従業員の仕事と私的生活との調和を配慮した就業環境を整備する方針があるか，②**「柔軟な勤務形態」**であり，会社と社会の双方で従業員の能力が発揮されるために，柔軟な勤務形態を配慮する方針があるか，③**「強制労働の排除」**であり，サービス残業やサービス出勤がなく，有給休暇を適切に取ることができる方針があるか，を問う。「仕組み」では，①**「仕事と私的生活の調和支援」**であり，社員が仕事と私的生活を調和することを支援するための制度があるか，②**「柔軟な勤務形態等」**であり，従業員の能力が社内外で発揮されるための制度があるか，③**「育児介護休暇制度」**であり，法律を超えた育児・介護を目的とする休職制度があるか，を問う。「成果」では，①**「仕事と私的生活の調和」**であり，時間的に仕事と私的生活の調和が図られているか，②**「柔軟な勤務形態等」**であり，従業員が社内外で能力を発揮することができ

ているか，③「**育児介護のための勤務形態**」であり，育児介護のための柔軟な勤務形態を選ぶことができているか，を問うている。

図表10－7　格付評価における得点率

	2003年	2004年	
	女性の社会進出・就業支援	機会均等の徹底	仕事と私的生活の調和
製造業（素材）	80.3%	90.0%	87.0%
製造業（組立）	80.6%	91.0%	84.0%
非製造業	82.0%	90.0%	88.0%
全　体	80.8%	91.0%	86.0%

　2003年に比べ，2004年ではすべての業種がすべての項目において得点率が増加している。このことは，環境および持続可能性の領域で先進的な取組みを行っている企業において，女性の就業支援と機会均等への取組みが進行し，成果が上がってきていることをあらわしている。

　格付評価企業は，全国各地にわたっている。女性の就業支援と機会均等への積極的な取組みをしている企業を中心として，市民，行政，企業とが連携して，企業が持つノウハウと知識と経営資源を有効に活用することにより，男女共同参画は一層推進することと考えられる。

10　男女共同参画の実現に向けた行政の役割

図表10－8　男女平等社会の実現のために行政が力をいれるべきこと

	回答数	全体
育児・保育施設や支援事業の充実	886	50.5%
高齢者や病人の在宅介護サービスや施設または福祉政策の充実	559	31.9%
就労機会や労働条件の男女格差を是正するための働きかけ	525	29.9%
平等意識を育てる学校教育の充実	426	24.3%
行政や民間企業での女性の積極的な登用	409	23.3%
女性の職業教育・訓練の機会の充実	310	17.7%
母子家庭などへの援助や福祉対策	294	16.8%
女性問題に関する情報提供，交流・相談・苦情処理研究等の充実	274	15.6%
男女平等への理解を深めるための学習機会の促進（生涯学習）	251	14.3%
行政の政策決定や審議会への女性の参画促進	195	11.1%
わからない	72	4.1%
無回答	70	4.0%
市内の女性団体・グループと活動内容の情報ネットワークづくり	62	3.5%
女性問題に関する国際的な交流・情報収集の促進	56	3.2%
その他	37	2.1%

＊　3つまで回答。

　行政が期待されている項目についてみてみる。「男女平等社会の実現のために行政が力をいれるべきこと」の回答結果の上位5項目は，「育児・保育施設や支援事業の充実」886（50.5%），「高齢者や病人の在宅介護サービスや施設または福祉政策の充実」559（31.9%），「就労機会や労働条件の男女格差を是正するための働きかけ」525（29.9%），「平等意識を育てる学校教育の充実」426（24.3%），「行政や民間企業での女性の積極的な登用」409（23.3%）である。男女格差を是正する働きかけや男女平等の意識を育てる教育よりも，育児や介護に対する直接的な援助を市民から求められていることがわかる。「自治会の役員や議員などに女性が少ない理由」の第1位も「家事や育児・介護等の負担が大きいから」が957（54.5%）と半数を超えている。これは，育児や介護が家庭，

特に女性にとって負担が大きいことや，育児や介護を支援する施設や事業がまだまだ不十分であることをあらわしている。今後，高齢化が進むことを考えると，行政は，育児や介護に関するインフラ整備を積極的に行う必要がある。

「自治会の役員や議員などに女性が少ない理由」としては，「女性を受け入れる社会基盤ができていないから」825（47.0％），「女性と男性とでは統率などで能力差があると考える人がいるから」664（37.8％）と，女性の受け入れに対する拒否感や男女の能力差についての間違った認識があることがうかがわれる。行政は，インフラ整備とともに女性の積極的な登用を行うことによって，公的な場における女性の地位向上にさらに努める必要がある。

図表10－9　自治会の役員や議員などに女性が少ない理由

	回答数	全体
家事や育児・介護等の負担が大きいから	957	54.5％
女性を受け入れる社会基盤ができていないから	825	47.0％
女性と男性とでは統率などで能力差があると考える人がいるから	664	37.8％
女性自身が社会進出への積極性に欠けるから	533	30.4％
女性の社会進出をよく思わない社会通念があるから	516	29.4％
女性に適切な人材がいないから	217	12.4％
わからない	80	4.6％
その他	49	2.8％
無回答	38	2.2％

＊　3つまで回答。

11　おわりに

男女共同参画の実現のためには，行政，民間企業，市民が，それぞれが保持する経営資源である知恵と労力を出し合い，お互いが協力していくことが必要であると考えられる。そのために行政は，まず，育児や介護を支援する設備や事業等のインフラ整備をさらに充実させることが重要である。しかし，インフラを整備しただけでは，男女共同参画社会の実現を達成することは難しい。男

女共同参画社会の実現のためには，未だ根強く残る男女の役割差別や男女の能力差別意識をなくすための施策が必要である。また，男女の役割差別をなくすためには，男女平等意識に対する教育の推進や，女性が自立できるだけの経済力を得るための教育訓練の支援をも含めた支援事業が必要となる。

女性の経済的自立のためには，地域の企業との連携も重要となる。男女共同参画社会を実現するためには，さまざまな外部組織とのネットワーク構築にも積極的に取り組み，情報を共有化するためのシステムづくりと制度づくりを行うことが重要である。その上で，浜松市に存在する市民，企業，行政が持つ経営資源（地域における知と情報を含む）を積極的かつ効率的に集積し再配分していくことが今後の課題となろう。

〔注〕
1）「男女共同参画社会基本法」。
2）2003年4月1日施行。
3）厚生労働省「育児・介護休業法のあらまし」
　　http://www.mhlw.go.jp/general/seido/koyou/ryouritu/aramashi.html，2005年10月DL。

〔参考文献〕
・環境経営格付機構〔2003〕「2003年度環境経営格付調査票」。
・環境経営格付機構〔2004〕「2004年度環境経営格付調査票」。
・厚生労働省〔2004〕「平成16年国民生活基礎調査の概況」。
・浜松市「平成13年産業大分類別の事業所数，従業者数の推移」，2003年4月30日公開。
・浜松市〔2004〕「浜松市の男女共同参画に関する市民意識調査報告書」浜松市男女共同参画課。
・浜松市HP：http://www.city.hamamatsu.shizuoka.jp/index.htm，2005年10月DL。

（鶴田　佳史）

第11章 男女共同参画についての従業員の意識

　本章は，男女共同参画について従業員はいかなる意識をもっているのか，平成15年7月末から平成15年10月末にかけて静岡県浜松市で実施されたアンケート調査「浜松市の男女共同参画に関する市民意識調査」の調査結果に基づき分析し，検討していく。

　従業員の意識についての調査票は2,000人を対象に配布され，1,430人から回答を得られた。回収率は71.5%であり，有効性は極めて高いといえよう。

1 回答者について

　まず，回答者の性別は，「女性」が54.5%，「男性」が44.3%であった。また，回答者の年齢は20代が27.3%，30代が28.5%，40代が21.3%，50代が17.8%，60代が3.9%であった。

　また，回答者の勤務先は「製造業」が41.3%と最も多く（図表11―1参照），職種は「事務」が43.7%と最も多かった（図表11―2参照）。そして，勤続年数は「5年以上10年未満」が22.5%と最も多かった（図表11―3参照）。

第3部 男女共同参画に関する実態調査

図表11－1 回答者の勤務先の業種

- 小売業 21.4
- 卸売業 10.4
- 製造業 41.3
- 運輸・通信業 0.3
- 金融・保険業 1.1
- サービス業 15.7
- その他 7.2
- 無回答 2.5

図表11－2 回答者の職種

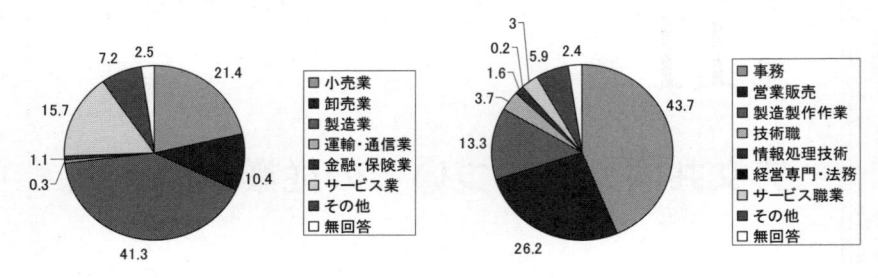

- 事務 43.7
- 営業販売 26.2
- 製造製作作業 13.3
- 技術職 3.7
- 情報処理技術 1.6
- 経営専門・法務 0.2
- サービス職業 5.9
- その他 3
- 無回答 2.4

図表11－3 回答者の勤続年数

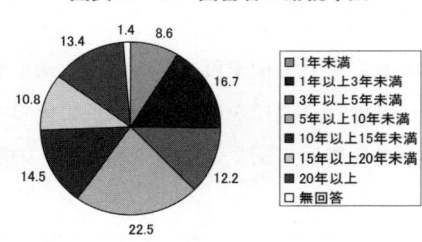

- 1年未満 8.6
- 1年以上3年未満 16.7
- 3年以上5年未満 12.2
- 5年以上10年未満 22.5
- 10年以上15年未満 14.5
- 15年以上20年未満 10.8
- 20年以上 13.4
- 無回答 1.4

続いて，子供の有無をたずねたところ，「いる」との回答は53.7％，「いない」との回答は45.2％であった。さらに，「いる」との回答者768人に第1子の年齢をたずねたところ，「社会人」が39.7％と最も多かった（図表11－4参照）。

図表11－4 第1子の年齢

- 未就学児(小学校入学前) 17.8
- 小学生 15.5
- 中学生 8.7
- 高校生・大学等受験浪人 10.3
- 短大・高専・大学・大学院・専門学校などの学生 7.7
- 社会人 39.7
- 無回答 0.3

― 226 ―

第11章　男女共同参画についての従業員の意識

　さらに，回答者の家族の状況をたずねたところ，「独身期」が33.2％と最も多かった。10％を超えた回答は，「夫婦（夫または妻）と子供（末子が小中学生）」が13.7％，「夫婦（夫または妻）と子供（末子が未就学児）」が12.3％，「子供のいない夫婦」が11.1％であった（図表11－5参照）。しかし，回答者の家族構成をたずねたところ，「二世代世帯（親と子）」が57％と他の回答よりもはるかに多く，「単身世帯（一人住まい）」は8.3％と最も少なかった（図表11－6参照）。独身ではあるものの親と同居している回答者が多いと考えられる。

図表11－5　回答者の家族状況

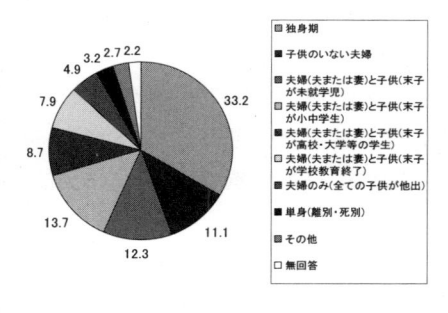

図表11－6　回答者の家族構成

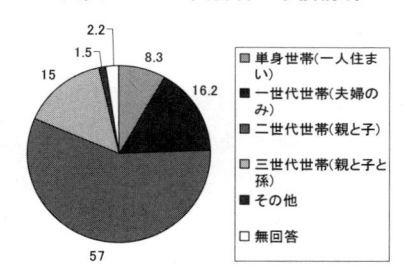

　そして，回答者の最終学歴は「高校（旧中学・女学校）」が45.7％と最も多く，続いて「短大（専門学校・高専）」が24.3％，「大学・大学院」が22.2％となった（図表11－7参照）。

　回答者の年収は「300万円～500万円未満」が30.1％と最も多かった。また，「300万円～500万円未満」を中心に山を描けるような回答結果となった（図表11－8参照）。

第3部　男女共同参画に関する実態調査

図表11−7　回答者の最終学歴

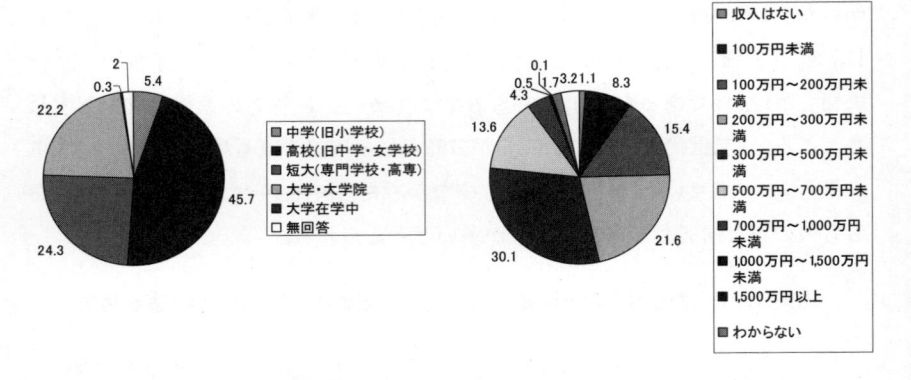

中学(旧小学校)
高校(旧中学・女学校)
短大(専門学校・高専)
大学・大学院
大学在学中
無回答

2
0.3
5.4
22.2
24.3
45.7

図表11−8　回答者の年収

収入はない
100万円未満
100万円〜200万円未満
200万円〜300万円未満
300万円〜500万円未満
500万円〜700万円未満
700万円〜1,000万円未満
1,000万円〜1,500万円未満
1,500万円以上
わからない

0.1
0.5
1.7
3.2
1.1
8.3
15.4
21.6
30.1
13.6
4.3

勤務先の従業員数は，「10人以上29人以下」との回答が35.2％と最も多かった。続いて「100人以上299人以下」が17.4％，「50人以上99人以下」が17.3％，「30人以上49人以下」が13.8％，「300人以上」が12％，という回答結果となった。

2　職場内での男女平等意識

まず，回答者に就業形態をたずねたところ，「正規社員」との回答が「アルバイト・パートタイム，派遣，契約社員等（予め期間や時期が決まっている）」や「アルバイト・パートタイム，派遣，契約社員等（予め期間や時期が決まっていない）」を大きく上回り，76.6％を占めた（図表11−9参照）。

図表11−9　回答者の就業形態

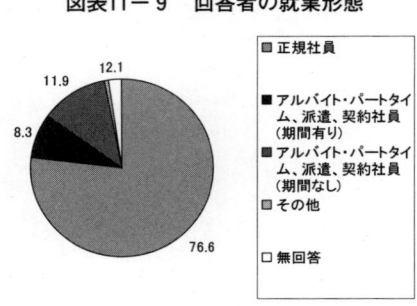

正規社員
アルバイト・パートタイム，派遣，契約社員（期間有り）
アルバイト・パートタイム，派遣，契約社員（期間なし）
その他
無回答

76.6
8.3
11.9
12.1

— 228 —

第11章　男女共同参画についての従業員の意識

　「アルバイト・パートタイム，派遣，契約社員等（予め期間や時期が決まっている）」または「アルバイト・パートタイム，派遣，契約社員等（予め期間や時期が決まっていない）」と回答した289人に非正規従業員で働いている理由を複数回答してもらったところ，上位3つは「時間的に自由だから」が35.6％，「家事・育児が両立できる」が32.9％，「職場が家の近くだから」が31.1％となり，「正規社員の仕事が見つからない」との回答は19.7％にとどまった（図表11—10参照）。そして，今後，正規社員になりたいかどうかたずねたところ，「非正規社員のままでよい」との回答が62.6％となった（図表11—11参照）。こうしたことから，非正規従業員で働いている人々は進んでそうした働き方を選択していると考えられる。

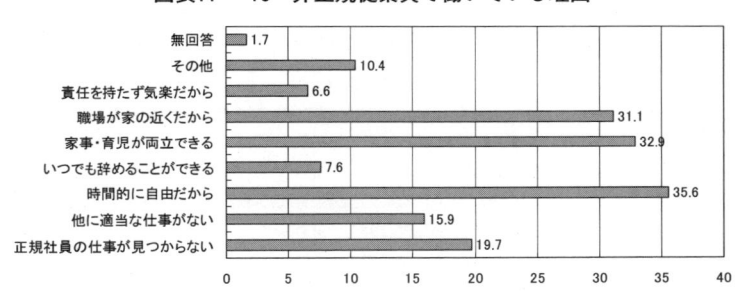

図表11－10　非正規従業員で働いている理由

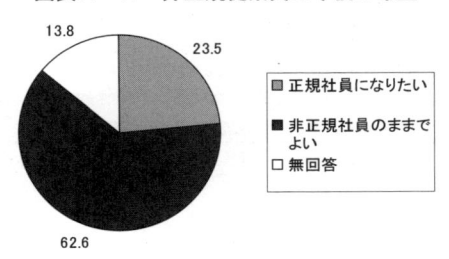

項目	％
無回答	1.7
その他	10.4
責任を持たず気楽だから	6.6
職場が家の近くだから	31.1
家事・育児が両立できる	32.9
いつでも辞めることができる	7.6
時間的に自由だから	35.6
他に適当な仕事がない	15.9
正規社員の仕事が見つからない	19.7

図表11－11　非正規従業員の今後の希望

- 正規社員になりたい：23.5
- 非正規社員のままでよい：62.6
- 無回答：13.8

第3部　男女共同参画に関する実態調査

　続いて，職場が働きやすくなるために整備を進めてもらいたいことを3つまで選択してもらったところ，「特にない」が26.9％と最も多かったがこれを除くと，「フレックスタイム制度」が22.7％，「休憩室・更衣室などの施設設備」が19.4％，「社外研修等の能力向上のための機会づくり」が18.3％，「子育て後の再雇用制度」が15％となった（図表11―12参照）。ソフト・ハード両面で目に見えるかたちでの具体的な整備が求められているといえよう。

　さらに，セクシュアル・ハラスメントについて複数回答でたずねたところ，「テレビや新聞で社会問題になっていることは知っている」が77％，「セクハラが人権侵害であることを知っている」が63％となり，少なくとも「セクシュアル・ハラスメント」という言葉は社会的に認知されている状況だと捉えることができよう（図表11―13参照）。

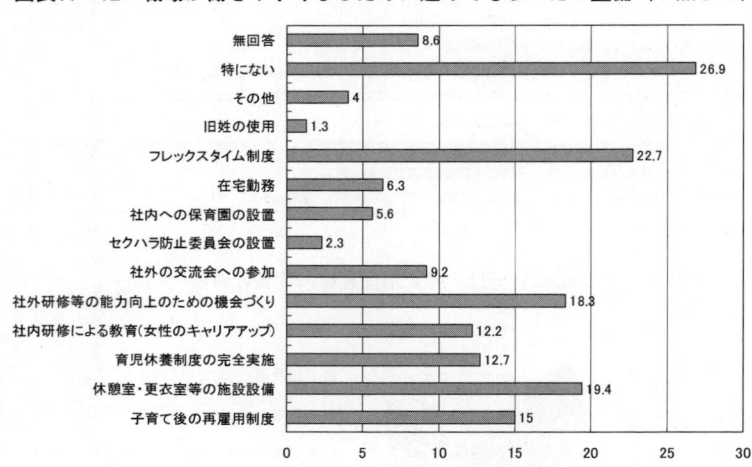

図表11―12　職場が働きやすくなるために進めてもらいたい整備（3点まで）

項目	％
無回答	8.6
特にない	26.9
その他	4
旧姓の使用	1.3
フレックスタイム制度	22.7
在宅勤務	6.3
社内への保育園の設置	5.6
セクハラ防止委員会の設置	2.3
社外の交流会への参加	9.2
社外研修等の能力向上のための機会づくり	18.3
社内研修による教育(女性のキャリアアップ)	12.2
育児休養制度の完全実施	12.7
休憩室・更衣室等の施設設備	19.4
子育て後の再雇用制度	15

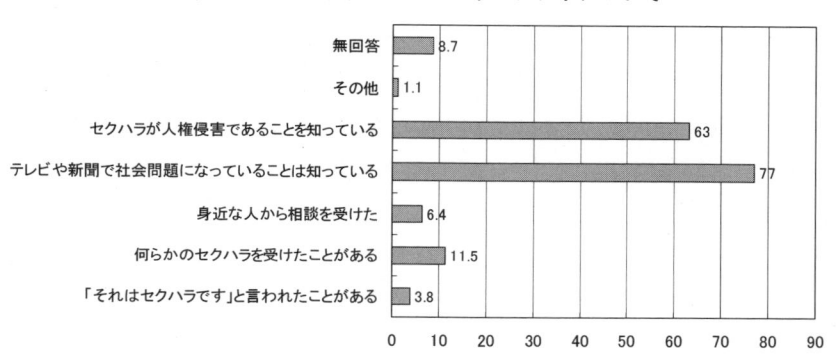

第11章　男女共同参画についての従業員の意識

図表11-13　セクシュアル・ハラスメントについて

- 無回答　8.7
- その他　1.1
- セクハラが人権侵害であることを知っている　63
- テレビや新聞で社会問題になっていることは知っている　77
- 身近な人から相談を受けた　6.4
- 何らかのセクハラを受けたことがある　11.5
- 「それはセクハラです」と言われたことがある　3.8

3　育児・介護休暇等制度の利用について

まず,「育児休業制度」と「介護(看護)休業制度」について知っているかたずねたところ,「両方とも知っている」との回答が48%と最も多かった(図表11－14参照)。「育児休業制度のみ知っている」との回答は32.1%あり,「両方とも知っている」との回答と合わせると80.1%となることから,育児休業制度はほぼ認知されているといえよう。一方,「介護(看護)休業制度のみ知っている」との回答は0.7%であり,「両方とも知っている」との回答と合わせても48.7%にとどまることから,介護(看護)休業制度はまだまだ認知されていないことがうかがえる。

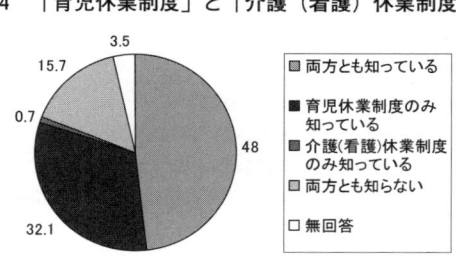

図表11-14　「育児休業制度」と「介護(看護)休業制度」の認知度

- 両方とも知っている　48
- 育児休業制度のみ知っている　32.1
- 介護(看護)休業制度のみ知っている　0.7
- 両方とも知らない　15.7
- 無回答　3.5

続いて，育児休業制度を利用したことがあるかたずねたところ，「利用する状況になったことがない」が79%と最も多かった。また，「利用したことがある」との回答は3.1%であったのに対し，「利用したかったができなかった」は5%，「利用する状況にあったが利用しなかった」は4.7%となり，利用できなかった，あるいは利用しなかった人の割合は合計で9.7%となった。「利用したことがある」と回答した45人に希望通りに育児休業期間を取得できたかたずねたところ，「希望通り取得できた」が73.3%にのぼった（図表11―15参照）。一方，「利用したかったができなかった」および「利用する状況にあったが利用しなかった」と回答した138人にその理由を複数回答でたずねたところ，「仕事が忙しいため」が42%と最も多かった（図表11―16参照）。次いで，「代替要員の確保が困難なため」が23.9%，「休業後，現職に復帰する保証がないため」が23.2%，「休業期間中の収入に不安があるため」が21.7%となった。こうしたこ

図表11―15　「育児休業制度」の取得期間

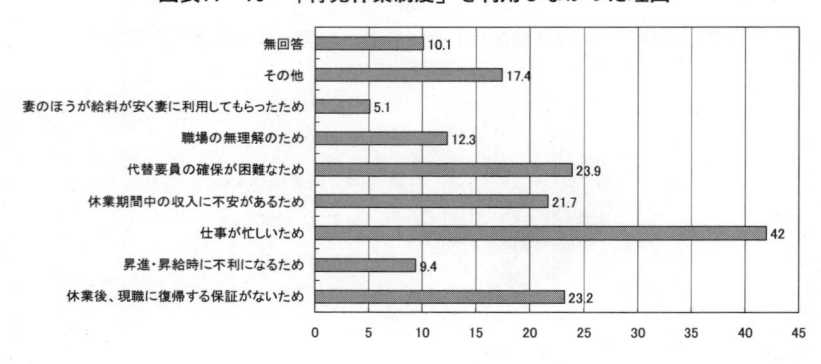

- 希望通り取得できた: 73.3
- 希望よりも短くなった: 17.8
- その他: 6.7
- 無回答: 2.2

図表11―16　「育児休業制度」を利用しなかった理由

項目	%
休業後、現職に復帰する保証がないため	23.2
昇進・昇給時に不利になるため	9.4
仕事が忙しいため	42
休業期間中の収入に不安があるため	21.7
代替要員の確保が困難なため	23.9
職場の無理解のため	12.3
妻のほうが給料が安く妻に利用してもらったため	5.1
その他	17.4
無回答	10.1

第11章 男女共同参画についての従業員の意識

とから，育児休業制度は事業所に整備され始めてまだ日が浅く，制度の存在自体は認知されていてもその利用はまだ一般的ではない，と考えられる。

さらに，「介護（看護）休業制度」を利用したことがあるかたずねたところ，「利用する状況になったことがない」が89.6％にのぼった。また，「利用したことがある」との回答は0.2％であったのに対し，「利用する状況にあったが利用しなかった」は1.5％，「利用したかったができなかった」は1％となり，利用しなかった，あるいは利用できなかった人の割合は合計で2.5％となった。「利用したことがある」と回答した3人に希望通りに介護（看護）休業期間を取得できたかたずねたところ，「希望よりも短くなった」が2人であった。一方，「利用する状況にあったが利用しなかった」および「利用したかったができなかった」と回答した36人にその理由を複数回答でたずねたところ，「仕事が忙しいため」が41.7％と最も多かった（図表11—17参照）。次いで，「休業後，現職に復帰する保証がないため」が27.8％，「休業期間中の収入に不安があるため」が22.2％となった。こうしたことから，介護（看護）休業制度は事業所に整備されているとしても育児休業制度よりも認知度は低いことから利用はまだまだ一般的ではなく，その利用には二の足を踏むという状況がうかがえる。

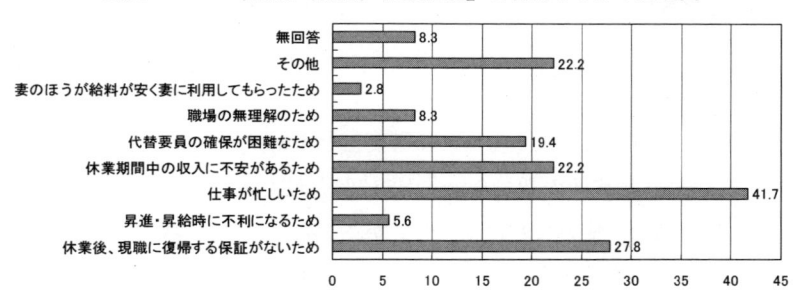

図表11—17 「介護（看護）休業制度」を利用しなかった理由

理由	％
無回答	8.3
その他	22.2
妻のほうが給料が安く妻に利用してもらったため	2.8
職場の無理解のため	8.3
代替要員の確保が困難なため	19.4
休業期間中の収入に不安があるため	22.2
仕事が忙しいため	41.7
昇進・昇給時に不利になるため	5.6
休業後、現職に復帰する保証がないため	27.8

4 仕事と家庭生活の両立について

まず、家事と仕事の分担についてたずねたところ、「夫が働き、妻はパートをしながら家事をしている」との回答が20.7%と最も多く、「夫も妻も働き、家事は妻がしている」との回答が20.3%と続いた（図表11—18参照）。「夫が働き、妻は家事をしている」との回答は15.9%であり、共働き世帯が主流となっているといえよう。

続いて、望ましいと考える家庭での分担についてたずねたところ、「夫も妻も働き、両方で家事をするのがよい」との回答が47.1%にのぼった（図表11—19参照）。理想は、共働きで家事を夫婦で分担することであるものの、現実は異なることがうかがえる。

図表11—18　家事と仕事の分担

図表11—19　望ましいと考える家庭での分担

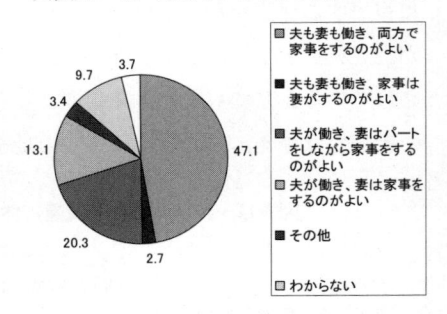

男性が家事や育児に参加するために必要だと考えていることを複数回答でたずねたところ、「家族間の話し合い」が52.7%と最も多く、「男女の役割分担についての社会通念、慣習などの見直し」が38.5%、「育児についての特別休暇制度の創設や休暇を取りやすい就労環境」が32.4%、「家事や育児に関する知識や技術の習慣」が31.5%と続いた（図表11—20参照）。緊密なコミュニケーションの必要性、社会環境の見直しなどのソフト面での改善が強く求められているといえよう。

第11章　男女共同参画についての従業員の意識

　そして，女性が仕事を続ける上で支障となっている要因と考えていることを複数回答でたずねたところ，「家事や育児の過重負担」が64.3％にのぼった（図表11—21参照）。次いで，「保育施設の不足など社会整備の不備」が26.8％，「「男は仕事，女は家庭」という社会通念」が18.7％と続いており，ここからも，女性が働き続けるには家事が大きな負担となっており，ハード・ソフト両面で女性が働きやすくなるような環境整備が強く求められていることがうかがえる。

図表11-20　男性が家事や育児に参加するために必要なこと（3点まで）

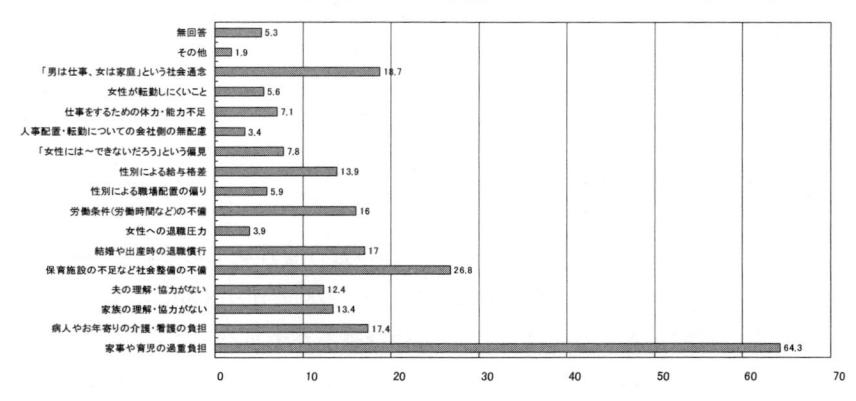

項目	%
無回答	3.4
わからない	4.7
その他	1.1
育児についての特別休暇制度の創設や休暇を取りやすい就労環境	32.4
労働時間の短縮	21
男性の仕事優先の考え方を見直す	18.5
男女が家事を分担するような子供の頃からの育て方や教育	27.3
家族間の話し合い	52.7
男女の役割分担についての社会通念，慣習などの見直し	38.5
家事や育児に関する知識や技術の習慣	31.5

図表11-21　女性が仕事を続ける上で支障となっていること（3点まで）

項目	%
無回答	5.3
その他	1.9
「男は仕事，女は家庭」という社会通念	18.7
女性が転勤しにくいこと	5.6
仕事をするための体力・能力不足	7.1
人事配置・転勤についての会社側の無配慮	3.4
「女性には～できないだろう」という偏見	7.8
性別による給与格差	13.9
性別による職場配置の偏り	5.9
労働条件（労働時間などの不備）	16
女性への退職圧力	3.9
結婚や出産時の退職慣行	17
保育施設の不足など社会整備の不備	26.8
夫の理解・協力がない	12.4
家族の理解・協力がない	13.4
病人やお年寄りの介護・看護の負担	17.4
家事や育児の過重負担	64.3

また，仕事を続けながら安心して出産や育児をするために行政がするべきだと考えていることは何かを複数回答でたずねたところ，「待機せずに保育所を利用できるような保育所数の増加」が39.2％と最も多く，「育児休業が取りやすい環境の整備」が37.4％，「家事・育児を男女が分担するための社会全体の意識改革」が34.1％，「保育時間の延長や産休明けに利用できる保育の充実」が32.7％と続いた（図表11—22参照）。行政には保育所の充実という具体的なハード面でのよりいっそうの整備が強く求められているとともに，社会全体の意識改革というソフト面での支援も要請されているといえるだろう。

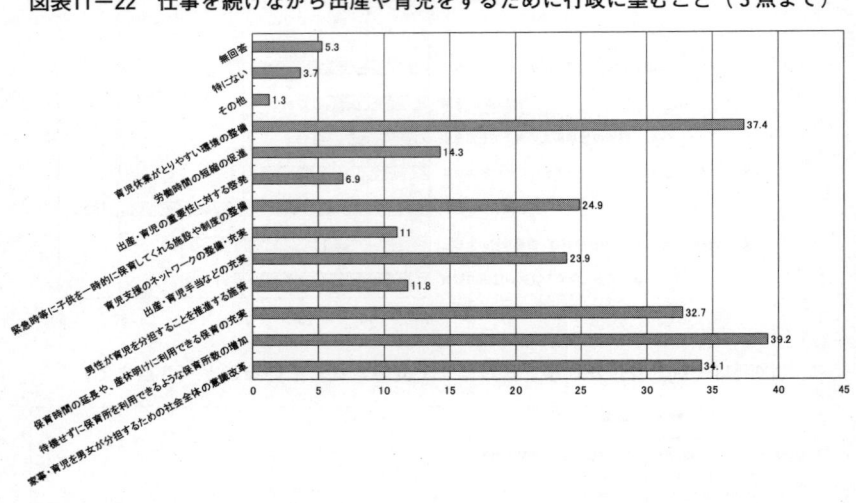

図表11—22 仕事を続けながら出産や育児をするために行政に望むこと（3点まで）

項目	％
無回答	5.3
特にない	3.7
その他	1.3
育児休業がとりやすい環境の整備	37.4
労働時間の短縮の促進	14.3
出産・育児の重要性に対する啓発	6.9
出産・育児の重要性に対する意識の醸成	24.9
緊急時等に子供を一時的に保育してくれる施設の整備・充実	11
育児支援のネットワークの充実	23.9
出産・育児手当などの充実	11.8
男性が育児を分担することを推進する施策	32.7
保育時間の延長や，産休明けに利用できるような保育所数の増加	39.2
待機せずに保育所を利用できるような保育所数の増加	34.1
家事・育児を男女が分担するための社会全体の意識改革	

5 仕事に対する考え方

まず，管理職に就いているかたずねたところ，「管理職である」との回答が15.9％であったのに対し，「管理職ではない」との回答が80.8％にのぼった。そして，「管理職である」と回答した228人に役職をたずねたところ，「部長」が14.9％，「課長」が31.6％，「その他」が13.2％であった。また，「管理職ではない」と回答した1,156人に管理職に就きたいか否かをたずねたところ，「思う」

第11章　男女共同参画についての従業員の意識

が19.5％であったのに対し、「思わない」が79.3％を占めた。

　管理職になりたくないと回答した917人にその理由をたずねたところ、「管理職としての能力に不安があるため」が24.5％、「仕事が忙しくなり家庭生活との両立が難しいため」が22.8％、「管理職になると責任が重いため」が22.1％という結果となった（図表11―23参照）。「管理職」というものに対して「責任が重くかつ求められる能力が高い」というイメージを持っており、プライベートを犠牲にしてまでその立場で仕事をしたくないという意識をうかがうことができる。

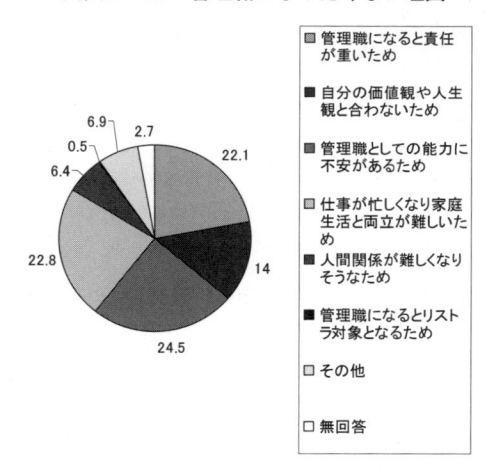

図表11―23　管理職になりたくない理由

- 管理職になると責任が重いため
- 自分の価値観や人生観と合わないため
- 管理職としての能力に不安があるため
- 仕事が忙しくなり家庭生活と両立が難しいため
- 人間関係が難しくなりそうなため
- 管理職になるとリストラ対象となるため
- その他
- 無回答

値：22.1, 14, 24.5, 22.8, 6.4, 0.5, 6.9, 2.7

　続いて、現在職業に就いている理由を3位まで、優先順位をつけてたずねた（図表11―24、図表11―25、図表11―26参照）。1位としてあげられた回答で最も多かったのは「生計維持のため」であった。次いで、「家計維持のため」が12.8％であり、生活の糧を得るために必要という経済的理由が就職の第1の理由であるといえる。2位としてあげられた回答で最も多かったのは「自分で自由に使えるお金を得るため」の16.9％であり、次いで「働くのが当たり前だから」が16.2％であった。3位としてあげられた回答で最も多かったのは「自分で自由に使えるお金を得るため」の10.1％であり、次いで「働くのが当たり前だか

第3部 男女共同参画に関する実態調査

図表11-24 現在職業に就いている理由（1位）

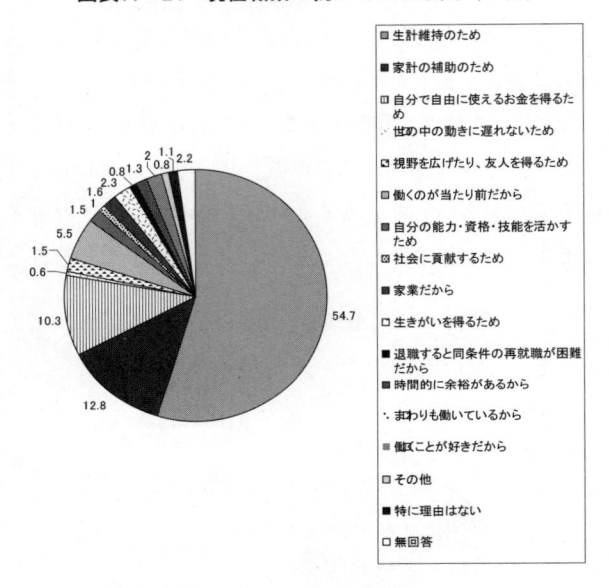

凡例:
- 生計維持のため
- 家計の補助のため
- 自分で自由に使えるお金を得るため
- 世の中の動きに遅れないため
- 視野を広げたり、友人を得るため
- 働くのが当たり前だから
- 自分の能力・資格・技能を活かすため
- 社会に貢献するため
- 家業だから
- 生きがいを得るため
- 退職すると同条件の再就職が困難だから
- 時間的に余裕があるから
- まわりも働いているから
- 働くことが好きだから
- その他
- 特に理由はない
- 無回答

数値: 54.7、12.8、10.3、0.6、1.5、5.5、1.5、1.6、2.3、0.8、1.3、2、0.8、1.1、2.2

図表11-25 現在職業についている理由（2位）

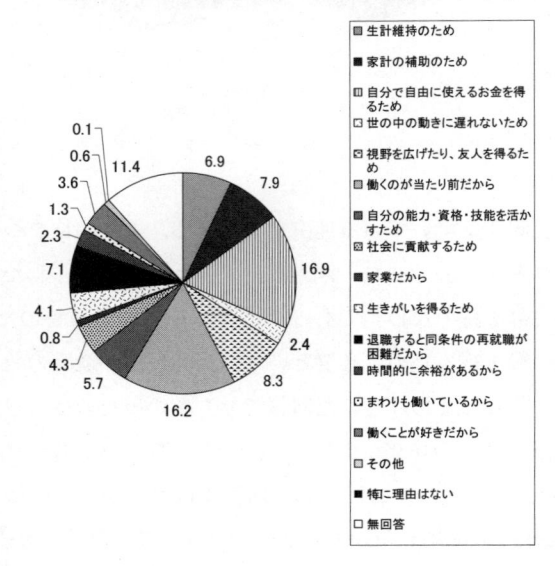

数値: 6.9、7.9、16.9、2.4、8.3、16.2、5.7、4.3、0.8、4.1、7.1、2.3、1.3、3.6、0.6、0.1、11.4

— 238 —

第11章　男女共同参画についての従業員の意識

図表11－26　現在職業に就いている理由（3位）

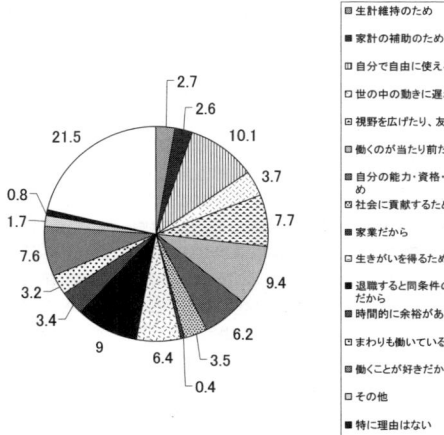

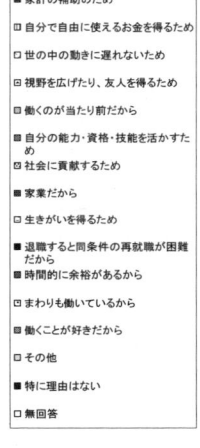

凡例：
- 生計維持のため
- 家計の補助のため
- 自分で自由に使えるお金を得るため
- 世の中の動きに遅れないため
- 視野を広げたり、友人を得るため
- 働くのが当たり前だから
- 自分の能力・資格・技能を活かすため
- 社会に貢献するため
- 家業だから
- 生きがいを得るため
- 退職すると同条件の再就職が困難だから
- 時間的に余裕があるから
- まわりも働いているから
- 働くことが好きだから
- その他
- 特に理由はない
- 無回答

数値：2.7、2.6、10.1、3.7、7.7、9.4、6.2、3.5、0.4、6.4、9、3.4、3.2、7.6、1.7、0.8、21.5

ら」が9.4％であった。生活に余裕をもちたい，そのためには働かなくてはならないという意識がうかがえる。

　仕事の満足度を15項目でたずねたところ（図表11－27参照），「満足」との回答で最も多かったのは「職場の人間関係」で17.3％，次いで「仕事の内容」で16％であった。これらは「やや満足」との回答と合わせると50％を超え，良好な人間関係の下で仕事内容に納得して働いている人が多いといえるだろう。一方，「不満足」との回答で最も多かったのは「給与」で11.3％，次いで「福利厚生」が9％であった。これらは「やや不満足」との回答を合わせると「給与」は37.3％と最も多くなり，「福利厚生」は31％となる。仕事の内容には満足しているものの，自身の働きに見合った対価を受け取れていないという不満を抱いている人が多いといえるだろう。

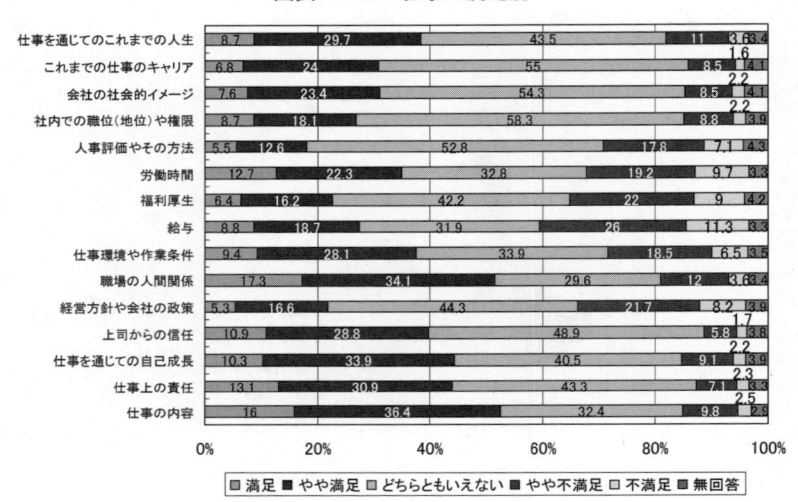

図表11-27 仕事の満足度

項目	満足	やや満足	どちらともいえない	やや不満足	不満足	無回答
仕事を通じてのこれまでの人生	8.7	29.7	43.5	11	3.6	3.4
これまでの仕事のキャリア	6.8	24	55	8.5	4.1	1.6
会社の社会的イメージ	7.6	23.4	54.3	8.5	4.1	2.2
社内での職位(地位)や権限	8.7	18.1	58.3	8.8	3.9	2.2
人事評価やその方法	5.5	12.6	52.8	17.8	7.1	4.3
労働時間	12.7	22.3	32.8	19.2	9.7	3.3
福利厚生	6.4	16.2	42.2	22	9	4.2
給与	8.8	18.7	31.9	26	11.3	4.3
仕事環境や作業条件	9.4	28.1	33.9	18.5	6.5	3.5
職場の人間関係	17.3	34.1	29.6	12	3.6	3.4
経営方針や会社の政策	5.3	16.6	44.3	21.7	8.2	3.9
上司からの信任	10.9	28.8	48.9	5.8	3.8	1.7
仕事を通じての自己成長	10.3	33.9	40.5	9.1	3.9	2.2
仕事上の責任	13.1	30.9	43.3	7.1	3.3	2.3
仕事の内容	16	36.4	32.4	9.8	2.9	2.5

最後に，仕事に対する考え方や行動について14項目でたずねたところ（図表11—28参照),「該当する」との回答で最も多かったのは「自分の人生は自分で決めていきたい」の40.6%であった。次いで,「一度就職した以上安易に会社を辞めるべきではない」が23.9%となった。これらは「ほぼ該当する」との回答と合わせるとそれぞれ78.1%，57.5%となり，自身で決断した以上就職先を安易に辞めることなく働き続けるという強い意欲をもっている人が多い，と考えることができよう。一方，「該当しない」との回答で最も多かったのは「もう一度就職するとしたら，やはりこの会社に入る」の21.2%であった。次いで,「自分にとって，現在の仕事は将来のキャリア形成に役立つ」が10.5%となった。これらは「あまり該当しない」との回答と合わせるとそれぞれ38.6%，30.8%となり，入社前に抱いていた希望と入社してから直面した現実とのギャップに戸惑いや落胆を覚えている人が多い，と考えることができよう。

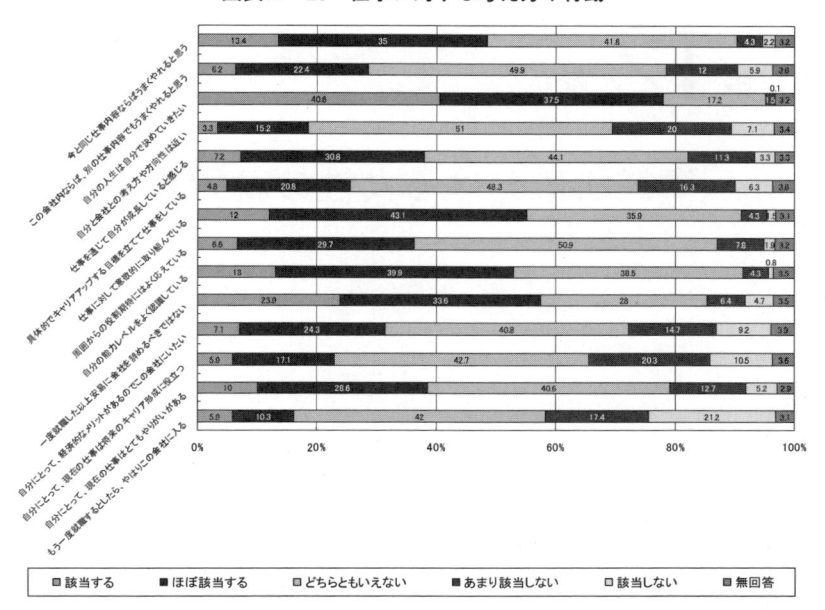

第11章　男女共同参画についての従業員の意識

図表11−28　仕事に対する考え方や行動

項目	該当する	ほぼ該当する	どちらともいえない	あまり該当しない	該当しない	無回答
今と同じ仕事内容ならばもっと上手くやれると思う	13.4	35	41.6	4.3	2.2	3.2
この条件内ならば、別の仕事内容でもうまくやれると思う	6.2	22.4	49.9	12	5.9	3.6
自分の人生は自分で決めていきたい	40.8	37.5	17.2	1.5	3.2	0.1
自分と会社の考え方や方向性は近い	3.3	15.2	51	20	7.1	3.4
自分を通じて自分が成長していると感じる	7.2	30.8	44.1	11.3	3.3	3.3
仕事を通じて自分が成長していると感じる	4.8	20.8	48.3	16.3	6.3	3.8
具体的にキャリアアップする目標を立てて仕事をしている	12	43.1	35.9	4.3	3.1	
仕事に対して意欲的に取り組んでいる	6.6	29.7	50.9	7.6	1.9	3.2
周囲からの受動的にはよく応えている	13	39.9	38.5	4.3	3.5	0.8
自分の勤労ルールをよく認識している	23.8	33.6	28	6.4	4.7	3.5
一度就職した以上安易に辞めるべきではない	7.1	24.3	40.8	14.7	9.2	3.9
自分にとって、経済的メリットがあるので次の会社にしたい	5.9	17.1	42.7	20.3	10.5	3.6
自分にとって、現在の仕事は将来のキャリア形成に役立つ	10	28.6	40.6	12.7	5.2	2.9
もう一度就職するとしたら、やはりこの会社に入る	5.9	10.3	42	17.4	21.2	3.1

〔参考文献〕
・浜松市『浜松市の男女共同参画に関する市民意識調査報告書』2004年3月。

（仲本　大輔）

第3部 男女共同参画に関する実態調査

第12章

事業所における女性の就労環境

1 対象事業所・店舗の概要

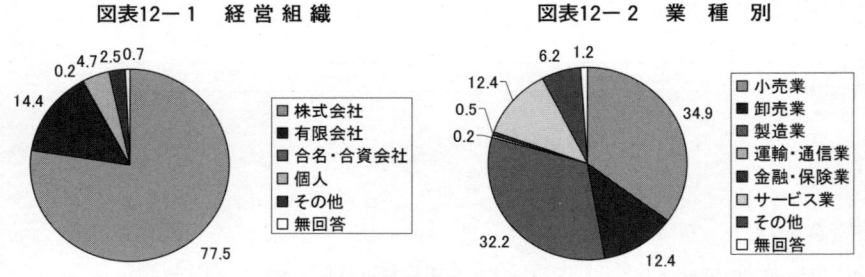

図表12－1 経 営 組 織

0.2 4.7 2.5 0.7
14.4
77.5

■ 株式会社
■ 有限会社
□ 合名・合資会社
□ 個人
■ その他
□ 無回答

図表12－2 業 種 別

6.2 1.2
12.4
0.5
0.2
34.9
32.2
12.4

■ 小売業
■ 卸売業
■ 製造業
□ 運輸・通信業
■ 金融・保険業
■ サービス業
■ その他
□ 無回答

出所：以下，図表はすべて「浜松市の男女共同参画に関する市民意識調査報告書」による。

　第12章では，浜松市の事業所における女性の就労環境について検討していきたい。まず最初に対象事業所・店舗の概要についてみてみる。回答が得られた404事業所のうち，「株式会社」が77.5％と全体の4分の3を占めている。次いで「有限会社」が14.4％，「個人」が4.7％，「合名・合資会社」が0.2％，「その他」が2.5％となっている。

　業種別では，「小売業」が34.9％と最も多くなっている。次いで「製造業」が32.2％，「卸売業」と「サービス業」が12.4％，「その他」が6.2％，「金融・保険業」が0.5％，「運輸・通信業」が0.2％である。

第12章　事業所における女性の就労環境

図表12-3　従業員別

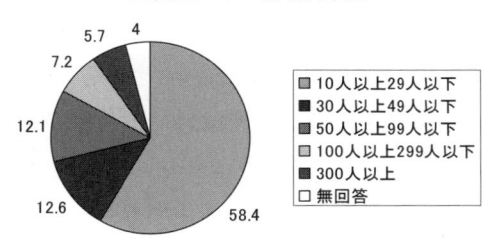

- 10人以上29人以下：58.4
- 30人以上49人以下：12.6
- 50人以上99人以下：12.1
- 100人以上299人以下：7.2
- 300人以上：5.7
- 無回答：4

従業員数では,「10人以上29人以下」が58.4％と最も多くなっている。次いで「30人以上49人以下」が12.6％,「50人以上99人以下」が12.1％,「100人以上299人以下」が7.2％,「300人以上」が5.7％となっている。このように従業員数では，人数が多くなるほど全体を占める割合が小さくなっているのが特徴である。

2　女性の雇用状況

図表12-4　女性比率

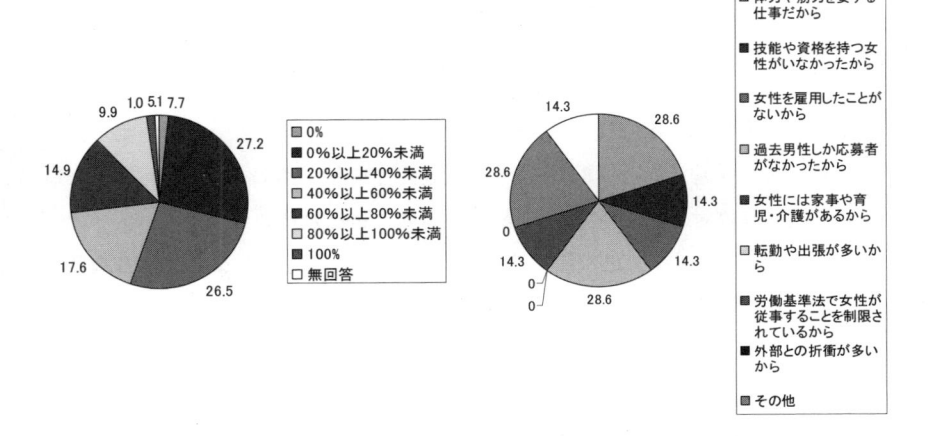

- 0％：27.2
- 0％以上20％未満：26.5
- 20％以上40％未満：17.6
- 40％以上60％未満：14.9
- 60％以上80％未満：9.9
- 80％以上100％未満：1.0
- 100％：5.1
- 無回答：7.7

図表12-5　女性を雇用していない理由

- 体力や筋力を要する仕事だから：28.6
- 技能や資格を持つ女性がいなかったから：14.3
- 女性を雇用したことがないから：14.3
- 過去男性しか応募者がなかったから：28.6
- 女性には家事や育児・介護があるから：0
- 転勤や出張が多いから：0
- 労働基準法で女性が従事することを制限されているから：14.3
- 外部との折衝が多いから：28.6
- その他：14.3

各事業所に女性の雇用比率について調査したところ,「0％以上20％未満」が27.2％,「20％以上40％未満」が26.5％と,これらの回答の多くが全体の半数以上が女性の比率を0％以上40％未満と回答している。また,「40％以上60％未満」が17.1％,「60％以上80％未満」が14.1％と,女性が占める割合が高くなるほど事業所が減る傾向にある。

また女性を雇用していない理由を3つまで回答してもらった。その結果,「体力や筋力を要する仕事だから」,「過去男性しか応募者がなかったから」,「その他」の理由が28.6％となっている。次に「技能や資格を持つ女性がいなかったから」,「女性を雇用したことがないから」,「早朝深夜や時間外の労働が多いから」が14.3％となっている。

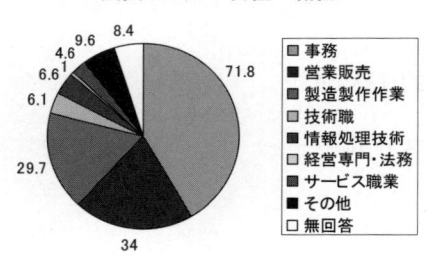

図表12－6　女性の職種

職種	％
事務	71.8
営業販売	34.0
製造製作作業	29.7
技術職	6.1
情報処理技術	6.6
経営専門・法務	1.0
サービス職業	4.6
その他	9.6
無回答	8.4

女性が就業している職種では,「事務」が71.8％と最も多く全体の7割を占めている。次に「営業販売」34.0％,「製造製作作業」が29.7％,との回答となっている。これに対して「情報処理職」「技術職」はそれぞれ6.6％,6.1％,「サービス業」が4.6％,「経営専門・法務」が1.0％と1割にも満たない3つの職種とは大きな差が出た。

第12章　事業所における女性の就労環境

図表12－7　従業員数全体の推移

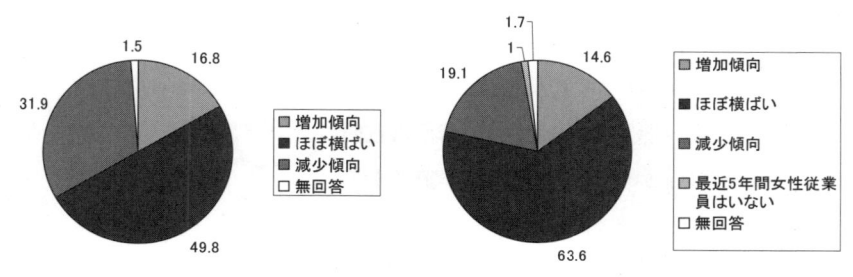

- 増加傾向　16.8
- ほぼ横ばい　49.8
- 減少傾向　31.9
- 無回答　1.5

図表12－8　女性従業員数の推移

- 増加傾向　14.6
- ほぼ横ばい　63.6
- 減少傾向　19.1
- 最近5年間女性従業員はいない　1
- 無回答　1.7

　最近5年間の従業員数全体の推移では，「増加傾向」が16.8％，「ほぼ横ばい」が49.8％，「減少傾向」が31.9％となっている。このうち女性従業員数の推移について調査したところ，「増加傾向」が14.6％，「ほぼ横ばい」が63.6％と全体の約8割弱を占めている。そして「減少傾向」が19.1％，「最近5年間女性従業員はいない」が1％となっている。

図表12－9　最近5年間の新卒採用（男女の割合）

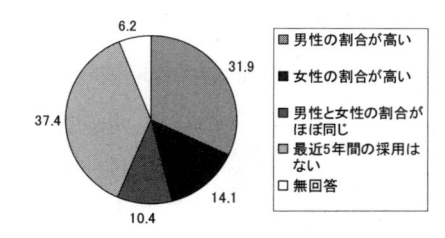

- 男性の割合が高い　31.9
- 女性の割合が高い　14.1
- 男性と女性の割合がほぼ同じ　10.4
- 最近5年間の採用はない　37.4
- 無回答　6.2

　最近5年間の新卒採用について調査してみた。男女の割合では，「最近5年間の採用はない」が37.4％と最も多かったが「男性の割合が高い」が31.9％，「女性の割合が高い」が14.1％で，「男性の割合が高い」との回答が「女性の割合が高い」に比べ17.8％多く2倍以上の差となっている。

第3部　男女共同参画に関する実態調査

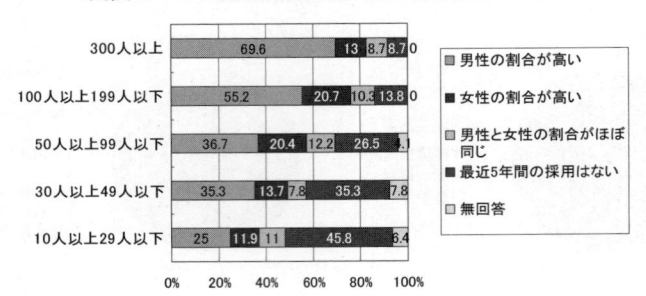

図表12-10　従業員規模別に見た新卒採用の割合

規模	男性の割合が高い	女性の割合が高い	男性と女性の割合がほぼ同じ	最近5年間の採用はない	無回答
300人以上	69.6	13	8.7	8.7	
100人以上199人以下	55.2	20.7	10.3	13.8	
50人以上99人以下	36.7	20.4	12.2	26.5	
30人以上49人以下	35.3	13.7	7.8	35.3	7.8
10人以上29人以下	25	11.9	11	45.8	6.4

　また従業員規模別では，「男性の割合が高い」について，「10人以上29人以下」が25.0％，「30人以上49人以下」が35.3％，「50人以上99人以下」が36.7％と，従業員規模が大きくなるほど男性の割合が高くなることがわかった。

　最近5年間の新卒採用の推移では，「男性と女性のほぼ同じ割合で推移している」が32.9％と最も多い。また「男性の割合が増えている」は17.6％，「女性の割合が増えている」は14.1％で，その差は3.5％とわずかに「男性の割合が増えている」が上回る結果となっている。

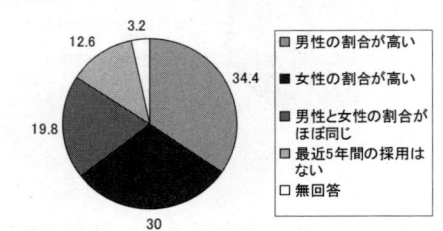

図表12-11　最近5年間の中途採用（男女の割合）

区分	割合
男性の割合が高い	34.4
女性の割合が高い	30
男性と女性の割合がほぼ同じ	19.8
最近5年間の採用はない	12.6
無回答	3.2

　新卒採用と同様に，最近5年間の中途採用についても調査している。男女の割合では，「男性の割合が高い」が34.4％で新卒採用の「男性の割合が高い」での31.9％と大きな差はみられなかった。しかし「女性の割合が高い」が30.0％と新卒採用の「女性の割合が高い」の14.1％の2倍の回答を得ている。また「男性の割合が高い」と「女性の割合が高い」との差も4.4％と，新卒採用で

第12章 事業所における女性の就労環境

の差の17.8％と比較して，その差は大幅に減少している。「最近5年間の採用はない」でも，新卒採用が37.4％であるのに対して中途採用は12.6％となっている。つまり，中途採用を実施している事業所が多くなっている傾向が読み取れる。

図表12-12 今後女性を雇用する場合の雇用形態　　図表12-13 今後男性を雇用する場合の雇用形態

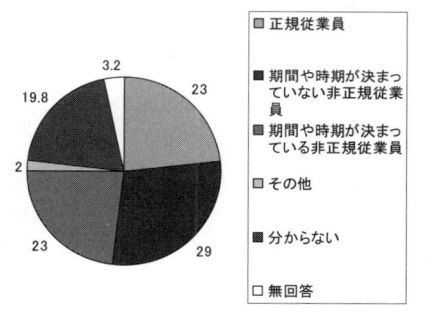

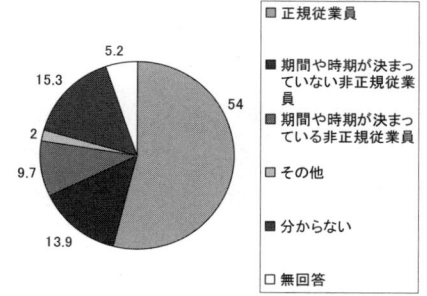

さらに今後の男女の雇用形態も調査している。今後女性を雇用する場合の雇用形態では，「期間や時期が決まっていない非正規従業員」が29.0％，「期間や時期が決まっている非正規従業員」と「正規従業員」がともに23.0％と大きな差がない結果となっている。

これに対して男性では，「正規従業員」が54.0％と半数以上が回答し，「期間や時期が決まっていない非正規従業員」が13.9％，「期間や時期が決まっている非正規従業員」が9.7％となっている。こうした傾向は，女性がこれら3つの割合にそれほど差がないのに対して，男性は安定している雇用形態ほど割合の高い結果であることを示している。

図表12-14 女性の管理職について

- 管理職に女性がいる: 17.8
- 現在はいないが適任者がいれば登用する: 39.6
- 今まで登用していないが今後は登用することを考えている: 11.1
- 女性を管理職に登用することはない: 21
- 無回答: 10.4

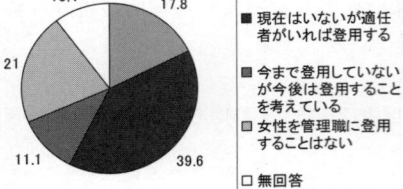

図表12-15 男女平等の状況

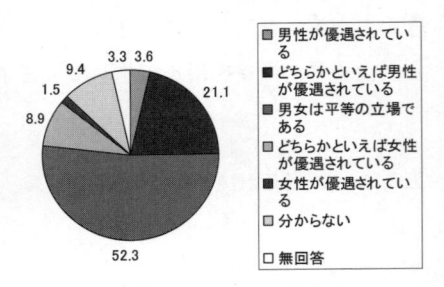

- 男性が優遇されている: 21.1
- どちらかといえば男性が優遇されている: 52.3
- 男女は平等の立場である: 8.9
- どちらかといえば女性が優遇されている: 1.5
- 女性が優遇されている: 9.4
- 分からない: 3.3
- 無回答: 3.6

　女性の管理職については，「現在はいないが適任者がいれば登用する」が39.6％と最も多くなっている。次いで「女性を管理職に登用することはない」が21.0％，「管理職に女性がいる」が17.8％，「今まで登用していないが今後は登用することを考えている」が11.1％となっている。

　事業所や店舗での男女平等については，「男女は平等の立場である」が52.3％と半数以上を占めている。また「どちらかといえば男性を優遇している」を含め男性を優遇していると回答した事業所は24.7％である。これに対して「どちらかといえば女性を優遇している」を含め女性を優遇していると回答した事業所は10.4％を占める結果となっている。

3 女性の就業環境

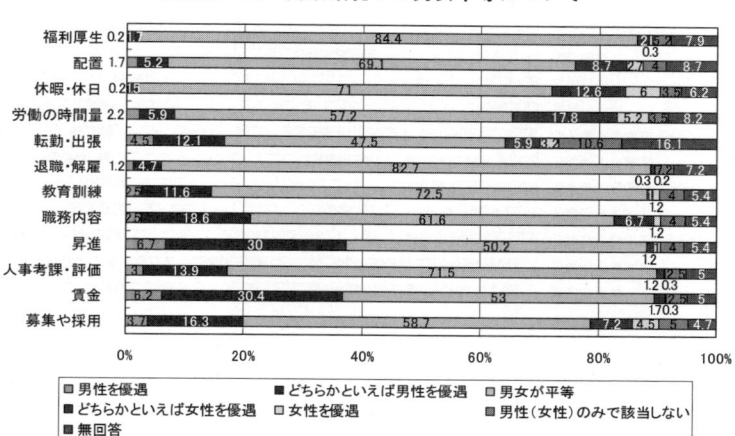

図表12－16 就業環境での男女平等について

項目	男性を優遇	どちらかといえば男性を優遇	男女が平等	どちらかといえば女性を優遇	女性を優遇	男性(女性)のみで該当しない	無回答
福利厚生	0.2	1.7	84.4	2.1	0.3	5.2	7.9
配置	1.7	5.2	69.1	8.7	2.7	4	8.7
休暇・休日	0.2	1.5	71	12.6	6	4.5	6.2
労働の時間量	2.2	5.9	57.2	17.8	5.2	3.5	8.2
転勤・出張	4.5	12.1	47.5	5.9	3.2	10.6	16.1
退職・解雇	1.2	4.7	82.7	0.3	0.2	3.7	7.2
教育訓練	2.5	11.6	72.5	1.1	–	4	5.4
職務内容	2.5	18.6	61.6	1.2	–	6.7	5.4
昇進	6.7	30	50.2	1.2	–	4	5.9
人事考課・評価	4	13.9	71.5	1.2	0.3	2.5	6.5
賃金	6.2	30.4	53	1.7	0.3	2.5	5.9
募集や採用	3.7	16.3	58.7	7.2	4.5	5	4.7

現在の就業環境に関して，12項目の男女平等の調査を行った。12項目のすべてで「男女平等」が高い割合を占めていることがわかる。「転勤・出張」の47.5％を除けば，みな50％以上が「平等」と回答している。特に「福利厚生」「退職・解雇」は，それぞれ84.4％，82.7％と8割以上が平等と回答している。

男性への優遇の割合が高い項目は，「昇進」が「男性を優遇」「どちらかといえば男性を優遇」と合わせて36.7％，「賃金」が同様に36.6％と目立った。また女性では，「労働の時間量」が「女性を優遇」「どちらかといえば女性を優遇」を合わせて23.0％，「休暇・休日」が同様に17.6％とこれらの回答が高い割合となった。

第3部 男女共同参画に関する実態調査

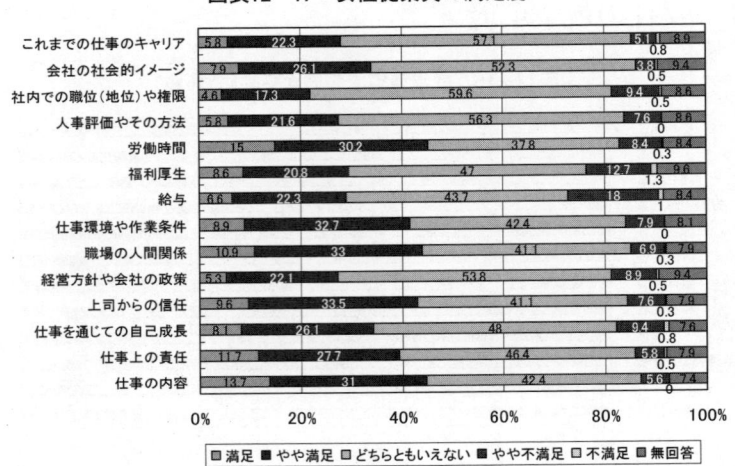

図表12-17 女性従業員の満足度

項目	満足	やや満足	どちらともいえない	やや不満足	不満足	無回答
これまでの仕事のキャリア	5.8	22.3	57.1	5.1	8.9	0.8
会社の社会的イメージ	7.9	26.1	52.3	3.8	9.4	0.5
社内での職位(地位)や権限	4.6	17.3	59.6	9.4	8.6	0.5
人事評価やその方法	5.8	21.6	56.3	7.6	8.6	0
労働時間	15	30.2	37.8	8.4	8.4	0.3
福利厚生	8.6	20.8	47	12.7	9.6	1.3
給与	6.6	22.3	43.7	18	8.4	1
仕事環境や作業条件	8.9	32.7	42.4	7.9	8.1	0
職場の人間関係	10.9	33	41.1	6.9	7.9	0.3
経営方針や会社の政策	5.3	22.1	53.8	8.9	9.4	0.5
上司からの信任	9.6	33.5	41.1	7.6	7.9	0.3
仕事を通じての自己成長	8.1	26.1	48	9.4	7.6	0.8
仕事上の責任	11.7	27.7	46.4	5.8	7.9	0.5
仕事の内容	13.7	31	42.4	5.6	7.4	

事業所における女性従業員の満足度を14項目について調査している。14項目のどれも「どちらともいえない」が最も多く，それぞれ40%から50%前後であった。このうち女性従業員の満足度が高い（満足とやや満足の合計）と感じているものは，「労働時間」の45.2%，「職場の人間関係」43.9%，「仕事内容」の44.7%，「上司からの信任」の43.1%等があげられる。一方，不満度が高い（不満足とやや不満足の合計）と感じているのは，「給与」の19.0%，「福利厚生」の14.0%であった。

第12章 事業所における女性の就労環境

図表12-18 従業員が働きやすくするために整備・充実したこと

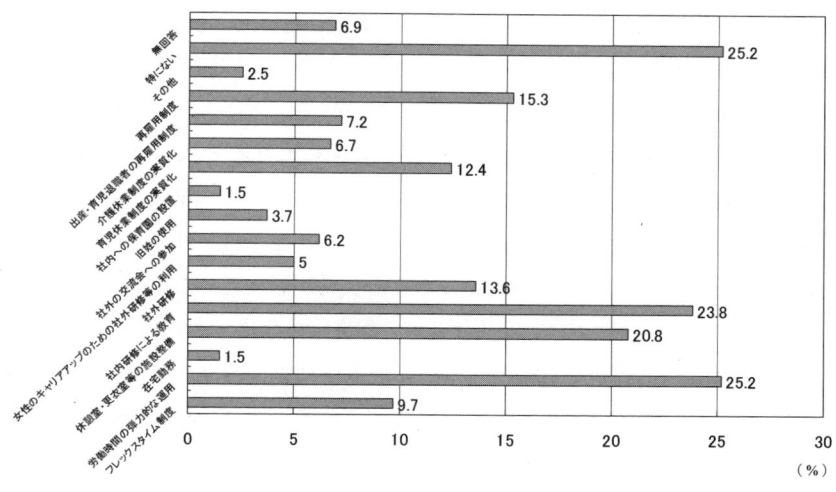

項目	%
無回答	6.9
特にない	25.2
その他	2.5
再雇用制度	15.3
出産・育児退職者の再雇用制度の実質化	7.2
介護休業制度の実質化	6.7
育児休業制度の実質化	12.4
社内への保育園の設置	1.5
旧姓の使用	3.7
社内の交流会への参加	6.2
社外交流会等の利用	5
社外研修	13.6
女性のキャリアアップのための社外研修等の教育	23.8
社内研修による教育	20.8
休憩室・更衣室等の施設設備	1.5
在宅勤務	25.2
労働時間の弾力的運用	9.7
フレックスタイム制度	

図表12-19 今後整備・充実を考えていること

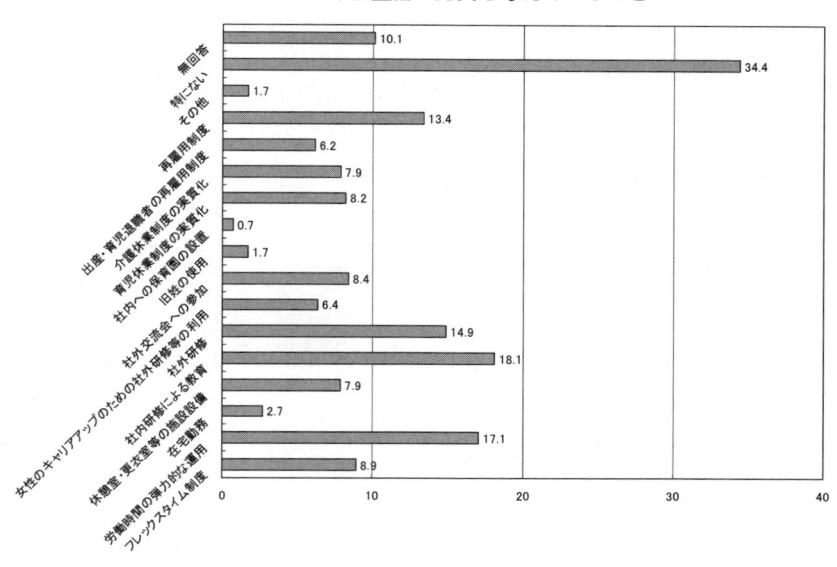

項目	%
無回答	10.1
特にない	34.4
その他	1.7
再雇用制度	13.4
出産・育児退職者の再雇用制度の実質化	6.2
介護休業制度の実質化	7.9
育児休業制度の実質化	8.2
社内への保育園の設置	0.7
旧姓の使用	1.7
社内の交流会への参加	8.4
社外交流会等の利用	6.4
社外研修	14.9
女性のキャリアアップのための社外研修等の教育	18.1
社内研修による教育	7.9
休憩室・更衣室等の施設設備	2.7
在宅勤務	17.1
労働時間の弾力的運用	8.9
フレックスタイム制度	

第3部　男女共同参画に関する実態調査

　従業員が働きやすくするために整備，充実したことでは，「特にない」が25.2％を占めている。しかし，これ以外には「労働時間の弾力的な運用」が25.2％，「社内研修による教育」が23.8％，「休憩室・更衣室等の施設設備」が20.8％とこれらの回答の多くが2割を超えている。

　従業員が働きやすくするために，今後整備・充実を考えているものでは，「特にない」が34.4％と最も多かった。これ以外では，「社内研修による教育」が18.1％，「労働時間の弾力的な運用」が17.1％と，「従業員が働きやすくするために整備・充実したこと」で回答が多かった項目が個々でも上位にきている。また回答が少なかったものには，「社内への保育園の設置」が0.7％，「旧姓の使用」が1.7％，「在宅勤務」が2.7％となっている。回答が少なかった項目についても，「従業員が働きやすくするために整備・充実したこと」と同様の傾向がみられている。

4　セクシュアル・ハラスメントについて

図表12-20　セクハラへの取り組み　　　　図表12-21　取り組み内容

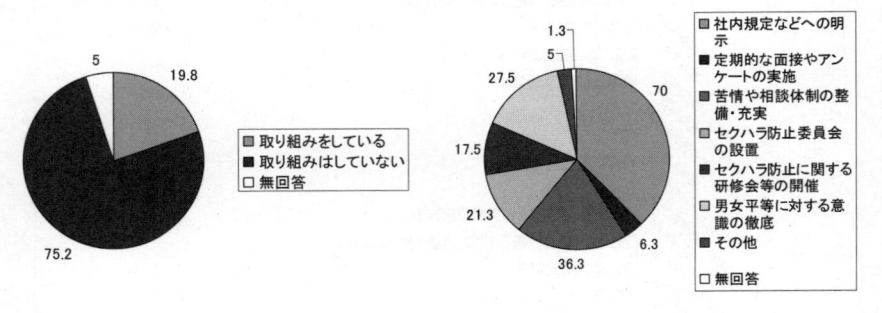

　セクハラへの取り組みでは，「取り組みをしている」が19.8％，「取り組みはしていない」が75.2％，「無回答」が5.0％となっている。

　セクハラへの取り組みでは，「社会規定などへの明示」が70.0％と高い値を示している。次いで「苦情や相談体制の整備・充実」が36.3％，「男女平等に対す

第12章　事業所における女性の就労環境

る意識の徹底」が27.5％,「セクハラ防止委員会の設置」が21.3％,「セクハラ防止に関する研修会等の開催」が17.5％となっている。

図表12－22　今後の取り組み予定

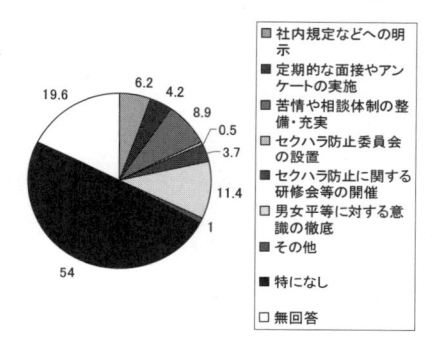

凡例：
- 社内規定などへの明示
- 定期的な面接やアンケートの実施
- 苦情や相談体制の整備・充実
- セクハラ防止委員会の設置
- セクハラ防止に関する研修会等の開催
- 男女平等に対する意識の徹底
- その他
- 特になし
- 無回答

数値：6.2、4.2、8.9、0.5、3.7、11.4、1、54、19.6

図表12－23　従業員規模別にみたセクハラへの取り組み

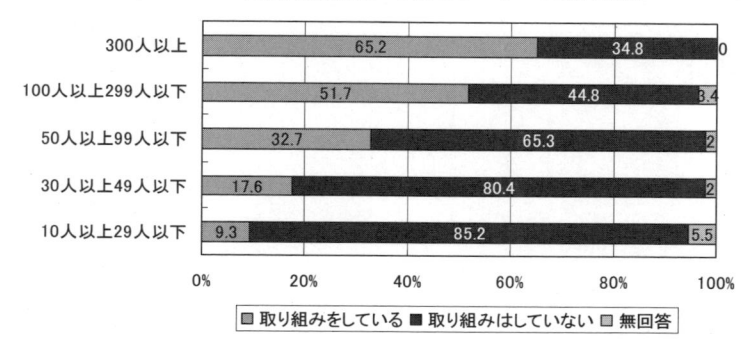

従業員規模	取り組みをしている	取り組みはしていない	無回答
300人以上	65.2	34.8	0
100人以上299人以下	51.7	44.8	3.4
50人以上99人以下	32.7	65.3	2
30人以上49人以下	17.6	80.4	2
10人以上29人以下	9.3	85.2	5.5

　今後の取り組み予定では,「特になし」が54.0％と最も高い値を示している。具体的な取り組みをあげた中では,「男女平等に対する意識の徹底」が11.4％,「苦情や相談体制の整備・充実」が8.9％,「社内規定などへの明示」が6.2％,「定期的なアンケートの実施」が4.2％,「セクハラ防止に関する研修会等の開催」が3.7％となっている。

　セクハラに関する取り組み状況を従業員規模別にみると,「取り組みをしている」事業所は,「10人以上29人以下」で9.3％,「30人以上49人以下」で17.6％,

「50人以上99人以下」で32.7%,「100人以上299人以下」で51.7%,そして「300人以上」の事業所になると65.2%となっている。

〔参考文献〕
・浜松市「浜松市の男女共同参画に関する市民意識調査報告書」2004年3月。

(松本　力也)

索　引
Index

欧文

Bruner, J. S. ················163−168, 170
ＣＤＰ（Career Development Program）
　··46
Dewey, J. ·········163−164, 166, 169,
　　　　　　　　　171, 176−177, 179
ＧＥＭ··56
ＧＨＱ（精神健康調査）················76
ＨＤＩ··56
Herbart, J. F. ·······························166
Ｍ字型曲線（カーブ）·······11, 96−97
ＮＩＯＳＨ職業性ストレス調査票········76
ＯＪＴ（on the job training）·······28
Thorndike ···································167
t 検定·····································33, 83
t 値··32
χ^2 検定·····································81, 83

あ

アイデンティティ ····················53, 64
芥田学園高等学校·······················201
芥田菊太郎··································198

い

育児・介護休業····························59
育児・介護休業法·······8, 57, 110, 218
育児・休業··································110
育児休暇······································217

育児休業·····················110−111, 113−116
育児休業制度·······················231−233
育成重視マネジメント ····················91
１対１のプレゼンテーション ·········148
１対グループのプレゼンテーション ···148
一般事業主行動計画···········109−110
一般職··98
因果関係モデル······························74
因子負荷量···································39
因子分析····························30, 38, 81

え

エンプロイアビリティ ·················144

お

横断的調査····································92
小笠原道男································166

か

介護休暇······································217
介護（看護）休業制度···118, 120, 231, 233
介護休業取得率···························134
介護休業の期間···························132
介護休業の複数回取得·················123
介護休業の複数回取得·················135
改正育児・介護休業法···········112, 118
階層（序列）次元··························26
学習指導要領······························189
学習メカニズム・モデル·················44

— 255 —

家事と仕事の分担 ……………………234
家政技能 ……………………………203
家族構成 ……………………………227
家族的責任条約 ………………………5
家族の状況 …………………………227
家庭での分担 ………………………234
環境経営格付 ………………………218
環境経営格付機構 …………………218
看護休暇制度 …………………………9
間接差別 ……………………………14
管理職 …………………………236-237

━━━ き ━━━

機会均等 ……………………………221
企業内託児所 …………………………20
キャリア（career） ……………26, 46
キャリア・アンカー …………………49
キャリア意識 ……………………53-54
キャリア開発 …………………………32
キャリア・カウンセラー ……………59
キャリア・カウンセリング ………59, 65
キャリア教育 …………………………65
キャリア形成 ………………49, 162, 165
キャリアコース ………………………98
キャリア・コンサルタント …………60
キャリア・コンサルティング ……57, 60
キャリア・パターン ……………51-52
キャリアモデル ………………63-64, 66
教育訓練機会 …………………………16
寄与率 …………………………………38
キリン型 ………………………………97
勤続年数 …………………………100, 225
勤務先 ………………………………225

━━━ く ━━━

偶然の出来事 ……………………49, 69
クロス集計 …………………………151

━━━ け ━━━

ケアマネジャー ……………118, 120-121
経済的自立 …………………………106, 108
形式陶冶 ……………163, 165-169, 172-173,
　　　　　　　　　　　　177, 179, 182
形式陶冶と実質陶冶とを関係づける
　第3の教育想念 ……163, 165, 167-169,
　　　　　171-172, 174-175, 180-182
継続就労 ……95, 98, 104-108, 112-113
結果 ……………………………………44
決定係数 …………………………34, 84

━━━ こ ━━━

後継者養成の機関 …………………187
高校進学率 …………………………188
公式化（文書化） ……………………46
甲種四年 ……………………………198
興誠高校 ……………………………196
興誠商業学校 ………………………195
行動 ……………………………………44
公平感 …………………………………25
高齢化 …………………………119, 223
高齢化率 ……………………………119
コース別雇用管理 ……………………13
コーピング ……………………………75
国際志向 ………………………………32
個人─環境適合モデル ………………74
個の責任 ………………………………46
個別的職務満足感 ……………………80
コミットメント ………………………25
固有値 …………………………………38
コンセプチュアルスキル …………145

━━━ さ ━━━

最終学歴 ……………………………227
在宅介護 ……………………………122
在宅勤務 ………………………………92
在宅サービス ………………………130

裁量労働制 ……………………………… 92
刷新 (innovation) 段階 ……………… 28
産業・組織心理学 ………………… 73, 76, 78
産業医学 ………………………………… 72

━━━ し ━━━

始業・終業時刻の繰上げ・繰下げ …… 124
刺激 ……………………………………… 44
自己効力 …………………………… 31, 35
自己申告制度 …………………………… 90
仕事と家庭の両立 ………………… 55, 118
仕事に対する考え方や行動 …………… 240
仕事の基本スキル ……………………… 145
仕事の満足度 …………………………… 239
仕事の要求度―コントロールモデル …… 74
事実回収型 ………………… 171, 175－176
事実連結型 ………………… 171, 175－176
静岡県立浜松商業学校 ………………… 192
次世代育成支援 ………… 95, 109, 114－115
次世代育成支援対策推進法 ………… 20, 57
次世代法 ………………… 109－110, 114－116
施設サービス …………………………… 130
実質陶冶 ………… 163, 165－166, 168－169,
　　　　　　　　　172－173, 177, 179, 182
実践的 …………………………………… 203
実務型人材 ……………………………… 203
実務教育 ………………………………… 146
事務機械 ………………………… 194, 202
社会化 (socialization) 段階 …………… 28
社会的支援 …………………… 80, 118, 122
主因子法 ………………………………… 39
重回帰式 ………………………………… 34
重回帰分析 …………………………… 34, 84
従業員数 ………………………………… 228
就業形態 …………………………… 12, 228
就職 ……………………………………… 237
就職希望度 ………………… 101－103, 106
従属変数 ………………………………… 34
縦断的調査 ……………………………… 92

就労意識 ……… 98, 100－101, 104－105, 117
就労パターン ……………………… 96－97
主観的認知 ……………………………… 30
主成分分析 ……………………………… 30
順応 (adaptation) 段階 ………………… 28
商業教育 ………………………………… 187
商業理論 ………………………………… 203
状態的思考 ………………… 165, 177, 180－181
職員室当番 …………………………… 198－199
職業意識 ………………………………… 54
職業人の早期育成 ……………………… 188
職業性ストレス ………………………… 72
職業性ストレス簡易調査票 …………… 77
職業性ストレスモデル ………………… 75
職業的アイデンティティ ……………… 69
職種 ……………………………………… 225
職能 (分業) 次元 ……………………… 26
職場風土 ………………………………… 78
職務特性 ………………………………… 78
職務満足 ………………………………… 30
女子差別撤廃条約 ……………………… 5
女子指導課 ……………………………… 193
女性管理職 …………………………… 99－100
女性雇用管理基本調査 ………………… 124
女性事務職 ……………………………… 191
女性従業員数 …………………………… 245
女性従業員の満足度 …………………… 250
女性の管理職 …………………………… 248
女性のキャリア形成 …………… 165, 183
女性の雇用状況 ………………………… 243
女性の雇用比率 ………………………… 244
女性の就業支援 …………… 217－218, 221
女性の就労環境 ………………………… 242
女性のチャレンジ支援 ………………… 56
女性労働力率 …………………………… 11, 18
ジョブ・ローテーション ……………… 26, 29
人事考課制度 …………………………… 90
人的資源ポリシー ……………………… 78
信頼性係数 ………………………… 80－81

― 257 ―

心理的契約（psychological contract）
　　　　　　　　　　　　　　　24, 46

=== す ===

炊事実習……………………………198－199
ストレイン……………………………………72
ストレス・マネジメント……………………75
ストレッサー…………………………………72

=== せ ===

成果志向………………………………………31
正社員………………………………………104
性別役割分業観…………………………54, 69
セクシュアル・ハラスメント…7, 230, 252
接遇…………………………………………191
潜在的カリキュラム…………165, 177, 179
全体的職務満足感……………………………80
専門職制度……………………………………27
専門的技能形成…162－164, 169, 172－182

=== そ ===

相関関係………………………………………84
総合実践……………………………………194
総合職…………………………………… 98－99
ソーシャル・サポート………………………62
組織人…………………………………………29
組織の3次元モデル…………………………26
組織風土………………………………………31

=== た ===

大学進学率…………………………………189
第3次浜松市総合計画……………………210
対人コミュニケーションスキル…………146
代替要員……………………………………114
タイプライター……………………………193
多要因アプローチ……………………………73
短時間勤務の制度…………………………124
単純集計……………………………………149
男女共同参画…………………………210, 223

男女共同参画社会…………………………223
男女共同参画社会基本法………9, 56, 210
男女雇用機会均等法…………………………4
男女の雇用形態……………………………247
男女平等……………………………………249

=== ち ===

知識…………………………………………145
中途採用……………………………………246

=== て ===

テクニカルスキル…………………………145
テレワーク……………………………………92
転機……………………………………………49
店頭実務……………………………198－199

=== と ===

特殊的転移………………169－172, 175－176
独立変数………………………………………34
ドミノ方式…………………………………114
共働き世帯…………………………………103
努力―報酬不均衡モデル……………………74

=== な ===

内円（中心度）への次元……………………26
名古屋女子商業学校………………………190

=== に ===

西林克彦……………………………………170
二重のロス……………………………106, 108
認知……………………………………………44

=== ね ===

年収…………………………………………227

=== の ===

能力（ability）………………………………30

―― は ――

パートタイム労働……………………12
浜松市男女共同参画計画 …………207, 210
浜松市男女共同参画計画推進協議会
　………………………………210－211
浜松市男女共同参画推進条例 ……207, 211
浜松市の男女共同参画に関する
　市民意識調査 ……………………207
浜松商科短期大学 …………………196
浜松商業学校 …………………………192
浜松女子高等学校 …………………201
浜松女子商業学校 …………………197
浜松女子商業学校併設中学校 ……200
浜松女子商業高等学校 ……………200
バリマスク回転………………………39
晩婚化…………………………………11
晩産化…………………………………11

―― ひ ――

ビジネスパーソン ……………………144
非正規従業員 ……………………12, 15
非特殊的転移………………169, 172, 175－176
非特殊的転移概念………………168, 170
１人１社方式 ………………………189
ヒューマンスキル …………………145
費用の助成 …………………………124

―― ふ ――

ファミリー・フレンドリー企業…………59
フィードバック・ループ………………45
節目となる出来事……………………51
ブラザー・シスター制度………………28
プレゼンテーション能力 ……………146
フレックスタイム制度……………91, 124
プログラミング ……………………194
分散比…………………………………34

―― へ ――

ペイ・エクイティ……………………66

―― ほ ――

ホームヘルパー ……………………118
ポジティブ・アクション………………7
母性健康管理…………………………7

―― ま ――

マナー…………………………………202
丸山真男………………………………180

―― め ――

メンタリング…………………………61
メンタリング・プログラム………61－62

―― も ――

目標設定………………………………32
目標による管理制度…………………79
モティベーション（motivation）
　……………………………25, 30, 34
モデリング ……………………31, 35
モデリングによる学習………………45
元木健…………………………………167

―― や ――

役割曖昧さ……………………………73
役割葛藤………………………………73
役割モデル……………………………45

―― ゆ ――

有期雇用者 …………………………123

―― よ ――

要因限定アプローチ…………………73
抑うつ…………………………………80

ら

ライフ・イベント ……………………51, 54

り

良妻賢母思想 …………………………190
理論信仰………………………180 - 181
臨床心理学………………………………73

ろ

労働環境の改善………………………75
労働者健康状況調査……………………77
ロールモデル ………………63 - 64, 66

わ

ワーク・ファミリー・コンフリクト
…………………………………67 - 68
ワーク・ライフ・バランス………19, 66, 68
ワープロ ……………………………201

◆執筆者紹介◆

第1章

氏　　　名：平野　賢哉（ひらの　けんや）
出　　　身：明治学院大学大学院経済学研究科博士後期課程単位取得
　　　　　　修士（経済学）
現　　　職：星稜女子短期大学経営実務科専任講師
専門分野：人的資源管理論　労働市場論
所属学会：日本労務学会　経営哲学学会　日本経営教育学会　実践経営学会
　　　　　　日本賃金学会
主要業績：『人的資源管理論』（共著）税務経理協会
　　　　　　『人的資源管理要論』（共著）晃洋書房
　　　　　　『知識創造型の人材育成』（共著）中央経済社

第2章（編者）

氏　　　名：櫻木　晃裕（さくらぎ　あきひろ）
出　　　身：横浜国立大学大学院国際開発研究科博士課程後期修了
　　　　　　博士（学術）
現　　　職：浜松学院大学現代コミュニケーション学部助教授
専門分野：組織行動論　人的資源管理論　キャリア論
所属学会：産業・組織心理学会　組織学会　人材育成学会　国際ビジネス研究
　　　　　　学会　日本ビジネス・マネジメント学会（専務理事）　日本経営会
　　　　　　計学会（常任理事）　日本経営実務研究学会（常任幹事）
主要業績：『グローバル社会とビジネス』（共著）実教出版
　　　　　　『現在経営学講座　企業の組織』（共著）八千代出版
　　　　　　『現代経営行動論』（共著）白桃書房
そ の 他：江東区男女共同参画審議会委員（副会長）
　　　　　　浜松市男女共同参画審議会委員

第3章

氏　　　名：関口　和代（せきぐち　かずよ）
出　　　身：亜細亜大学大学院経営学研究科博士後期課程単位取得
　　　　　　博士（経営学）
現　　　職：東京富士大学経営学部助教授
専門分野：人的資源管理論　産業・組織心理学　人材育成論　キャリア発達論
所属学会：日本労務学会　産業・組織心理学会　組織学会　経営行動研究学会
　　　　　　日本応用心理学会　人材育成学会　経営行動科学学会　日本経営教
　　　　　　育学会
主要業績：『キャリア形成』（共編著）中央経済社
　　　　　　『産業・組織心理学』（共著）白桃書房
　　　　　　『グローバル化と平等雇用』（共著）学文社

第4章

氏　　　名：高橋　修（たかはし　おさむ）
出　　　身：産能大学大学院経営情報学研究科修士課程修了
　　　　　　修士（経営情報学）
現　　　職：目白大学人文学部非常勤講師
専門分野：産業・組織心理学　職業性ストレス　人材育成論
所属学会：産業・組織心理学会　経営行動科学学会　日本産業ストレス学会
　　　　　　日本経営会計学会　日本ビジネス・マネジメント学会（広報委員）
　　　　　　日本商学研究学会（理事）　人材育成学会
主要業績：『メンタルヘルス・マネジメント検定試験I種公式テキスト』
　　　　　　（共著）中央経済社
　　　　　　『ストレスの歴史』（共訳）北大路書房
　　　　　　「民間企業従業員のストレス反応と成果主義の関連性」（単著）
　　　　　　日本産業ストレス学会
そ の 他：中央職業能力開発協会情報審査委員会委員
　　　　　　大阪商工会議所メンタルヘルス・マネジメント検定試験テキスト編
　　　　　　集委員会委員

第5章

氏　　名：中村　艶子（なかむら　つやこ）
出　　身：同志社大学大学院アメリカ研究科博士後期課程満期退学
　　　　　モントレー・インスティチュート・オヴ・インターナショナルスタディーズ（MA）
現　　職：同志社大学言語文化教育研究センター助教授
専門分野：アメリカ研究　女性労働
所属学会：日本労務学会　労務理論学会　社会政策学会　アメリカ学会
主要業績：『グローバル化と平等雇用』（共著）学文社
　　　　　『男女協働の職場づくり』（共著）ミネルヴァ書房
　　　　　『世界の女性労働』（共著）ミネルヴァ書房
そ の 他：京都府多様な働き方応援モデル推進事業委員会専門委員
　　　　　大阪府JOBプラザ民間事業者選考委員会副委員長

第6章

氏　　名：堀田　千秋（ほった　ちあき）
出　　身：京都大学大学院文学研究科博士課程中途退学　心理学修士
現　　職：浜松学院大学現代コミュニケーション学部助教授
専　　門：社会心理学　職業心理学
所属学会：日本社会心理学会
主要業績：『社会心理学への招待』（共著）有斐閣
　　　　　『進路指導論』（共著）福村出版
　　　　　『ホームヘルパーの仕事・役割をめぐる諸問題』（単著）日本労働研究機構

第7章

氏　　名：戸田　昭直（とだ　まさなお）
出　　身：東洋大学大学院経営学研究科修士課程修了　経営学修士
現　　職：浜松学院大学現代コミュニケーション学部教授
専門分野：ビジネス実務教育　ライフプランニング　キャリアガイダンス
　　　　　高等学校商業教育
所属学会：日本ビジネス・マネジメント学会　日本ビジネス実務学会　日本商
　　　　　業教育学会
主要業績：『相手がわかるように教える技術』（単著）中経出版
　　　　　『上手に教えるルール100』（単著）ＰＨＰ研究所
　　　　　『ワークで学ぶビジネス・コミュニケーション・スキル』（共著）
　　　　　西文社
その他：静岡県社会福祉協議会生活福祉資金貸付審査等運営委員会委員

第8章

氏　　名：梶原　郁郎（かじわら　いくお）
出　　身：東北大学大学院教育学研究科博士課程後期単位取得退学
　　　　　修士（教育学）熊本大学
現　　職：浜松学院大学短期大学部専任講師
専門分野：教育内容論
所属学会：日本教育学会　日本デューイ学会　日本教育方法学会（他）
主要業績：「経験主義の学習組織論における概念形成の連続的発展過程―その
　　　　　個人的側面―」（単著）東北教育学会
　　　　　「Ｊ.デューイの経験主義における歴史の学習段階論―他者認識の
　　　　　段階的形成の筋道―」（単著）日本教育方法学会
　　　　　「Ｊ.デューイの経験主義における潜在的カリキュラム論―知識獲
　　　　　得形態と社会的態度との対応関係に着目して―」（単著）日本デュー
　　　　　イ学会

第9章

氏　　　名：笹瀬　佐代子（ささせ　さよこ）
出　　　身：静岡県立大学大学院経営情報学研究科修士課程修了
　　　　　　修士（経営情報学）
現　　　職：浜松学院大学現代コミュニケーション学部非常勤講師
専門分野：日本ビジネス・マネジメント学会　日本ビジネス実務学会　日本秘
　　　　　　書教育学会
所属学会：ビジネスワーク　秘書教育
主要業績：『秘書検定準1級合格レッスン』（共著）中央経済社
　　　　　　『ケース・メソッドで学ぶビジネス・コミュニケーション・スキル』
　　　　　　（共著）西文社
　　　　　　『ビジネス・コミュニケーション・スキル』（共著）西文社

第10章

氏　　　名：鶴田　佳史（つるた　よしふみ）
出　　　身：横浜国立大学大学院環境情報学府博士課程後期単位取得退学
　　　　　　修士（経営学）
現　　　職：法政大学人間環境学部非常勤講師
専門分野：環境経営論　経営戦略論　環境学
所属学会：組織学会　Academy Of Management　国際ビジネス研究学会　環
　　　　　　境社会学会　日本貿易学会　日本経営会計学会　日本ビジネス・マ
　　　　　　ネジメント学会（国際委員）　環境経営学会（幹事）
主要業績：『環境都市計画辞典』（共著）朝倉書店
　　　　　　『はじめて学ぶ人のためのグローバル戦略』（共著）文眞堂
　　　　　　「プロアクティブ環境戦略に関する一考察」（単著）環境経営学会
そ の 他：「第9回環境コミュニケーション大賞」ワーキンググループ委員
　　　　　　有限責任中間法人名古屋環境取引所評議員・環境経営研究担当フェ
　　　　　　ロー

第11章

氏　　　名：仲本　大輔（なかもと　だいすけ）
出　　　身：横浜国立大学大学院国際開発研究科博士課程後期単位取得満期退学
　　　　　　修士（経営学）
現　　　職：大分大学経済学部専任講師
専門分野：経営戦略論
所属学会：組織学会　日本経営会計学会（理事）　日本経営実務研究学会
　　　　　　（幹事）　日本商学研究学会（理事）　日本ビジネス・マネジメント学会（論文審査委員）
主要業績：「部品のアーキテクチャの変化と企業の経営戦略」（単著）大分大学
　　　　　　「製品のモジュール化の進展と後発企業の経営戦略　～セイコーグループを事例として～」（単著）横浜国立大学
　　　　　　「業界標準の獲得と企業の戦略行動」（単著）浜松地域総合研究所

第12章

氏　　　名：松本　力也（まつもと　りきや）
出　　　身：横浜国立大学大学院環境情報学府博士課程後期在学中
　　　　　　修士（経営学）
現　　　職：横浜国立大学大学院環境情報学府博士課程後期在学中
専門分野：環境マーケティング論　環境経営論
所属学会：環境経営学会　日本消費者行動研究学会　日本経営会計学会　国際開発学会　日本ビジネス・マネジメント学会（学術委員）
主要業績：『はじめてのグローバル戦略』（共著）文眞堂
　　　　　　「資源循環リサイクルシステムの構築と小売企業のグリーン・アライアンス戦略」（単著）横浜国立大学
　　　　　　「環境マーケティングとコミュニティビジネス戦略」（単著）
　　　　　　環境経営学会

編著者との契約により検印省略

平成18年3月20日 初版発行

女性の仕事環境とキャリア形成

編 著 者	櫻 木 晃 裕
発 行 者	大 坪 嘉 春
製 版 所	株式会社ムサシプロセス
印 刷 所	税経印刷株式会社
製 本 所	株式会社三森製本所

発 行 所　東京都新宿区下落合2丁目5番13号　株式会社 税務経理協会

郵便番号　161-0033　振替 00190-2-187408　電話 (03) 3953-3301（編集部）
FAX (03) 3565-3391　　　　　　　(03) 3953-3325（営業部）
URL http://www.zeikei.co.jp/
乱丁・落丁の場合はお取替えいたします。

© 櫻木晃裕 2006　　　　　　　　　　　　　Printed in Japan

本書の内容の一部又は全部を無断で複写複製（コピー）することは，法律で認められた場合を除き，著者及び出版社の権利侵害となりますので，コピーの必要がある場合は，予め当社あて許諾を求めて下さい。

ISBN4-419-04681-3　C1036